〈第2版〉

国際相続の
法務と税務

弁護士 酒井 ひとみ

BDO税理士法人

共著

税務研究会出版局

第2版はしがき

　初版『国際相続の法務と税務』は、外国の要素を含む相続の法律問題・税務問題について、解決の手がかりを示す実務書として、2014年12月に発刊されました。当初想定していた読者層である実務家の方々のみならず、実際に海外に資産を保有している方々にもご購入いただく等、予想外に好評をいただきましたが、その後、国際相続に関連する重要な税制の改正が続き、さらに約40年ぶりの民法相続法制の改正（平成30年7月6日参議院本会議にて可決・成立、交付同年7月13日法律第72号）があったこと、国際相続をめぐる法律相談も複雑さを増してきたことから、今回第2版を出版することに致しました。

　初版の発刊当時は、「国際相続」という言葉すら浸透しておらず、「書籍のタイトルに『国際相続』を入れて読者の方々にテーマを理解いただけるのか」と編集者と悩んだものでした。国際相続に関連する書籍もわずかでした。しかしながら、この5年間のうちに、国際相続の案件は驚異的に増加し、国際相続に関連する書籍、情報もインターネット等を通じて入手が容易になりました。国際化もさらに進み、当事者は全員日本人でありながら、相続財産の中に何らかの外国の資産が含まれるケースも珍しいことではなくなりました。国際相続という言葉が一般的となったのは、感慨深いです。

　しかしながら、国際相続事件が見慣れるようになったといえども、国際相続事件が厄介であることは依然として変わっていません。そして、クロスボーダーに財産を所有することが容易になったからこそ、その相続問題は、広法域に及び、法律問題にしても税務問題にしても複雑さを増しているように感じています。

初版の発刊以降、前にも増して多くの国際相続事件を担当させていただくようになりましたが、国内の相続事件と同様、もしくはそれ以上に、国際相続事件については、各国の法制度・税制度が絡むことから、エステートプランニングという事前対策の重要性を強く感じます。特に、認知症等判断能力を喪失した場合の対策の必要性です。先進国の高齢化、キャッシュレス化が進む中、外国資産を相続財産として維持する場合は、出口戦略としての相続対策のほか、判断能力を喪失した場合の対策が不可欠といえます。高齢化対策のないエステートプランニングは、今や完全なものではないということを実感しています。この相続対策と高齢化対策は、両輪の関係にあるのです。この点を踏まえて、外国資産を維持されている方については、相続対策と万が一のための高齢化対策をご検討いただきたいと思います。

　国際相続事件を担当する中で、本書を共同執筆させていただいているBDO税理士法人様のほか、国際税務に精通している税理士の方々と仕事をさせていただきながら、国際相続をめぐる税務の取扱いが複雑であり、一筋縄にはいかないことを学びました。一方、税務当局においては海外資産の把握や課税強化の動きも一層進み、海外資産に絡む税制改正も頻繁に行われています。今後、海外資産を保有する上で、この複雑で厄介ともいえる国際税務についても、これまで以上に留意していく必要が出てくるでしょう。そのためには、やはり海外資産を法的性質から精査した上で、国際税務を担当できる税理士の存在が不可欠といえます。そのような意味で、国内外の弁護士・税理士・金融機関・司法書士等の実務家が協働して国際相続事件を解決することの必要性も感じております。

　この第2版では、初版と同様、総論と国際相続事件を処理するために必要な法務・税務の基本論点、実務上のポイントについて整理していますが、改正法や最近の国際相続案件の傾向に基づき、加筆修正をしました。
　各論は、初版で取り上げた国際相続案件の典型的な論点から、近時相談が多く

なっている論点までカバーしました。高齢化対策についても言及しています。各事案の処理にあたっても、エステートプランニングとして何が考えられるかを意識した箇所も増やしました。また初版発刊後、読者の方々や実務家の方々からよりよい処理方法をご意見いただいた箇所は、その点を精査した上で、修正しました。

　本書は、多種多様な国際相続案件の解決の道筋を示すものでしかありませんが、国際相続事件の早期解決の一助になれば、望外の喜びです。

　最後に、本書を執筆するきっかけをくださった税務研究会の大江雄三様、初版から編集を担当しご指導くださった桑原妙枝子様、さらに国際相続案件を実際に処理する上で協働し、貴重なご意見をくださった多くの国内外の実務家の方々に深く感謝申し上げます。

　2019 年（令和元年）12 月

シティユーワ法律事務所

弁護士　酒井 ひとみ

（代表執筆）

はじめに（初版）

　弁護士になって、はじめて担当した相続事件は、ハワイで亡くなられた日系アメリカ人の国際相続事件でした。相続人同士が協力的で、権利関係については争いのない事件だったので、私の弁護士としての業務は、遺産分割協議書をまとめた後の相続税申告、不動産登記、金融機関口座等の相続手続のサポートをすることで比較的シンプルな事件だと慢心していました。しかしながら、相続人が、日本、ハワイ州・カリフォルニア州に分散し国籍も複数であったこと、相続人確定に必要な日本の戸籍がないこと、相続人の身分証明も各国間で異なることから、当初の予想に反して、税務当局、法務局、銀行等、各機関に受理してもらえる遺産分割協議書のまとめ方、必要な書類の収集等に四苦八苦して事件処理にあたることになりました。いざ、遺産分割協議書に署名する段階になって、相続人の一人が急死するという想定外の事態も起こり、相続事件——とりわけ国際相続事件の大変さを痛感した思い出深い事件のひとつとなっています。

　はじめて国際相続事件を処理するにあたり、途方に暮れてしまった原因として、参考になる実務書、文献がほとんどないことがありました。純粋な国内相続事件に関する実務書も、かつてはそれほど多くなかったように思いますが、最近は、相続税法の改正や、資産承継に関する日本人の意識が変わったことが影響しているのでしょうか、書店には、法律専門書の棚でなくとも、相続や事業承継に関する実務書、特集雑誌があふれています。しかしながら、国際相続事件に関する実務書は、私がはじめて国際相続事件を担当した約10年前と比較してもほとんど増加していないという印象があります。

　一方、この10年間で、国際相続事件は確実に増加していると実感しています。日本に財産を保有する外国人からだけでなく、外国に財産を保有している日本人からの財産承継に関する相談も増えています。かつては、日本人の依頼者

は、実際に相続という問題が生じてから法律相談に来ることが多かったのですが、外国に居住する日本人、日本に居住しつつ外国に財産を多く保有する日本人から、長期的視野で相続対策を考えたいという相談が増えているのも、最近の特徴のように思います。

　最初に私が担当したハワイ在住の日系アメリカ人のケースもまさにそうですが、国際相続事件は、法律問題だけでなく、実務上困難な問題に直面することが多いことも特徴だと思います。この事件以降、外国人からの信託（trust）を利用した相続に関する相談、外国に居住している日本人、日本に居住している外国人の遺言の作成、国際相続に関する複雑な紛争案件等をこれまで担当してきましたが、参考資料がない中、手探りで、事件の処理にあたってきました。外国人が日本に財産を残して亡くなられた場合は、日本の相続税申告について税理士と、相続登記については法務局及び司法書士と、金融機関の相続手続については、金融機関の相続担当又は法務部と、日本の国際私法にあたる『法の適用に関する通則法』の解釈、必要な書類等について協議しながら進めることが必要となります。そのような中で、実務家間で共通していたのは、「国際相続に関する実務書等の参考資料がなく、本当に困る……」という、私がはじめて国際相続事件を扱ったときから感じてきた思いでした。

　国際相続事件を処理する上で、税務・不動産登記は切っても切れない関係にあります。しかしながら、いざ、私が税理士や司法書士に、国際相続事件の相続税申告業務や不動産登記業務を依頼しようとすると、「『法の適用に関する通則法』という日本の国際私法がよく分からない」、「手間がかかる」、「外国人とのやりとりで大変な思いをした」等の事情から、断わられるケースもあります。国際相続事件についての法律相談にしても、何件もの法律事務所に断わられた挙句、当事務所に行き着いたという依頼者もいます。国際相続事件の処理には、『法の適用に関する通則法』という国際私法の適用・解釈が不可欠ですが、かかる国際私法の問題になると、法律の専門家である弁護士も敬遠してしまう場合もあるのです。

私がこれまで担当した国際相続事件数は、豊富とはいえません。しかしながら、こちらから積極的に情報を発信しなければ、税理士・司法書士の必要な協力を得ることはできないのではないか、また、積極的に情報発信し新しい情報を得ることが、依頼者に対しさらに良いサービスを提供することにつながるのではないか、と考えるようになりました。そのような中で、タイミングよく、税務研究会様よりお声掛けをいただき、本書の執筆という私にしては大胆な決断をしてしまいました。

　本書は、『国際相続の法務と税務』というタイトルをつけたものの、特に法務部門は、紙面の関係上、国際相続事件を処理するために必要な法律上の論点の基本的な考え方、実務上のポイント等を整理して簡単に紹介したものに過ぎません。また、第2部の具体的なケースの処理方法として紹介したものは、唯一の考え方でもなく、他の処理方法もあるようにも思います。しかしながら、紹介した処理方法のほとんどは、過去の事件の処理で実際に採用した方法で、議論の余地はあるにせよ、一応の処理はできているものですので、実務家の皆さんが、今後国際相続事件を検討するにあたって、何らかの手がかり、参考になると考えます。

　税務面（第1部 総論 第2章 税務編・第2部 各論の税務面の検討）につきましては、税理士法人東京クロスボーダーズ（現　BDO税理士法人）の長峰伸之先生、羽根由理子先生をはじめとする先生方に全面的にご担当いただきました。我々弁護士が依頼者から相続に関する相談を受ける場合、資産税関連の知識は必須です。依頼者の大きな関心も税務面にあったりしますが、税務については苦手とする弁護士も多く、日々変わる税務実務、税務当局対応等までは実際にカバーしきれず税理士の協力がなければ対応しきれないというのが現状です。特に、複数国がまたがる国際相続ともなると、対応できる税理士事務所というのも限定されています。税理士法人東京クロスボーダーズ（現　BDO税理士法人）は、国際相続案件といった個人税務案件から、企業の移転価格コンサルティングまで広くカバーしている国際税務事務所です。今回の執筆につきましても、東京クロスボーダーズのメンバーには、かなり厳しいスケジュールの中で、充実した内容の

原稿を執筆いただいたこと、この場を借りて深く感謝申し上げます。

　本書執筆にあたり、これまで担当した事案、集めた書籍、論稿、判例等を再検討しましたが、新しい疑問点、問題点を発見し、改めて、国際相続事件の処理の難しさを感じました。知識の整理の機会を与えていただいた税務研究会様には感謝申し上げます。このような機会がなければ、日々の業務に追われ、なかなか問題点を詰めることができない状況にはありますが、今後も相続に関する問題点については、ライフワークの1つとして、実際の事案を処理しつつ理解を深めていければと考えております。

　　2014年（平成26年）11月

弁護士　酒井　ひとみ
（代表執筆）

目　　次

―――― 凡　　例 ――――

本書中に使用した法令通達の略号は、おおむね次のとおりである。

　通則法＝法の適用に関する通則法
　遺言方式準拠法＝遺言の方式の準拠法に関する法律
　法　法＝法人税法
　法　令＝法人税法施行令
　民　　＝民法
　民訴法＝民事訴訟法
　措　法＝租税特別措置法
　措　令＝租税特別措置法施行令
　措　規＝租税特別措置法施行規則
　所　法＝所得税法
　所　令＝所得税法施行令
　相　法＝相続税法
　相　令＝相続税法施行令
　実特法＝租税条約等の実施に伴う所得税、法人税法及び地方税法の特例等に
　　　　　関する法律
　所基通＝所得税基本通達（国税庁長官通達）
　相基通＝相続税法基本通達（国税庁長官通達）
　財基通＝財産評価基本通達（国税庁長官通達）
　［引用例］
　法法 23 の 2 ②一＝法人税法第 23 条の 2 第 2 項第 1 号
※　2019（令和元）年 9 月 30 日（税務編は 2019（平成 31）年 3 月 31 日）現在の
　法令による。

本書の構成及び本書の使い方

　まず、第1部総論で、国際相続事件を処理する上で、問題となる法務・税務上の論点を概説します。その後、第2部各論で、国際相続事件を実際に処理していく上で、総論で論じた国際相続の法務・税務上の問題点がどのように具体化していくのか、また具体的なケースを処理していく上で注意すべきポイント等、日本で国際相続事件が問題となる典型的な事案を例にして考えていきたいと思います。

　なお、本書は、執筆時点である2019年（令和元年）9月30日（税務編は2019年（平成31年）3月31日）現在の法令・情報に基づき解説しています。各解説に関する制度は今後改正・変更される可能性があるため、具体的な対応を検討される場合は、必ず弁護士、税理士等の専門家に個別にご相談ください。

第1部　総　　論

第1章 法 務 編

I 国際相続事件を処理するにあたって知っておきたいこと

1. 国際相続事件の定義

国際相続事件とは、相続関係を構成する何らかの要素が外国に関連する相続事件をいいます。

具体的には、

① 当事者である被相続人又は相続人のいずれかに外国人が含まれる

② 被相続人の居住地、死亡した場所、相続人の居住地のいずれかが外国である

③ 相続財産が外国にある

等、相続関係を構成する何らかの要素が外国にあり、複数の国の法制に関連する相続事件をいいます。

通常の国内相続事件は、当事者である被相続人・相続人の国籍、被相続人の居住地、被相続人の死亡した場所、相続人の居住地、相続財産の所在地等、相続に関連するすべての要素が日本国内にあります。したがって、すべての問題を国内の問題として、当然に日本国法のみを適用して解決することができます。

しかしながら、日本国内の問題だけでは解決することができない国際相続事件が、現在増加しつつあります。

2. 国際相続事件が増加しつつある背景

(1) 国際相続事件が増加する原因

国際相続事件が増加した要因としては、人、物、お金のボーダレス化を背景に、急激に国際化が進んだことが考えられます。

　かつて、国際相続事件として問題となるケースは、在日韓国人・朝鮮人及び在日中国人の事件が多数を占めていました。国際相続事件に関する判例は古くから、大韓民国（「韓国」）、朝鮮民主主義人民共和国（「北朝鮮」）、中華人民共和国、中華民国（「台湾」）に関連する事案が多くあります。

　第二次世界大戦後の高度経済成長期を経て、日本企業の活動の場も海外に拡大し、かつ外国企業の日本進出も増加する等して、経済活動の国際化は高まりました。他方、法律上・事実上のハードルも高かったからでしょうか、日本で国際相続事件となるケースは、国際結婚をした夫婦の一方が日本で死亡したケースや、海外に駐在経験がある日本人、長年海外に居住したことのある日本人が国外に財産を残したまま死亡したケース等、かなり限定されていたようです。

　しかしながら、さらなる国際化が進み、各国間の人、物、お金の行き来が現実的に容易になると、国際相続事件が増加する土台ができてくることになります。

①　人の行き来の増加

　まず、人の行き来の増加により、海外に居住する日本人、日本に居住する外国人が増加しています。1989 年（平成元年）の在外日本人（長期滞在者と永住者）は 586,972 名でしたが、その後も増加の一途で、2015 年（平成 27 年）から 2017 年（平成 29 年）の 3 年間は 130 万人超という数字を保っています[1]。他方、法務省の在留外国人統計によると、こちらも増加の一途で、2018 年（平成 30 年）6 月末に 2,637,251 名と過去最高を記録しました[2]。2018 年（平成 30 年）末の出入国管理及び難民認定法（以下、「入管法」）の改正により、2019 年（平成 31 年）4 月から人手不足解消のため、一定の技能を持つ外国人や技能実習終了後の希望者に新たな就労資格が付与される等、これまで認められなかった単純労働に

1　外務省領事局政策課「海外在留邦人数調査統計平成 30 年要約版」（平成 29 年（2017 年）10 月 1 日現在）
2　http://www.moj.go.jp/content/001269620.pdf（平成 31 年（2019 年）2 月 26 日最終閲覧）

門戸が開かれ、外国人労働者を巡る大きな政策転換がありました。これにより、在留外国人数が今後ますます増加するものと考えられます。

　人の行き来が活発になれば、波及効果として国際結婚数が増加します。外国に居住している日本人が亡くなり、外国人が日本で亡くなれば、国際相続事件が発生します。国境を越えた人の行き来が活発化する以上、国際相続事件が増加します。

②　物の取引の増加

　国境を越えた物の取引が容易になったことで、日本に居住しながら、外国会社の株式、投資信託等の金融商品、外国の銀行の預金口座、不動産等の外国の財産を保有する人も増加しました。レジャー目的でハワイにコンドミニアムやタイムシェア[3]を購入するケース、長期円高・長期低金利を受けて、外国銀行に貯蓄をしたり、外国会社の株式・投資信託を購入し、資産の分散管理を図っている方もいるでしょう。同じことは日本国外に居住する外国人にもいえます。現に、日本に居住していないにもかかわらず、投資用資産として購入した都内の一等地にあるタワーマンションや京都のマンションを残したまま死亡した方の日本での相続手続を担当したこともあります。

　積極的に外国の財産を取得するつもりがなくても、成り行きで外国の財産を保有することになったケースもあります。会社の ESPP（Employee Stock Purchase Plan（従業員株式購入プラン））に基づき、親会社である外国会社のストックオプション、RSU（Restricted Stock Unit（譲渡制限付株式ユニット））等が付与されていた場合等です。日本の会社に勤務していても、その会社が外資系会社である場合等は、業績連動型報酬として親会社である外国会社のストックオプション等が付与されることがあります。もちろん、ESPP に参加するために、多くの場合は、契約書・合意書が作成されるので、被付与者には、外国資産

3　別荘を週単位で所有できる権利

を保有することを意識する機会はあったとはいえます。しかしながら、ESPP の被付与者は、外国資産の出口戦略（相続が生じたときのこと）を考えることなしに、ESPP で得た外国株式・金融商品を保有し続ける方が多くいます。最近の傾向として、外資系の会社に勤務していた配偶者が死亡したケースで、ESPP に基づき付与された多くの外国株式があり、外国の手間のかかる相続手続に残された相続人が巻き込まれるケースも増加しています。

③ 技 術 の 進 化

　技術の進化も、国際相続事件の増加に一役買っています。かつては、日本に居住する場合、外国の財産を購入・取得することができたとしても、日本の財産と同様に、その外国の財産を管理・運用するのは実質的に困難な状況にありました。しかしながら、インターネットが普及して、スマートフォン一つで、外国株式の情報取得や、ネット口座等で海外の資金管理、オンラインによる取引が容易になったことも、確実に財産のボーダレス化を後押ししているものと考えます。

④ 財産承継に関する日本人の意識の変化

　日本人の財産承継に関する意識に変化があったこともあります。かつては、日本では、死後の話はタブーであるという考え方もあったようですが、長期的な計画で、財産や事業を円滑に子孫に承継するという欧米流のエステートプランニングの考え方が浸透し始めているように思います。実際に、生前から海外に資産を分散し、家族共々海外に移住するような長期的なエステートプランニングを検討している日本人からの相談を受けることも少なくありません。スタートアップした事業から Exit（株式を売却し、利益を手にすること）して財産を築き上げた30 代、40 代の夫婦や若年層から長期的なエステートプランニングの依頼を受けることも、珍しくありません。

　このような状況下で、海外に財産を有する日本人、日本に財産を有する外国人が亡くなれば、国際相続事件が発生します。国際化が進んでいる以上、国際相続

事件が増加するのは当然な現象ともいえるでしょう。

(2)　実際に増加している国際相続事件

　私が弁護士登録をして最初に入所した法律事務所は、国内外の企業法務全般を専門としている事務所で、入所当初、相続事件は、主要な業務として掲げていませんでした。もっとも、アメリカ大使館のホームページの公共サービス（public service）に同事務所のパートナーが登録されていたこと、また、同事務所が各国の法律事務所がメンバーである世界的なネットワークに加入していたことから、国際相続事件について照会されることは、通常の法律事務所と比較して多く、私が弁護士登録をした2003年（平成15年）の時点でも、年に数件の照会はあったように記憶しています。

　しかしながら、特に、この10年は、著しい勢いで、国際相続事件の照会が増加しており、1か月の照会件数だけで、二桁に届く勢いです。そこで、同事務所も、現在では、相続（特に国際相続）を業務の一部門に掲げています。約15年前は、国際相続に関する書籍も文献もなく、一体どのように事件を解決していくべきなのか、ただただ途方に暮れたものでしたが、国際相続に関連する書籍も増え、国際相続部門を有する法律事務所・税理士事務所も多くみられるようになり、つくづく国際相続が珍しい案件ではなくなったのだと時代の変化を実感します。

　一口で国際相続事件といっても、時代によって事件内容に変化が見られます。2003年（平成15年）当時は、国際相続事件といえば、外国人からの相談がほとんどでした。それも、エステートプランニングとして、日本にある財産をどのようにして円滑に子孫や関係者に対し承継させるのかという相談が多かったように思います。具体的には、外国で作成した信託契約書を検討して、日本における税務効果、信託契約書の日本での実効性について意見書を作成したり、外国人が若いころに作成した遺言書を書き換える、外国人が日本に保有する財産に関する遺言書を作成するといった業務です。しかしながら、最近は、相談者も推定相続人

も当事者はすべて日本人であるのに、相談者の財産が外国にあるために国際相続事件となるケース、外国で紛争化した相続事件に日本人が相続人として巻き込まれてしまったケース等、日本人が相談者となるケースが増加しているのが特徴といえます。外国に保有する財産（主に不動産）の将来的な円滑な承継について相談に来る日本人の依頼者も少なくありません。これは、日本に居住しながら、外国の財産を保有することが容易になったこと、日本人の財産運用の意識に変化が生じたこと等が背景にあるものと考えます。一方で、外国人からは、日本の投資用不動産を購入したいといったご相談より、日本の相続税・贈与税や、2015 年（平成 27 年）に施行され、2020 年（令和 2 年）7 月 1 日より一定の外国人にも適用されることになる国外転出時課税をふまえた日本からの出口戦略というご相談が多いように感じています。

3.　国際相続事件が複雑になる背景

　国際相続事件 ── 「国際相続の法務と税務」というタイトルで本書を執筆しているものの、国際相続事件は、非常に複雑で、私自身、次々と発生する問題の対応に苦慮し、途方に暮れてしまう瞬間がよくあります。ここでは、なぜ国際相続事件が、そんなに複雑になってしまうのか、その原因を考えたいと思います。

⑴　外国法の調査・解釈が必要な場合が多い
①　厄介な外国法

　まず国際相続事件が複雑となる原因の一つは、外国法が登場する率が高いことに尽きます。日本で、国際相続事件を処理する場合、最初にいずれの国の法律に従って処理するべきか、適用すべき法律（これを専門用語で「準拠法」といいます）を決める必要があります。日本では、この準拠法を定める法律（国際相続事件に限らず、外国的要素を含む国際的私法関係について、いずれの国の法律を適用すべきかを決める法律を、専門用語で「国際私法」といいます）は、『法の適用に関する通則法』（以下、「通則法」といいます）として定められています。

　相続に関する通則法の規定については、本章Ⅱで詳述しますが、日本で国際相続事件が起きた場合、被相続人が外国人の場合は、当該国際相続事件の準拠法は、原則として外国法が指定されることになります。日本で問題となる国際相続事件であっても、通則法に従って、準拠法として外国法が指定される場合は、相続分や相続人の範囲について、日本の民法ではなく、外国法を基準にして考えることになるのです。日本で問題となるからといって、民法ですべて解決できるわけではないことに留意が必要です。

　この外国法が厄介です。先輩の弁護士からは、準拠法として外国法が指定された場合、国会図書館や最高裁判所の図書室に篭って（このような外国法の文献は貸出禁止であることが多いため）、外国法の文献を調査したり、加入しているネットワークのメンバーファームの外国法律事務所に法文の取り寄せを依頼したり、出張ついでに毎年法文を購入する等して、外国法の原文にあたったという苦労話を聞かされたことがあります。そのような時代と比較すると、最近はインターネットの普及により、外国政府等が提供する法令データ（日本でも総務省による法令データ提供システム[4]があります）にアクセスすることも可能となり、随分と便利になったといえます。しかしながら、外国政府が提供する法令データが最新版なのかはよくわからないのが実情です（なかには、一向に更新されていない様子のホームページもあります）。

　一方、かろうじて適切な最新の法令にたどり着くことができても、所詮は法律ですので、民法同様、内容は難解です。それでも英語が母国語であるイギリス、アメリカ、英語が公用語のインド、フィリピンあたりの法律であれば、英語の法律条文を読んでみようという気になりますが、中国語、フランス語、ハングル語、スペイン語、アラビア語等英語以外になると自分だけでは全く歯が立ちません。

4　総務省行政管理局が運営する総合的な行政情報ポータルサイト。https://elaws.
　e-gov.go.jp/search/elawsSearch/elaws_search/lsg0100/（2019 年（平成 31 年）2 月
　26 日最終閲覧）

　最近は投資促進や国際取引の円滑化のため、英語圏でない国でも、政府が法令の英語訳を提供している場合もあります（日本でも法務省による日本法令外国語訳データベースシステム[5]があります）。しかしながら、概して法律の英語訳は、理解するのが難しく、法文として適切に翻訳されているのか疑問なものも少なくありません。実際に法務省が提供している日本法令の英語訳データも、提供されている翻訳は、正式な訳文、いわゆる公定訳ではないことを明言し、あくまでも「理解を助けるための参考資料」として、免責文言まで付されています。さらに、法令の改正があった場合、適時に英語訳までアップデートされているのかも不明確です。したがって、外国政府が法令の英語訳を提供している場合でも、それを完全に信頼することはできないという問題点があります。

⑵　外国法の解釈には現地の実務家の助力が不可欠

　仮に英語の法律又は適正な法律の英語訳を入手することができたとしても、日本の民法・税法に解釈が必要なように、法律である以上、具体的な事実に適用するためには解釈が必要な場合が多いといえます。特に、外国の法令には、我々の知らない独特の法律概念があり、それを正確に理解するためには、当該外国法、判例、慣習法等に精通した現地の実務家の助力が不可欠です。したがって、国際相続事件で外国法が準拠法となる場合は、当該外国で弁護士等の資格を有する実務家を探し出し、事件の処理に協力を依頼することになります。

　実は、この信頼できる外国の弁護士・税理士等の実務家を探し出すことが想像以上に大変な作業です。実務家のレベルに差があるのは世界共通といえますが、特に国際相続事件といった複雑な問題について、多角的にリスクの検討をすることができ、信頼することができる外国の実務家の数自体が絶対的に少ないからです。私が過去に扱ったケースでも、外国の実務家が日本への影響等を一切考慮することなく、安易に通常現地で行われる法的処理に踏み切ったことから、日本の

5　http://www.japaneselawtranslation.go.jp/?re=01（2019 年（平成 31 年）2 月 26 日最終閲覧）

財産に関する処理が困難になって、持ち込まれた事件も少なくありません。

　外国法の適用の結果も考慮して、財産が一方の国に偏っている場合等は、そもそもどこで相続の問題を解決すべきか、俯瞰的に相続事件自体を検討することが必要なことも、国際相続事件を複雑にしているといえます。

(2)　法制度が違う

　次に、法制度が違うことにより問題が複雑化する場合もあります。国際相続事件の解決にあたる場合、実際は、この法制度が違うことによる実務上の問題の解決に、多くの時間と費用がかけられているように思います。

①　公的証明等が違う

　たとえば、相続人を確定する資料の問題です。純粋な国内相続事件では、相続人を確定する際、戸籍謄本を使用します[6]。戸籍には、戸籍に記録されている各人の氏名、出生年月日、入籍の原因・年月日、実父母の氏名・続柄、夫婦については、夫・妻の別が記載されているため、戸籍謄本は、日本において、家族関係、相続人を確定するために必要な事項が記されている公的資料となります。戸籍制度の起源でもある中国には、戸籍制度は現存しますし、韓国でも従来の戸籍制度は近年廃止されたものの、それに代わる家族関係登録制度（2008年（平成20年）1月1日施行）といった公的証明による相続人の確定が可能です。一方、欧米諸国には、アメリカの社会保障番号制度のように個人登録制度はあるものの、家族の情報をまとめて公的に管理する制度自体が存在しません[7]。実は、日本のように、家族関係が一覧してわかる戸籍等の公的証明を整備している国は世界的にみると多くはないのです。そのような公的証明のない国の国籍を有する外

6　戸籍とは、市町村で管理する家族単位の身分公証制度であり、戸籍謄本とは、戸籍の記載の全部を謄写したものをいいます。

7　EU加盟国においては、相続が発生した場合、相続証明書で被相続人・相続人・遺言執行者・遺産管理人の権利・権限を定めた公的証明書が各国の裁判所から発行されるようになりました。相続手続が始まった段階では、この相続証明書は、一種の公的証明書といえます。

国人を含む国際相続事件が日本で問題となった場合は、まず相続人を確定するに
あたり、どのような資料をもって戸籍の代わりとするのかという問題が生じま
す。相続人の確定は、裁判所で国際相続事件を問題とする時のみならず、金融機
関の相続手続、不動産の相続登記、相続税申告等、相続のあらゆる場面で必要に
なります。依頼者を煩わせることなく、戸籍に代替する書面を駆使し、いかに効
率的に各機関を説得することができるのかも、これらの手続を担当する実務家の
腕の見せどころになってくるように思います。

　逆に、被相続人が日本人で、当該被相続人が外国に財産を保有していた場合
は、外国でこれらの財産を承継するための現地の相続手続が必要になります。英
米法系諸国では、被相続人が死亡すると、相続のためにはプロベート（probate）
という裁判所が関与する手続が必要となる場合もありますが、プロベートを担当
している裁判所（プロベートコート（probate court）、サロゲートコート
（surrogate's court）、スプリームコート（supreme court）等ともいいます）か
ら、相続証明書[8]の提出を求められることがあります。

　オーストリアでのプロベートが必要となったとき、現地の裁判所からこの相続
証明書の提出を求められて戸惑ったことがあります。現地の外国弁護士による
と、相続証明書とは一般的に、当該相続事件について、被相続人及び法定相続人
の関係を記した公的証明書をいうようです。日本では、家族の情報を総括的に記
した戸籍はあるものの、特定の相続について、誰が相続人になるのかを記載した
公的証明書はありません。そこで、相続証明書を求めてきた現地弁護士に対し、
日本には相続証明書及びそれに類する公的証明書が存在しないことを説明した上

8　2015 年 8 月 17 日以降に死亡した人の相続につき適用される EU の相続に関する新
　規　則（REGULATION（EU）No 650/2012 OF THE EUROPEAN PARLIAMENT
　AND OF THE COUNCIL of 4 July 2012、以下、「Brussels IV」）第 6 章に、相続証
　明書（European Certificate of Succession）の制度が設けられました。相続証明書は、
　EU 加盟国において、EU 加盟国の裁判所が発行するもので、相続人、受遺者、遺言
　執行者又は遺産管理人の権利・権限を EU 加盟国内で証明するものです。これによ
　り、これまで他国で選任された遺言執行者の権限が財産所在地国で認められない等
　の、遺言執行障害の問題が EU 加盟国内においては解消されました。

で、逆に、

　ア）相続証明書の具体的な目的

　イ）証明すべき具体的な内容

　ウ）公的証明書がないとして、相続証明書に記載する内容を弁護士が宣誓供述
　　　すれば裁判所が納得してくれるのか

　エ）宣誓供述書には公証が必要か

　オ）公証だけでなくアポスティーユ（apostille）[9]をつける必要もあるか

　カ）日本には戸籍という家族関係の公的証明があるが、それで代替することは
　　　できないか

等、具体的な質問、提案をこちらから積極的に行い、それに対する現地弁護士の
回答等から、現地の裁判所を納得させるためには、日本側でどのような書面を準
備すればよいのか、ケースごとに検討していくことになります。

　2017年（平成29年）5月から、日本では、法定相続情報制度が開始し、被相
続人と全法定相続人、全法定相続人と被相続人との関係等を一覧性をもって証明
する制度ができましたので、相続証明書を求められた場合は、こちらを準備し
て、翻訳文をつけることが最も効率的といえます（2017年（平成29年）以降、
相続証明書や家族関係の証明を求められた場合のほとんどで法定相続情報を提出
していますが、揉めたことはありません）。しかし、被相続人や相続人が日本国
籍を有しない等、戸除籍謄抄本を添付することができない場合は本制度は利用で

9　『外国公文書の認証を不要とする条約（ハーグ条約）』が定めている付箋による証
　明。アメリカ、イギリス、フランス等、同条約に加盟している国、地域に証明書を提
　出する場合、駐日外国領事による認証を求められることがあります。しかし、外務省
　においてアポスティーユ（付箋による証明）の付与があれば、駐日外国領事の認証が
　なくとも、駐日外国領事の認証があるものと同等のものとして、提出先国（地域）で
　使用することが可能となります。東京都内、神奈川県内及び大阪府内の公証役場で
　は、申請者からの要請があれば、外務省のアポスティーユが付与できるので、外務省
　へ出向く必要はありません。東京都内、神奈川県及び大阪府（大阪府については
　2014年（平成26年）4月施行）内でアポスティーユが必要な場合は、公証役場のワ
　ンストップサービスを利用するのが便利です。https://www.mofa.go.jp/mofaj/toko/
　todoke/shomei/index.html（2019年（平成31年）2月26日最終閲覧）

きないため注意が必要です。

②　現地弁護士とやりとりをする上での留意事項

　これは国際相続事件に限定したことではないのですが、外国の専門家と協働する場合、先方に対し、事件の背景について要領よく説明をした上で、質問を限定的かつ具体的にすることが重要になってきます。場合によっては、Yes 又は No で回答できるくらいまで質問を限定してしまうことが、早期の事件解決には必要となることもあります。同じ国の専門家同士であれば、多少言葉が足らなくても、質問の趣旨を推測し、適切な回答をして問題解決に至ることも可能でしょう。しかしながら、法制度が違う場合は、一方の国の専門家が想定もしていないような法的問題が、他方の国で問題となる場合があります。異なる法制度の国にいる以上、そもそも専門家が念頭においている概念も違います。したがって、時には一般の依頼者への説明以上に背景となる法制度等を概説し、誤解を生じさせないように質問をしないと、専門家同士であっても、話がかみ合わないまま数か月経過してしまったということが、意外に起こりうるのです。特に、取引の交渉や契約締結といったビジネスではなく、親族・相続といった身分法の分野は、その国の文化、宗教、歴史等が色濃く反映される法分野となるため、国ごとに想定もしないような違いがあることもあります。

　たとえば、日本の民法上、遺留分という制度がありますが、遺留分という制度がない国、地域も多くあります。アメリカ等の英米法系諸国では、「Freedom of Deposition ── （遺言による）処分の自由」・「dead hand control ── 死者の手の支配」が原則とされ、遺言の自由が当然のルールですので、日本にドミサイル（p.33 参照）を有したり日本に財産を保有することにより、日本法が適用され、遺留分の制約にかかる可能性を指摘すると、まず遺留分という制度に驚かれることも少なくありません。また、日本の民法上、被相続人の兄弟姉妹は、直系卑属（子や孫等の子孫）も直系尊属（両親）もいない場合、相続人となりますが、韓国では直系卑属も直系尊属もいない場合は、兄弟姉妹に相続権はなく、配

偶者が単独相続することとなります。日本には、法定相続人がいない場合、被相続人と特定の関係にあった者に相続権を認める特別縁故者制度がありますが、そのような制度がない国もあります。したがって、日本の民法を当然の前提として、遺留分の説明や、相続人の範囲等について話を進めていくのは危険な場合があることに留意が必要です。

　さらに、外国の専門家と仕事をする際に忘れてはならないことが、時間への配慮です。日本では、相続等の一般民事を行う法律事務所や税理士法人は、着手金・成功報酬制や相続財産額に応じて報酬を計算する固定報酬制を採用しています。一方、外国の専門家は、ほとんどがタイムチャージ制を採用しています。国際相続を行う日本の専門家もタイムチャージ制をベースとするアレンジが多いように思います。しかしながら、日本人の依頼者にこのタイムチャージ制について話すと、それだけで拒絶反応を起こす方も少なくありません。依頼者の窓口となっている大手の金融機関でさえ同様です。国際相続は、国内の相続と比較して、作業量が数倍に及ぶ可能性があり、資産額によっては、タイムチャージ制の方がずっと依頼者の方に有利な場合も少なくないのですが、どうしても固定報酬や予測可能性がほしいという方には、資産額に応じた割合報酬等のアレンジメントをする場合もあります。一方、外国人の依頼者には、これまでタイムチャージ制は、ほとんど抵抗感なく受け入れられています。

③　法制度が異なることによる具体例

　約10年前に実際に扱った事案をベースに具体例で説明しましょう。

　日本人の相続人から、日本人の被相続人が残したオーストリアの銀行口座の相続手続（口座を閉鎖して、預金を日本に居住する相続人の国内口座に送金する）について相談を受けたとします。オーストリアは大陸法系に属しますが、銀行口座の相続手続でさえも、裁判所の関与するプロベート（p.24 参照）の手続を経ることが必要でした。この相談の段階で、オーストリアの銀行の残高が20万円程度であることが判明している場合は、残念ですが、同口座の相続手続はあきらめ

ることを勧めます。なぜなら、本件の場合、我々日本人弁護士のほか、オースト
リアの裁判所及び銀行と交渉するオーストリアの資格を有する現地弁護士を雇う
ことが不可欠となりますが、両国の弁護士の費用だけで 20 万円を超えてしまう
ことは確実で、費用対効果の観点から合理的でないからです。

　オーストリアの弁護士も、タイムチャージ制で仕事を行うことが通常です。こ
の点、国際相続事件では、裁判所に提出すべき必要書類さえ裁判所との相談を要
する場合が多く、言語の壁もあり、弁護士が事件へ従事しなければならない時間
の予想が困難で、想像以上に弁護士報酬がかさむことがあります。

　実際に私が担当した案件では、オーストリアの裁判所から相続証明書
（certificate of inheritance）を要請されました。そこで、オーストリアの弁護士
と相談の上、私が日本の弁護士として、英語で「戸籍等の公的書類を精査した結
果、依頼者は、日本の民法上、被相続人の唯一の正当な相続人といえる」という
内容の宣誓供述をして、それを公正証書の形にし、アポスティーユをつけて、戸
籍謄本の英語訳とともにオーストリア弁護士を通じて裁判所に提出することにな
りました。オーストリアの裁判所には、これらの書類が相続証明書に代わる書面
として受け付けてはもらえましたが、オーストリアの弁護士側では、英語の宣誓
供述書及びそれに付随して提出した戸籍謄本の英語訳を、ドイツ語に翻訳する作
業が必要でした。さらに、オーストリアの弁護士には、オーストリアの裁判所宛
に、日本の戸籍制度についての説明等、尽力してもらいました。効率的に進めた
つもりですが、結果的に、裁判所のプロベートの手数料も含め、法律費用として
日本とオーストリアで合計約 40 万円のコストがかかりました。仮に、オースト
リアの銀行口座に 20 万円しか貯金がなかったとしたら、約 40 万円のコストをか
けて相続手続をするのは依頼者の利益とはなりません。国内相続事件ではコスト
がさほどかからない金融機関の相続手続でさえも、それが国際相続事件の場合、
ましてや外国の金融機関の相続手続となると想像以上のコストがかかる場合があ
ります。証券口座の相続手続はさらに複雑な場合が多いです。したがって、国際
相続事件を処理する上で、現地弁護士等専門家の関与が必要な場合は特に、依頼

者が希望するまま漫然と仕事を進めるのではなく、費用対効果等を考慮して効率的に仕事を進めることが実務家としてとても重要になっています。

　日本で国際相続事件が問題となって、外国の専門家に意見を求める場合でも、ポイントを絞った効率的な質問等をすることが、解決の早道であり、かつコストを抑えることにもつながります。もちろん、その際、勝手に自分で問題を絞りすぎないようにすることも必要です。思い込みで問題を絞りすぎて、重要な現地法の問題点に気付くことができない場合があるからです。

　とにかく、漫然と e-mail のやりとりを続けていると、後から数十万～数百万円の請求書が送られてきて驚くといった事態が生じかねないので、注意が必要です。

4.　国際的な法体系の対立がある

　これまでは、国際相続事件を扱うにあたって、複雑な問題が生じる実務的な原因について説明しました。これからは、国際相続事件が複雑になってしまう、根本の法的原因について説明したいと思います。相続については、国際的に法体系の根深い対立があるという問題です。

　はじめに、国際相続事件とは、何らかの外国的要素を有するがために、複数の国の法制に関連する相続事件であると説明しました。この複数の国の法制に関連する事件というのは、経済活動である国際取引においても発生します。しかしながら、国際取引については、当事者が、契約で適用される準拠法について原則として自由に決めることができます。また、各国の法制度を比較してみても相続とは異なり、「取引」ということで、世界共通の考え方を採用する国同士も多く、当事者はあらかじめ適用される法令の内容、その適用の結果を予測することが可能な場合も多いといえます。さらに、国際取引においては、国際取引を規律するための、統一法[10]、統一規則[11]、標準契約[12]等も相当数存在し、国際取引に係る法律問題の処理の方法にも、各国で共通する基盤があるといえます。

　一方、相続は財産法的側面もあるものの身分法的要素が強いといえます。身分法は、その国の文化、歴史、宗教、倫理観を色濃く反映し、各国同士が、法制度

上の相違を共通化、相互理解することが、経済取引と比較して難しい分野といえます。さらに、契約の準拠法と異なり、相続の準拠法は、遺言等の限定的な方式で指定することが可能な法域もできていますが、日本等は、当事者が自由に選択的に決められるものでもありません。ここに、国際取引とは異なる国際相続の難しさがあるように思います。

　国際的な法体系の対立は、まず国際私法の分野で現れます。いずれの国の法律を準拠法とするかを規定する国際私法の基本的な考え方が、相続については、世界的に、相続統一主義と相続分割主義に二分されているからです。

　さらに、相続の内容自体を規定した実体法でも世界的に大きな対立があります。包括承継主義と管理清算主義の対立です。

　以上のように、相続という問題については、国際私法及び実体法に関して、各国の考え方が大きく異なることから、国際相続事件は一層複雑さを増しているといわれています。

5.　国際私法上の対立

⑴　国際私法とは

　国際私法上の対立について検討する前に、まず国際私法とは何かについて説明したいと思います。

10　一定の私法的法律関係に関する各国間の規定を統一するための法規範。各国の法令の同一性を確保するために、条約の形式を採用するのが通例。「有体動産の国際的売買についての統一法に関する条約」（1964 年）、「国際物品売買契約に関する国際連合条約」（1980 年）等。

11　国際取引に関与する団体等によって作成され、一定の取引に適用される規則。「荷為替信用状に関する統一規則及び慣例」（信用状統一規則）、「貿易条件の解釈に関する国際規則」（インコタームズ）等。

12　一定の類型の国際取引における標準的な契約条項。国際連合欧州経済委員会（ECE）の作成した「プラント及び機械類の輸出に関する一般契約条件」、コンサルタント・エンジニア国際協会と欧州建設業者協会による電気機械工事や土木工事用の標準約款（FIDIC 約款）等。

①　国内的私法関係

　日本に居住する日本人同士が、日本国内に存在する物について売買契約を締結したとします。この売買契約は私人間で締結されているので私法関係にあるといえます。それに加え、この法律関係に関するすべての要素が、日本国内にあるので、国内的私法関係にあるといえます。日本人同士が日本国内で結婚した場合、日本国内で日本人が死亡し、相続人も全員日本人で、かつ相続財産もすべて日本国内にある場合も同様です。この国内的私法関係には、国内的要素しかないので、内国法である日本国法が当然に適用されることになります。したがって、どこの国の法律が適用されるのかという問題が生じる余地はありません。

②　国際的私法関係——国際私法を検討する必要がある場合

　では、外国会社と日本会社が売買契約を締結した場合、日本人同士が外国で結婚した場合、日本人が外国で死亡した場合、日本人が日本で死亡したものの外国に資産を残していた場合はどうでしょうか。これらの私法関係は、当事者、法律行為をした場所、財産の所在地等、法律関係を構成する何らかの要素に外国の要素を含んでいます。これらの外国の要素を含む私法関係を、国際的私法関係といいますが、各要素に関連する各国の私法の内容がそれぞれ異なるため、いずれの国の法律を適用して解決すべきかという問題が生じます。たとえば、外国会社と日本会社が売買契約を締結した場合は、当事者の本国法ともいえる外国法又は日本法のいずれを適用するのか、外国で日本人同士が結婚した場合、その婚姻の有効性については、当事者の共通本国法である日本法又は婚姻挙行地法である外国法のいずれが適用されるのか、日本人が外国で死亡した場合、相続の問題については、被相続人の本国法である日本法又は相続開始地法である外国法のいずれが適用されるのか、日本人が外国に資産を残して死亡した場合、この相続の問題については、被相続人の本国法である日本法又は相続財産の所在地の外国法のいずれが適用されるのかという問題です。国際私法とは、この外国の要素を含む法律関係について関連する複数の国の法制が抵触する場合に、そのうちいずれの国の

法律を適用すべきかという問題を解決する法律をいい、各国が独自にそのルールを内国法として整備しています。外国人が日本国内で死亡して日本国内で相続が問題となったからといって、当然に日本法が適用されるわけではなく、まずは当該国際的私法関係について、いずれの国の法律に従って問題を解決すべきか、その適用される法律（これを専門用語で「準拠法」といいます）を決定する必要があるのです。国際私法は、関連する複数の法律の抵触の問題を解決するという意味で、抵触法（conflict of law）とも呼ばれます。

この点、国際私法については、国際的私法関係に統一的に適用される条約のような一つの国際法であるとのイメージを持つ方も少なくありません。しかしながら、国際私法とは、国内で国際的私法関係が問題となった際に、どここの国の法律を適用して問題を解決するかを定める内国法の一つに過ぎません。したがって、各国が独自の国際私法を有している結果、国際私法上の抵触も生じることになります。

相続に関する国際私法については、各国の間で古くから相続統一主義と、相続分割主義の対立があります。

(2)　相続統一主義

相続統一主義とは、国際相続事件を規律する準拠法を定めるにあたって、相続財産が不動産か動産かを問わず、相続関係を一体的に、被相続人の本国法や住所地法といったその人に固有な法（その人自身に着目してその人に追随して適用される法律を専門用語で「属人法」といいます）を適用して、統一的に規律する考え方です。相続統一主義は、相続が親族関係と密接な関係を有するとして、親族関係を一般的に規律するその属人法によって規律することが適当であるとする相続の身分法的側面を重視した考え方といわれています（溜池良夫著（1993年）『国際私法講義』有斐閣 p.502）。日本の国際私法にあたる『法の適用に関する通則法』では、「相続は、被相続人の本国法による」（通則法36）と定め、相続の準拠法は、相続財産が不動産か動産かにかかわらず、被相続人の本国法（後述します

が、原則的には、被相続人が国籍を有する国の法律）とし、相続統一主義を採用しています。このほか、多くの大陸法系諸国では、相続統一主義を採用しています。例としては、ドイツ、オーストリア、スイス、スペイン、イタリア、ポルトガル等があります。なお、EU 加盟国（一部を除く）に適用される Brussels IV においても相続統一主義が採用され、原則として [13] 最後の常居所地法が相続の準拠法となりました。

図1　相続統一主義（日本・ドイツ・イタリア・韓国・EU 加盟国）

不動産	被相続人の本国法又は住所地
動産	（ドミサイル地）法を適用

(3)　相続分割主義

　相続分割主義とは、国際相続事件を規律する準拠法を定めるにあたって、相続財産に着目して、不動産と動産の相続を区別し、不動産については不動産の所在地法を、動産については、被相続人の属人法である本国法又は住所地法、ドミサイル法を適用する考え方です。相続分割主義は、相続を個々の財産の移転又は分割と考え、取引の安全を重視した考え方です。すなわち、相続の身分法的側面ではなく財産法的側面を重視するものです。相続分割主義を採用する国としては、アメリカ、イギリス、シンガポール、ニュージーランド、オーストラリア、香港といったいわゆる英米法系諸国並びに若干の大陸法系諸国（かつてのフランス、ベルギー、カナダケベック州、中国等）があります。

13　ただし、被相続人が本国法を選択している場合は、それによります。

図 2　相続分割主義（アメリカ・イギリス・かつてのフランス・中国）

不動産	不動産の所在地法を適用
動産	被相続人の本国法又は住所地（ドミサイル地）法を適用

⑷　国際私法上の対立があることによる問題点

　相続統一主義と相続分割主義、どちらがよいかは難しい問題といわれています。相続統一主義に対しては、身分法的側面を重視するもので、相続財産の所在地における取引の安全が無視されているとの批判があります。一方、相続分割主義によると、相続財産の不動産が複数の国に点在する場合は、各不動産がそれぞれの所在地の相続法によって規律されることになり、権利義務関係が非常に複雑になります。そこで、相続分割主義では、統一的な解決が図れないと相続統一主義の支持者から批判されています。

　相続人の範囲、相続分、相続財産の分割、相続債務といった相続に関する問題を被相続人の属人法で統一的に解決できることに、相続統一主義の強い利点があり、複雑な国際相続事件の解決といった観点からは合理性があるようにも見えますが、一方で、この相続統一主義も後述の反致の適用がある場合は、他国の国際私法を勘案することになり、結局は、相続関係の統一的な解決が徹底されないことになるのが、国際相続事件の難しいところでもあります。

　そこで、国際取引で行われている法の統一化の動きを受けて、相続の国際私法の分野でも統一を図るべきではないかという議論もなされているようです。EU加盟国に適用される Brussels IV は、この流れを受けたものといえるでしょう。

　近時は、相続統一主義が優勢といえ、Brussels IV でも、被相続人の最後の常居所地法を準拠法とする旨定めています。日本の国際私法では、被相続人による準拠法の選択は認められていませんが、諸外国では、被相続人による準拠法の選

択を認める法制も出てきています[14]。たとえば、Brussels IV においては、EU加盟国に財産を持っている人は、自分の国籍の法律を準拠法として選択することができるようになりました（同法22条）。もっとも、選択の方法は、死亡時に財産を処分する方式により明確にすることを要するとされており（同法22条2項）、通常は遺言で行うこととなります。ハワイ州や、ＮＹ州等でも一定の制限付で準拠法の選択は認められています。したがって、準拠法の選択を行うことで、遺留分の制度の制約を受けない遺言による財産処分ができる可能性もあります。しかし、準拠法の選択は、かなり要件も厳しいので、関連する法制の専門家の助言を事前に取得することをお勧めします。

図3　相続統一主義と相続分割主義の違い

相続統一主義		相続分割主義
被相続人の本国法又は住所地（ドミサイル地）法	不動産	不動産の所在地法
	動産	被相続人の本国法又は住所地（ドミサイル地）法

6.　実体法上の対立

相続に関する国際私法の考え方のみならず、相続に関する法律関係（権利義務関係）を定める実体法についても、世界的に大きな二つの考え方があります。包括承継主義と管理清算主義という考え方です。相続については、国際私法のみならず実体法についても考え方が大きく二分されていることが、国際相続事件をより複雑にする原因となっています。

(1)　包括承継主義

包括承継主義とは、相続開始の時点で被相続人の財産は積極財産か消極財産か

14　小出邦夫編著（2014年）『逐条解説　法の適用に関する通則法（増補版）』商事法務　p.350

にかかわらず、すべて相続人や受遺者に帰属するという考え方です。ここでいう積極財産とは、現金、動産、不動産、預貯金、株券、その他債権等のプラスの財産、消極財産とは、借入金等の負債、滞納税の債務等いわゆるマイナスの財産をいいます。包括承継主義では、相続とは、家族の財産は、先祖から子孫まで、代々の身分関係により承継されていくという「相続は財産のリレーである」という考えが基礎にあります。したがって、相続財産は、積極財産か消極財産かにかかわらず、被相続人の死亡と同時に原則として相続人全員に承継されることになります。相続開始によって生じた相続の効果を確定的に消滅させる行為である相続放棄や、相続によって得たプラスの財産の限度においてのみ被相続人の消極財産を相続する限定承認の制度は、相続開始後、被相続人の消極財産もあわせて相続人が包括的に承継するからこそ必要な制度なのです。

　日本では、「相続人は、相続開始の時から、被相続人の財産に属した一切の権利義務を承継する」として、相続については、包括承継主義を採用しています。この包括承継主義を採用する日本以外の国としては、ドイツ、フランス、イタリア、スイス等の大陸法系諸国があります。

図4　包括承継主義

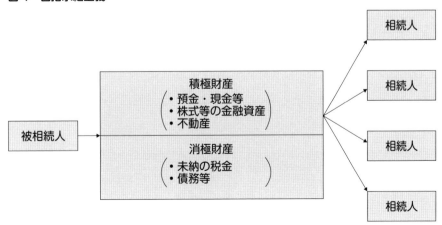

(2) 管理清算主義

管理清算主義では、被相続人が死亡した場合、相続財産が直接受遺者又は相続人に移転することはありません。被相続人の財産は、いったんすべて遺産財団（estate）に帰属します。そして裁判所の管理下で、まず管理・清算（債務及び税金の支払）が行われることになります。この裁判所の監督下で行われる管理清算手続をプロベート（probate）といいます。

各州により多少の違いはありますが、アメリカのプロベートを例にとると、裁判所が人格代表者（personal representative）をまず正式に任命し、その人格代表者が裁判所の監督の下、遺言書がある場合は遺言書の有効性の確認、相続人の確定作業、負債や費用の支払、遺産税の申告・納付手続を行い、最終的にプラスの財産が残った場合にはじめて受遺者又は相続人に相続財産が分配されることになります。相続財産の最終分配は、裁判所の許可及び税務当局からの申告書確認作業の終了通知書等を受領してから可能になります。

この管理清算主義の根底には、相続を、身分法の一部として扱うより、むしろ物権の取得方法、債権の移転方法の一場面として位置づけ、相続法を財産法の一部として扱うべきという考え方が基礎にあります。

イメージとしては、被相続人が破産者で、被相続人の相続財産は破産財団、相続財産の管理清算を担当する人格代表者は破産管財人のようなイメージが最もわかりやすいのではないでしょうか。なお、管理清算主義によると、被相続人の相続財産は、管理・清算の手続を経て、それでもなお積極財産が残った場合にはじめて受遺者・相続人間で分配されることになるため、相続放棄、限定承認といった概念は必要ありません。

管理清算主義は、アメリカ、イギリス等の英米法系諸国で採用されています。

このプロベートは、一般的に「検認手続」と訳されることが多いのですが、遺言書の証拠保全手続にすぎない日本の検認とは全く異なるので、外国の専門家と話すときは注意が必要です。日本に居住していた外国人が日本の公正証書遺言を残して亡くなられた件で、本国の弁護士からプロベートの状況はどうかと聞かれ

た際、遺言の検認審判は終了していたので、「終わった」と答え、外国人の専門家に日本の財産の分配まで終了したと勘違いさせ、ぬか喜びさせてしまった苦い経験があります。

　アメリカの金融機関は、相続手続において、プロベートを前提とする裁判所の書類を要求してくることも少なくありません。アメリカでプロベート手続が進んでいれば、アメリカのプロベート裁判所のプロベート関連の書類を提出することになります。仮にアメリカでプロベートの対象となる財産がない場合は、日本の弁護士に、①日本にはプロベートの制度がなく、②被相続人の権利義務は、死亡と同時に相続人に直接承継されること等を記した意見書を提出させることになります。

図5　管理清算主義

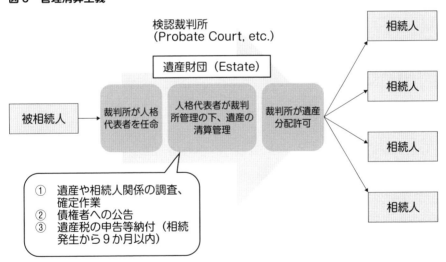

(3)　実体法上の対立があることによる問題点

　包括承継主義を採用する国と管理清算主義を採用する国があり、相続の実体法に関する根本的な考え方が異なることは、日本で国際相続事件を処理する際に大きな問題となる場合があります。特に、通則法により、準拠法として英米法系諸

国法等、管理清算主義を採用する外国法が指定された場合です。

　日本では、被相続人が死亡すると同時に、被相続人の積極財産・消極財産は一括して相続人に承継されることになるので、管理清算主義で説明したプロベート自体が法制度として整備されていません。このような日本で、国際相続事件について、準拠法として管理清算主義を採用する国の法律が指定された場合、プロベートがない日本でどのようにプロベートを実行していくかという問題が生じます。日本の裁判所の監督下で、プロベートを実施することができるのかという問題です。

　この点、プロベートに似た手続として、債務を承継する相続人が不存在の場合に、裁判所に相続財産管理人の選任申立てをして清算手続を行う相続財産管理人の制度を利用するという説もあります。しかしながら、相続人がいるにもかかわらず、相続人が不存在であることを前提とした相続財産管理人の制度を利用するのは、違和感もあります。この点、最高裁判所の民事局や家庭裁判所に照会したこともありますが、いずれも過去の事例の集積がないので、とりあえず申し立てるようにと言われた経験があります。

(4)　国際裁判管轄

　国際相続事件を複雑にする別の要因としては、国際裁判管轄があります。

①　国際裁判管轄

　実務家として、日本で国際相続事件を取り扱う場合、実際に調停、裁判等の裁判所が関与する法的手続が開始しなくても、事件が紛争化して裁判等の法的手続に進むことを考慮して、日本に国際裁判管轄があるかを最初に考える必要があります。国際裁判管轄とは、外国的要素を含む事件について、どこの国の裁判所が裁判を行う権限を有するかという問題です。日本に国際裁判管轄がないとすれば、国際裁判管轄のある国の実務家に当該国際相続事件を処理してもらうことが事件の最終的な解決につながることが多いので、日本の実務家が国際相続事件の法律問題に関与するのは、日本に国際裁判管轄がある場合が原則であると考えて

もよいでしょう。

　かつては国際裁判管轄について、法令上明文の規定はありませんでした。もっとも、判例で、日本の国際裁判管轄については、国際裁判管轄の公平的分配の見地から、「当事者間の公平や裁判の適正・迅速の理念により条理に従い決定するのが相当」（条理説）とされ（最判平 8・6・24 民集 50・7・1451 国際私法判例百選二版 p.104）、国際相続事件においては、

　ア）相続開始時点で日本に被相続人の住所がある場合

　イ）相続開始以前に日本に被相続人が居住する場合

　ウ）相続人が日本に居住する場合

　エ）相続財産が日本国内に存在する場合

等、日本との一定の生活関連性が認められる場合には、国際裁判管轄が認められるとされていました。しかし、通常の民事訴訟事件の国際裁判管轄については、2011 年（平成 23 年）の民事訴訟法改正において、被告の「住所が日本国内にあるとき」（民訴法 3 の 2 ①）、相続財産が「日本国内にあるとき」（民訴法 3 の 3 三・十一）、「相続開始の時における被相続人の住所が日本国内にあるとき」（民訴法 3 の 3 十二・十三）等と、それまでの判例・通説の考え方が明文化されました。

　さらに、2018 年（平成 30 年）4 月 18 日、人事訴訟法等の一部を改正する法律（平成 30 年法律第 20 号）が成立し（平成 31 年 4 月 1 日施行）、これまで国際裁判管轄に関する明文規定がなかった調停・審判手続についても、明文規定ができました（家事事件手続法 3 の 11 及び 3 の 13）。これによると、相続に関する審判事件については、相続開始の時における被相続人の住所が日本にあるとき等（家事事件手続法 3 の 11 ①）、遺産分割審判事件については、合意管轄を認める等、柔軟な規定を定めています。

　②　国際裁判管轄が日本にあるとしても……実務上の問題点

　国内相続事件においては、日本に裁判権があるのは当然で、裁判管轄については、後は日本の「どこ」の裁判所で裁判をするかという問題にとどまることにな

ります。とはいえ、いずれの裁判所に管轄権を認めるとしても、日本国内である以上、日本法が適用されることになり、その後の手続及び結論が裁判所によって大きく変わることはありません。しかしながら、国際相続事件については、どこの国で裁判を行うか、すなわちどこの国に国際裁判管轄を認めるかで、その後の手続の流れ、適用される準拠法が異なることになり、結果が大きく変わってしまう可能性があることに注意が必要です。

　日本で裁判をした場合は、日本の判決の外国での効力が問題となり、外国で裁判をした場合は、日本での外国判決の効力が問題となります。外国判決は一定の要件の下に日本で承認されることにより日本国内で効力を有することになりますが（民訴法 118)[15]、外国も他国の判決の効力は、日本の民事訴訟法類似の要件の下に承認する法制を採用している国が多いようです。もっとも、一国の裁判所でなされた判決が他国における「判決の承認」というプロセスの中で、具体的にどのような取扱いをされるのかは不確実としかいえず、この点も国際相続事件を難解にしている要因といえます。

　国際裁判管轄と準拠法の問題は、本来別個の問題です。しかしながら、国際裁判管轄が日本で認められた結果、手続法は法廷地法によるとの原則に基づき、日本法に従いつつ、実体法は通則法によって決定される準拠法が適用されて相続問題を処理していくことになります。実務家としては、当該国際相続事件の処理にあたり、国際裁判管轄が日本に認められるとしても、そもそも当該事件を日本の裁判所又は日本で問題を解決することが適当か、手続法や準拠法適用の結果を考

15　（外国裁判所の確定判決の効力）
　　第 118 条　外国裁判所の確定判決は、次に掲げる要件のすべてを具備する場合に限り、その効力を有する。
　　一　法令又は条約により外国裁判所の裁判権が認められること。
　　二　敗訴の被告が訴訟の開始に必要な呼出し若しくは命令の送達（公示送達その他これに類する送達を除く。）を受けたこと又はこれを受けなかったが応訴したこと。
　　三　判決の内容及び訴訟手続が日本における公の秩序又は善良の風俗に反しないこと。
　　四　相互の保証があること。

慮して判断することが必要になります。

　これまで、国際相続事件を処理するにあたり、問題となる基本的な論点を大きな枠組みで検討してきました。これからは、日本で国際相続事件を処理する場合に、実際に問題となる法令の内容について、詳細に検討したいと思います。

II　国際相続事件に関連する規定

　国際相続事件が日本で起きた場合、まず当該国際相続事件を日本で処理できるかを検討する必要がありますが、日本に国際裁判管轄が認められるかは、日本の民事訴訟法又は家事事件手続法により決めることは既述のとおりです。もっとも、日本に国際裁判管轄が認められるとしても、日本で当該国際相続事件を処理すべきかは、実務的な難しい判断が求められます。そのあたりをどうやって考えていくかは、第2部の各論で検討することにし、ここでは、主に日本の通則法等を含めた法令に国際相続事件に関連するどのような規定があるのか、その内容について検討していきたいと思います。

1．日本の国際私法

　日本で国際相続事件を処理する場合、まず準拠法（当該国際相続事件にどこの国の法律を適用して解決すべきか）を定める必要があります。国際相続事件は、日本で問題になるからといって、当然に日本の民法を適用して解決することにはならないのです。

　国際的私法関係が問題になった際に、適用すべき実体法（準拠法）を定め、関連する複数の国の法律の抵触関係を調整しているのが、各国の国際私法です。

　日本の相続に関連する国際私法としては、相続に関する実体面等も含めて広く準拠法に関する規定を定めた『法の適用に関する通則法』（以下、「通則法」といいます）及び遺言の方式に関する準拠法のみ定めた『遺言の方式の準拠法に関す

る法律』（以下、「遺言方式準拠法」といいます）があります。日本で国際相続事件を解決する場合は、通則法及び遺言方式準拠法を適用して問題となる法律関係に適用すべき準拠法を決めていくことになります。

　外国の要素が絡む国際相続事件を日本で処理する場合は、日本の民法を当然に適用するのではなく、まず初めに当該国際相続事件を処理する基準となる準拠法を決める必要がある点に留意が必要です。担当事件を処理する中で、税理士が作成した国際相続事件に関する未分割の相続税申告書を見ることがありますが、被相続人が外国人にもかかわらず、日本の民法を適用し、民法上の法定相続分をベースに相続税の計算をしているものがあります。確かに相続税の総額の計算は、日本の民法の規定による相続人及び相続分を基として計算する必要があります。しかしながら、各人の課税価格を計算する場合において、遺産が未分割の場合は、日本の民法の規定による相続人及び相続分を基準に計算するのではなく、通則法に従い、被相続人の本国法に従って計算するというのが、国税庁の正式な立場です[16]。知人の税理士からは、被相続人が外国人なので本来であれば相続税の計算について当該外国人の本国法である外国法に準拠すべきであるのに民法を適用して相続税申告書を作成したケースについて税務調査が入った場合でも、調査官から適用すべき準拠法について修正の指摘があったという話は、これまで聞いたことはありません。しかしながら国税庁の質疑応答事例によると、被相続人の遺産が未分割申告の際は、被相続人の本国法を検討して、通則法に従って課税価格を計算する必要があります。

2. 相 続 の 準 拠 法

　通則法 36 条は、「相続は、被相続人の本国法による」と規定して、相続については本国法主義を採用しています。本国法とは、簡単にいうと国籍のある国の法律のことです。すなわち、通則法は、相続に関する事項は、包括的に「被相続人

16　https://www.nta.go.jp/law/shitsugi/sozoku/11/02.htm（2019 年（平成 31 年）2 月
　26 日最終閲覧）

の本国法」を準拠法とすると定めているので、国際私法上の対立でいう、相続統一主義を採用していることになります。したがって、日本で国際相続事件を処理する場合は、被相続人の住所地、相続財産の所在地等がどこにあるかにかかわらず、原則として、被相続人の本国法が適用されることになります。

　なお、この「被相続人の本国法」とは、被相続人の死亡当時の国籍のある国の法律とされます。被相続人が中国で生まれ、その後アメリカ国籍を取得し、さらにその後帰化して日本国民となり、日本人と結婚し、数十年日本に居住していたものの、スペインで余生を過ごすことを考え、日本人妻とともにスペイン国籍を取得し、ようやくスペインに移住した直後に交通事故等で死亡した場合を考えてみましょう。

　当該被相続人は、日本に居住していた期間が最も長く、相続財産のほとんども日本にあり、かつ配偶者以外の相続人は全員日本に居住しています。このような事情を考慮すると、被相続人は、中国、アメリカ、日本及びスペインと複数の国に関係を有するといえますが、最も密接な関連を有する国は、日本であり、相続人・相続財産のほとんどを日本法で解決するのが適しているように思われます。しかしながら、被相続人の死亡時の国籍がスペインである以上、通則法に基づき、本相続の準拠法はスペイン法ということになります。

3.　本　　国　　法

　相続の準拠法となる「被相続人の本国法」とは、相続開始当時の被相続人の国籍がある国の法律のことです。したがって、外国の要素を含む国際相続事件であっても、被相続人が日本国籍しか有していなければ、日本法が準拠法となり、被相続人がフランス国籍しか有していなければ、フランス法が準拠法となります。

　国籍で決めるというのは画一的で簡単なように思われますが、実際はいろいろな問題が生じます。被相続人が、アメリカのように地域によって法律の異なる国の国籍を有する場合、被相続人が二重国籍者であった場合、被相続人が無国籍者

の場合又は被相続人の本国が日本にとって未承認国家の場合等です。また、被相続人の本国法の国際私法によると、日本法を相続の準拠法として指定し反致が成立する場合です。通則法は、これら本国法に絡む問題を解決するルールを定めていますので、以下それらのルールについて解説します。

(1)　場所的不統一法国の場合

①　通則法の規定

　日本でアメリカ人が死亡した場合、どこの法律を準拠法として適用すべきでしょうか。被相続人の国籍はアメリカですので、アメリカ法といいたいところです。しかしながら、アメリカは、州によって法律が異なる州際法国です（このように地域により適用される法律の違う国を専門用語で「場所的不統一法国」又は「地域的不統一法国」ともいいます）。この点、通則法38条3項は、当事者が、アメリカのように「地域により法を異にする国の国籍を有する場合」には、「その国の規則に従い指定される法（そのような規則がない場合にあっては、当事者に最も密接な関係がある地域の法）を当事者の本国法とする」としています。すなわち、一国の中で地域により法律の抵触が生じる場合に、どこの地域の法律を適用するのかを指定する「規則」（このような規則を専門用語で「準国際私法」といいます）がある場合は、その規則の定めに従って指定される地域の法律を当事者の本国法とし、一方、そのような規則がない場合は、当事者に密接な関係のある地域の法律を本国法とすると定めています。

　日本でアメリカ人が死亡した先の例でいうと、アメリカに通則法38条3項で定めるような「規則」があるかということがまず問題になります。アメリカの場合は、通則法の「規則」のように、連邦法上、適用される法律を定める準国際私法は存在しないというのが通説・判例（横浜地判平3・10・31家月44・12・105渉外百選（三版）p.6）の考え方ですので（州ごとに抵触する問題を解決する法律として各州法としての抵触法が存在する州はあります）、被相続人の国籍がアメリカであった場合は、準拠法たる本国法を決めるために密接関係地法を調べる必要

があります。

②　密接関係地法

密接関係地法も、国際私法に独特な概念です。密接関係地法とは、当事者である被相続人にとって、最も密接な関係のある場所に適用されている法律のことです。ここで、最も密接な関係のある地域を決定する基準は、「当事者の出生地、常居所地[17]、過去の常居所地、親族の居住地などの要素を考慮し、属人法の趣旨に合致するよう決定すべき」（沢木敬郎・南敏文編著（2009 年）『新しい国際私法 – 改正法例と基本通達 –』日本加除出版 p.31）とされています。

この密接関係地法を認定することは、実務上、難しい場合があります。相続における密接関係地は、被相続人の出生地、常居所地、過去の常居所地、相続人の居住地等を考慮して決定する必要がありますが、家族関係が希薄でこれらの情報が相続人もよくわからないということがあるからです。そのようなときは、被相続人のパスポート、出生証明書、運転免許証等の公的記録を参考に、被相続人と最も密接な関係を有する地域の法律を選択することになります。

③　ドミサイル（domicile）

被相続人が英米法系諸国を本国法とする場合、密接関係地を決めるにあたって、ドミサイル（domicile）という英米法に独特の概念が重要になってくる場合があります。国際相続事件について英米法系諸国の現地弁護士とやりとりする過程でも、このドミサイルという法的概念は多く出てくるので、少し脇道にそれますが、ドミサイルという概念について簡単に説明したいと思います。

ドミサイルとは、英米法下では一般的に「人が固定的な生活の本拠をもち、そこを離れても帰来する意思を持っている場所」（田中英夫編（1991 年）『英米法辞

17　常居所地とは、国際私法上独特の概念で、一般的には日本法下でいう「住所」と、国際私法における「常居所地」は、ほぼ同一のものであると解されています（最高裁判所事務総局家庭局監修（1992 年）『渉外家事事件執務提要（下）』法曹会 p.18）。

典』東京大学出版会 p.272) と定義されます。生活の本拠と解される日本法の住所と同義であるかのような説明をしている文献もあるようですが、ドミサイルはより複雑な概念で、すべての人は常に 1 個のドミサイルを有し、かつ同一目的において同時に 1 個を超えるドミサイルを有することはないとされています。一般に出生により得られるドミサイルを、ドミサイルオブオリジン (domicile of origin) といい、ドミサイルの変更能力を得た後で選択したドミサイルを、ドミサイルオブチョイス (domicile of choice) といいます。ドミサイルオブオリジンとドミサイルオブチョイスの関係は、出生とともに人はドミサイルオブオリジンを有し、住所選択能力を得てドミサイルオブチョイスを選択するまでドミサイルオブオリジンを有するとされています (田中英夫編 (1991 年)『英米法辞典』東京大学出版会 p.272)。なお、上記は英米法下における一般的なドミサイルの概念ですが、この「ドミサイル」の定義、用法も、国、州、地域ごとに異なるため、実際に事件を処理する過程で、ドミサイルが問題となる場合は、当該外国法における「ドミサイル」の定義を現地の実務家に確認することが必要となります。特に、英米法系諸国の国際私法においては、このドミサイルを基準にして動産の相続準拠法を決める場合も多いのですが、同本国法上のドミサイルがどこにあるかを判断するために、本国法の解釈が必要になることも国際相続事件を複雑にしているといえます。

④　アメリカ人の密接関係地を決定するには

　被相続人がアメリカ人の場合の密接関係地法はどこかという話に戻りましょう。確かに、日本の通則法上、「ドミサイル」という概念はないので、ドミサイルを考慮しないのも合理的に思えます。しかしながら、私自身は要求されたことはありませんが、日本の家庭裁判所に渉外相続事件の申立てをする場合、被相続人が英米法系諸国の国籍を有している場合は、家庭裁判所としてはドミサイルオブオリジンを記載させることが実務となっているようです (野田愛子監修 (1997 年)『国際相続法の実務』日本加除出版 p.65)。

　ここで、アメリカ人が日本に多くの財産を残して日本で死亡したとしましょう。ドミサイルオブオリジンは、人が出生したときに有するドミサイルなので、被相続人がアメリカのカリフォルニア州で生まれた場合、カリフォルニア州にドミサイルオブオリジンがあることになります。したがって、密接関係地国については、ドミサイルオブオリジンであるカリフォルニア州を基礎として、他にドミサイルオブチョイスがある等、密接関係性を説明できるような州があれば、その州の法律が本国法となります。

　実際の国際相続事件を処理する中で本国法となる密接関係地として複数の州が考えられる場合、戦略的にそれぞれの州法の内容を手続面、実体面から検討した上で、いずれの州が密接関係地として説得力があるのかを考慮して決定することが必要となります。

(2)　重国籍の場合

①　通則法の規定

　では、当事者が重国籍であった場合はどうでしょうか。日本は、国籍について、父母のどちらかが日本国籍を有していれば子に日本国籍が認められるという血統主義を採用します（国籍法2）。父母のいずれかが日本人であり、外国で生まれた場合、一方の親が外国籍の場合等、日本人でありながら重国籍となる可能性があります。日本は国籍単一の原則を基本としていることから、外国籍を取得したとき（国籍法11）、又は、外国の国籍と日本の国籍を有する重国籍者は、22歳に達するまでに（20歳に達した後に重国籍となった場合は、重国籍になった時から2年以内に）、どちらかの国籍を選択する必要があります（国籍法14）。もっとも、このように法律上は、重国籍が禁止されていても、実際は、自由に日本国以外のパスポートをもって、ビザなしで両国間を行き来できること、当該外国で自由に就労することができること（外国で就労するためには就労する国の就労ビザを取得する必要がありますが、一般的に外国人がその就労ビザを取得するのはハードルが高いといわれています）等のメリットがあり、選択期限を過ぎて

も選択義務を果たさないまま重国籍者であり続ける事案も多くあります。

　さらに、アメリカ、カナダ、ブラジル、イギリス等は、多重国籍を認めており、ヨーロッパ諸国には条件付で重国籍を容認している国もあります。したがって、被相続人が2以上の国籍を有する場合も、珍しいことではありません。

　この点、通則法38条1項は、被相続人が重国籍の場合の本国法として、まずは、複数の国籍のうち一つが日本国籍である場合は、日本法を本国法とし（同条但書）、その他の場合は、常居所地法を本国法とし、常居所地法がない場合は、密接関係地法を本国法とするとして、段階的に本国法を決めることとしています。日本国籍を有している場合は、当事者との密接関係性等を考慮することなく、とにかく日本法を本国法としたのは、日本で戸籍の届出をしているため、日本にある程度密接な関係があるといえますし、さらに、裁判や事件処理の観点から日本法によるのが最も便宜的と考えたからです。なお、通則法には、当事者が日本国籍を有する場合について日本法を優先的に準拠法と定める規定がその他もあり（通則法27但書）、これらの規定は「日本人条項」と呼ばれます。この日本人条項については、内国法を不当に優先するもので、事件に最も適切な準拠法を定める国際私法の本来のあり方に沿わないとの批判があります。

　いずれにしても、被相続人が有する2以上の国籍に日本国籍が含まれれば、被相続人の本国法は通則法38条1項但書により、日本法となります。問題は、日本国籍が含まれない場合です。

②　常居所（habitual residence）

　常居所とは、住所という法律的概念が国によって違いがあるため、混乱を避けるためにハーグ国際私法会議において準拠法を決定する基準（連結点）として新たに創出された概念です。この常居所も密接関係地と同様、国際私法独特の概念といえます。しかしながら、常居所の定義も各国間で必ずしも一致しているのではなく、日本でも常居所に関する法律上の定義はありません。したがって、常居所の定義は解釈によることになりますが、基本的には、「人が常時居住する場所

であり、単なる居所と異なり、相当長期間にわたって居住する場所のことを指し」、その認定については、当事者の「居住年数、居住目的、居住状況等諸要素を総合的に勘案して行われる」とされています（南敏文著（1992 年）『改正法例の解説』法曹会 p.198）。もっとも実務上は、戸籍事務に関する法務省民事局長通達「法例の一部を改正する法律の施行に伴う戸籍事務の取扱いについて」（平成元年 10 月 2 日法務省民二第 3900 号民事局通達（平成 2 年 5 月 1 日民二第 1835 号通達平成 4 年 1 月 6 日民二第 155 号による改正を含む）の第八常居所の認定）にて、常居所の認定基準について一応の定め[18]があるので、それを参考にすることもあるようです。裁判所において、これらの通達は常居所の認定に一定程度考慮されるようですが、あくまでも行政通達であるため、裁判所が拘束されることはありません（山田鐐一著（2004 年）『国際私法』有斐閣 p.117）。

③　具体的なあてはめ

　具体例で検討しましょう。日本国籍とアメリカ国籍を有していた者が日本で死亡し、相続が問題となったとします。この場合、被相続人の本国法は、日本とア

18　①　当事者が日本人の場合
　　・日本に住民票があれば、日本に常居所があるものとする。住民票がない場合でも出国後 1 年内であれば、日本に常居所があるものとする。
　　・出国後 1 年以上 5 年内は、原則として日本に常居所があるものとする。但し、当該当事者が重国籍者で、日本以外の国籍国にその間滞在している場合等は、当該国籍国に常居所があるものとする。
　　・外国に 5 年以上滞在している場合には、当該国に常居所があるものとする。
　　②　当事者が外国人の場合
　　・日本の在留期間が連続して 5 年以上の場合は、日本に常居所があるものとする。
　　・永住目的又はこれに類する目的の場合は、1 年の滞在があれば、日本に常居所があるものとする。
　　・その他
　　　ア）日本で出生後、出国していない者
　　　イ）日本人の子として出生した者
　　　ウ）特別永住者の在留資格をもって在留する者
　　　は、居住期間にかかわらず、日本に居住すれば、日本に常居所があるものとする。

メリカで重複しますが、重複する国籍の中に日本国籍が含まれているので、被相続人の本国法は、通則法 38 条 1 項但書の適用により、日本法となります。

　一方、フランス国籍とカナダ国籍を有していた者が日本で死亡した場合はどうでしょうか。この点、常居所の国の法を本国法とするので、仮に当該被相続人がフランスに常居所を有しているとすれば、フランス法が本国法になります。一方、常居所がない場合は、当事者の密接関係地法を本国法とするので、パスポート、ドミサイルオブオリジン等を考慮して、過去の居住履歴等を勘案し密接関係地を定め本国法とすることになります。したがって密接関係地が日本の場合は、本人が日本の国籍を有していないにもかかわらず、日本法が本国法となります。

(3)　未承認国家又は政府の場合

　当事者の国籍が、中国や朝鮮のように、かつては、統一国家であった国が分裂し、分裂後それぞれが独立した国である場合、いずれの国の法律を本国法とすべきでしょうか。さらに、日本国政府は、中華民国（台湾）及び朝鮮民主主義人民共和国（北朝鮮）について承認をするまでに至っていませんが、政府が承認していない国の法律を本国法として適用することができるのかが問題となります。

①　通則法の規定

　通則法には、かかる分裂国家及び未承認国家の国籍を当事者が有する場合、どのようにして本国法を定めるのかについて明文の規定はありません。この点、判例及び学説も積極・消極に分かれるところではあります。しかしながら、国際私法が、問題となる法律関係を解決するために最も妥当な法律を指定する法律であるというその本質に鑑みれば、分裂国家であるか未承認であるかは、政治的な意味しか持たず、分裂国家又は未承認国家であっても、各国において有効な法律である限り、国際私法に従って準拠法として指定されるべきとするのが、通説的見解となっています（京都地判平 4・12・9 判タ 31・122、山田鐐一著（2004 年）『国際私法』有斐閣 p.76）。

②　具体的なあてはめ

　第二次世界大戦前に中国国籍又は朝鮮国籍を有していた者が、戦後も日本に居住し死亡したとしましょう。第二次世界大戦後、中国は中華人民共和国と中華民国、朝鮮は大韓民国と朝鮮民主主義人民共和国に分裂したことから、その処理が問題になります。

　歴史的背景から、在日中国人・朝鮮人は多く、本問題はよく起こる問題で、判例も数多くあります。この点、分裂した国のいずれの国の国籍を有していたかは、出身地等を重視して、大陸出身であれば中華人民共和国、台湾出身であれば中華民国、韓国地域出身であれば大韓民国、北朝鮮地域出身であれば朝鮮民主主義人民共和国の国籍を有するとして処理しています（法務省民事局内法務研究会編（1989 年）『改正法例下における渉外戸籍の理論と実務』p.99）。

　また、中華民国、朝鮮民主主義人民共和国は、日本にとって政治的には未承認国ではありますが、同国に法律がある以上、当該国法を本国法とすることになります。

⑷　人的不統一法国の場合

①　通則法の規定

　同一国であっても、人種、宗教等の差異によって適用される法律が異なる国があります。インド、マレーシア、インドネシア等です。たとえばインドでは、婚姻・離婚について、ヒンドゥ教徒、イスラム教徒、キリスト教徒等によって適用される法律が異なります。このように、当事者の属性によって同一国内でも適用される私法が異なる国を人際法国といいます。

　通則法は、40 条 1 項で、まずその国にかかる人的抵触を解決する規則（これを専門用語で「準国際私法」というのは、前述のとおりです）があれば、その規則により、もし準国際私法がない場合は、当事者に最も密接な関係を有する法律を本国法とすると規定し、場所的不統一法国の本国法を定める場合と同様の法的解決をしています。

②　具体的なあてはめ

日本でインド国籍を有した人が死亡した場合の相続の準拠法について検討しましょう。インドは、宗教によって適用される私法関係が異なる人際法国ですので、通則法40条1項に従って、インドの準国際私法に基づき決定することになります。この点、どの相続法を適用するかは、先決問題として相続の前提にある婚姻の準拠法が問題となり、適用される婚姻法の規定によると、当該相続については、インド相続法が適用されるという結論になります。もっとも、インド相続法では、相続財産が動産及び債権等で不動産を含まない場合は、被相続人の死亡時の住所地があった国の法律によるという規定があるので、反致により、日本の民法が相続準拠法になると処理しています（神戸家判平6・7・27家月47・5・60 ジュリスト1095・207）。

本件は、実際の事案で、相続の準拠法を決めるにあたり、先決問題及び反致という国際相続に独特の問題を検討せざるを得ませんでしたが、通則法が相続の準拠法について、「被相続人の本国法による」と本国法主義によりながら、実際には国籍に無関係の国の法律が適用される場合があることを知ることができるよい例だと思います。なお、先決問題と反致という国際私法独特の概念については、後述します。

4.　相続準拠法の適用範囲

通則法36条で「相続は、被相続人の本国法による。」と、相続準拠法について統一的に本国法主義を採用している以上、この相続の準拠法は、相続に関するすべての事柄について適用されることになります。相続準拠法の適用範囲を挙げると、下記のような事項があります。

・相続の開始

・相続人の範囲

・相続財産

・相続分、寄与分及び遺留分

・遺産分割

・相続の承認、放棄及び限定承認

・相続人不存在

・相続財産の管理

　ほとんどが民法上の概念ですので、ここでそれぞれの概念について説明を加えることはしません。以下では、国際相続事件を処理する上で、独特な考え方及びポイントについてのみ説明したいと思います。

(1)　相続の開始

　失踪宣告が相続の開始原因となるかどうかも、相続の準拠法によるとされています。もっとも、通則法 6 条 2 項により、外国人が日本の裁判所で失踪宣告を受けた場合、当該失踪宣告を受けた者の本国法がどこにあるかにかかわらず、日本国内にある財産の相続の開始については、日本の法律によることになります（溜池良夫著（1993 年）『国際私法講義』有斐閣 p.503）。一方、外国の裁判所で日本人が失踪宣告を受けた場合の効力は、直接相続の問題ではなく、外国非訟裁判の承認の問題として論じられることになります（野田愛子監修（1997 年）『国際相続法の実務』日本加除出版 p.78）。

(2)　相続人の範囲

　代襲相続、養子の相続権、胎児の相続権等は、相続人の範囲の問題として、相続の準拠法である被相続人の本国法によることになります（通則法 36）。相続欠格や、相続人の廃除の問題も同様です。しかし、妻、養子が相続人であるかは相続の準拠法で決まるとしても、その前提となる婚姻及び養子縁組の有効性は、先決問題として、相続の準拠法ではなくそれぞれ婚姻の準拠法及び養子の準拠法によることに注意が必要です。この先決問題については後述します。

(3)　相　続　財　産

①　通説・判例

　どのような財産や債務が相続の対象となるかは、相続財産の範囲の問題として、相続の準拠法である被相続人の本国法によることになります（通則法36）。もっとも、その相続財産を構成する個々の財産の準拠法が物権法の問題として移転を認めない場合は、実際に移転の効力は生じません。したがって、被相続人のいかなる財産が相続財産に属するかという点については、判例でも、相続の準拠法が適用されることに加え、個々の財産の準拠法も重畳的に適用されるとし（東京高判昭54・7・3判タ398 p.100）、通説もそのような累積的・重畳的適用説を採るものといわれています（山田鐐一著（2004年）『国際私法』有斐閣 p.575、野田愛子監修（1997年）『国際相続法の実務』日本加除出版 p.97）。

②　具体例

　これまでの説明だけではかなり抽象的ですので、不法行為の損害賠償債務の相続性の準拠法について争われた著名な判例で具体的なイメージを持ちたいと思います。

図6

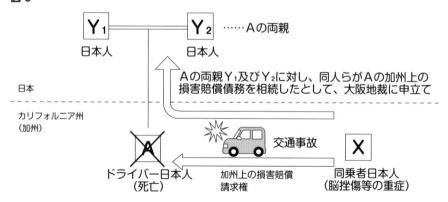

　日本人の留学生の A と X がカリフォルニア州に留学中に A の運転でドライブ中、交通事故に遭遇した事案です。運転手の A は死亡し、X は脳挫傷等の重症を負いました。X は、日本の裁判所で、A の両親 Y_1 及び Y_2 に対し、A がカリフォルニア州法上、X に対し不法行為に基づく損害賠償債務を負うとした上で、A の両親 Y_1 及び Y_2 が A の損害賠償債務を相続していると訴えを提起したというものです。

　この点、裁判所は、不法行為の損害賠償債務の準拠法については、不法行為地のカリフォルニア州法としながら、その不法行為の損害賠償債務の相続性については、相続の準拠法となる被相続人 A の本国法である日本法とともに、本件不法行為に基づく債務の準拠法であるカリフォルニア州法もこれを認めなければならないと重畳的適用説に立つことを明らかにしました。結論としては、カリフォルニア州法では、債務の相続性は認められないので、本件債務が A の両親に相続されることはないと処理しています（大阪地判昭和 62・2・17。別冊ジュリスト172（2004）『国際私法判例百選』有斐閣 p.142）。もっとも、本判決には、カリフォルニア州では債務の相続性が認められないとしている点でカリフォルニア州の理解が正確でないなど（野田愛子監修（1997 年）『国際相続法の実務』日本加除出版p.100）、その他学説からの有力な反対説があるようです。

⑷　相続分、寄与分及び遺留分

　相続の準拠法は、相続分、寄与分及び遺留分に関する諸問題にも適用されることになります。遺留分とは、日本では兄弟姉妹以外の法定相続人に一定額の財産を保障する権利ですが、この遺留分の制度も世界共通の制度ではありません。同じアジアでも韓国には遺留分制度はあるようですが、中国にはありません。英米法系諸国にも遺留分の制度がある地域とない地域があります。日本法が相続準拠法となる場合は、相続人が外国人であっても、遺留分制度の適用があることに注意が必要です。

　前述のとおり、英米法系諸国においては、Freedom of Disposition（遺言によ

る自由な処分）が原則です。Freedom of Dispostion 及び Dead Hand Control
（死者の手によるコントロール）は、相続法の大原則で、アメリカのロースクー
ルの相続法の授業でも最初に学びます[19]。アメリカのルイジアナ州を除くすべて
の州において、被相続人の子や直系卑属には遺留分はなく、遺言者の財産処分を
当然の権利とするアメリカ人の依頼者・専門家にとっては、日本のこの遺留分に
係る紛争、遺言の内容と異なる遺産分割協議は、なかなか理解できない法制度の
ようです。アメリカ人が遺言者であっても、遺言書で準拠法の選択をしておら
ず、不動産が日本にある場合等は、遺留分制度の適用がされることがあるので、
注意が必要となります。

(5)　遺産分割

　遺産分割の時期、方法、基準、効果も、相続の準拠法によることになります
（通則法36）。遺産分割を裁判所で行う場合は、遺産分割の国際裁判管轄が問題と
なりますが、日本の裁判所に国際裁判管轄があることになれば、「手続法は法廷
地法による」との国際私法の原則に基づき、手続法については、日本法に従っ
て、実体法については相続の準拠法である被相続人の本国法に従って、遺産分割
事件が処理されることになります。遺産分割の調停・審判の国際裁判管轄につい
ては、家事事件手続法に明文規定が定められ、当事者の合意管轄が認められるこ
ととなったのは前述のとおりです。

　遺産分割の対象となる財産に、日本の資産と外国の資産が含まれる場合は、実
務上、日本の裁判所において行った遺産分割が外国において実行できるかが問題
となります。

　さらに、相続の準拠法である被相続人の本国法が英米法系諸国のように管理清
算主義を採用する国となった場合は、相続財産の管理・清算を行い積極財産が
残った場合にはじめて相続財産の分割がなされることになるので、遺産管理手続

を日本の裁判所の管理・監督下でどのように実行するかが問題となります。管理清算主義を採用する国の法律が相続準拠法とされた場合の問題点は、(7)でまとめて検討したいと思います。

(6)　相続人の不存在、特別縁故者制度

　民法には、相続人の存在が明らかでないとき、相続人の捜索をしながら、同時に相続財産の管理・清算の手続を進める制度があります。相続人不存在の制度です。相続人がいることが明らかでないときは、相続財産は法人となり、裁判所により選任された相続財産管理人が、相続財産を管理・清算することになります。管理・清算手続途中で相続人が出てくれば相続人に相続財産を承継させ、他方、相続人がいないことが確定すれば、特別縁故者への財産分与の手続を経て、最終的に残余財産を国庫に帰属させることになります。この相続人が不存在の場合の準拠法は、相続財産の整理という財産面に着目して相続財産の所在地法とする説も有力ですが、相続人の不存在が相続財産の帰趨の問題である点を重視して、相続の準拠法によるとするのが通説といわれているようです[20]。

　一方、相続人がいない場合の、残余財産の特別縁故者に対する財産分与、特別縁故者制度を経た上での残余財産の国庫帰属は、相続財産の処分の問題であるから、相続財産の所在地法を適用すべきというのが多数説であることに注意が必要です[21]。相続から派生する制度であることを考慮すると違和感もありますが、一方で財産の移転という側面を重視し、かつ実効性を考慮すると、相続財産の所在地法ということが適当といえるでしょう。

　相続人不存在の制度は、日本と同様、各国の手続も裁判所の関与等を要する手続的要素が大きく、準拠法が外国法の場合は、どのようにして日本の制度に合わせていくべきか、その調整が実務的な問題となります。

20　最高裁判所事務総局家庭局監修（1992年）『渉外家事事件執務提要（下）』法曹会　P65以下
21　同上

(7) 管理清算手続

被相続人がイギリス人で、相続の準拠法として管理清算主義を採用するイギリス法が適用される場合、遺産管理手続の存在を前提としない日本の裁判所において、管理清算主義を採用するイギリス法をどのように適用するのかという問題も理論上生じます。

この点、最高裁判所事務総局家庭局監修の『渉外家事事件執務提要』によれば、「英米法において、裁判所の選任・管理下で、遺産の管理・清算を行う遺産管理人が、日本法上、相続人が不存在の場合の相続財産管理人と性質が似ていることから、日本の相続財産管理人の制度を修正して調整して、遺産管理人を選任することができるとする説が多数である」として、裁判所は、相続人の申立て又は職権により遺産管理人（財産管理人）を選任できるとしています（最高裁判所事務総局家庭局監修（1992年）『渉外家事事件執務提要（下）』法曹会 p.67、溜池良夫著（1993年）『国際私法講義』有斐閣 p.504）。かなり昔の事案になりますが、日本の裁判所で遺産管理人に代えて財産管理人の選任をなしうるとした判例も複数出ています（水戸家審昭 36・6・23 家月 13・11・110、大阪地決昭 40・8・7 判タ 185・154、東京家審昭 41・9・26 家月 19・5・112 ジュリスト 401・128）。

しかし、実際に、国際相続事件を処理する上で、この相続財産管理人制度を利用することが、事件の早期解決のためにうまく機能するのかは不安な部分があります。なぜなら、私の経験上、英米法が準拠法の事案で、プロベートをどのように実行するべきか、家庭裁判所及び最高裁判所の民事局に照会したところ、近時の例として相続財産管理人を選任した事案は把握していないこと、裁判所も事案の処理について把握仕切れておらず、担当裁判官の判断に委ねたいので、とにかく申し立ててくれないかという回答だったからです。

手続の類似性という観点からは、プロベートに類似する相続財産管理人の制度を利用するのが最も適切なように思います。しかしながら、裁判所すら、プロベートに代替する制度として相続財産管理人制度を利用することについての確固たる方針が定まらない中でプロベートに代替する制度として相続財産管理人選任

の申立て等を積極的に行うことはできません。また、時間・費用の予想をすることができない面もあり、実務家としては手続の選択に頭を悩ませるところです。

5.　遺　　言

(1)　通則法の規定

　通則法は、遺言について、「遺言の成立及び効力は、その成立の当時における遺言者の本国法による」（通則法 37 ①）、「遺言の取消しは、その当時における遺言者の本国法による」（通則法 37 ②）とし、本国法主義を採用しています。

　一方、遺言の方式については、原則として通則法の適用を排除し（通則法 43 ②）、『遺言の方式の準拠法に関する法律』に従って、遺言を方式上なるべく有効にする遺言保護の立場が採用されています。

　遺言とは、遺言者が死後に一定の法律効果を発生させることを目的に生前中に行う単独の意思表示です。通則法に規定されている「遺言の成立及び効力」は、遺言という意思表示の一つの形式である遺言そのものの成立と効力の問題で、遺言によって実現しようとしている個々の内容（たとえば、遺贈、認知等）とは区別して考える必要があります。

(2)　遺言の成立と効力の準拠法

　「遺言の成立及び効力」が、遺言によって実現しようとしている個々の内容を含まないとされているのであれば、この「成立と効力」に何が含まれるのかが問題となります。この「成立と効力」も、国際私法によく出てくる独特の概念で、なかなかイメージがわきません。この点、遺言の方式については、『遺言の方式の準拠法に関する法律』で別途定められているため（通則法 43 ②）、遺言の方式を除く、遺言の意思表示自体に関する事項については、すべてこの「遺言の成立と効力」に含まれると考えられています。

　具体的には、「成立」とは、遺言能力、遺言の意思表示の瑕疵、共同遺言の可否（日本では共同遺言は認められていませんが、共同遺言を認める国もありま

す）、「効力」とは、遺言の拘束力、遺言の効力発生時期、遺言の条件・期限等があります。

(3)　遺言の取消しの準拠法

通則法 37 条 2 項の「遺言の取消し」とは、詐欺や強迫等による意思表示の瑕疵に基づく取消しを意味するものではなく、いわゆる「遺言の撤回」を意味します。詐欺や強迫等による意思表示の瑕疵は、通則法 37 条 1 項の「遺言の成立」で扱うべき問題です。

「遺言の取消し」に含まれる問題とは、そもそも遺言の撤回が許されるのか、撤回権の放棄等をすることができるのかといった問題です。先の遺言と内容が抵触する遺言を後で作成した場合、抵触した部分について先の遺言が撤回されたとみなされるかは、遺言の実質的内容にかかわる問題であるから、かかる実質的内容をなす法律関係の準拠法によるべきとされています。

(4)　遺贈と遺言による認知

①　遺　　　贈

遺贈の有効性の準拠法について考えてみましょう。遺贈とは、遺言によって遺産の全部又は一部を譲与する単独行為です。この点、遺贈は遺言による行為ですが、遺言の実質的内容となっているので、その有効性については遺言の準拠法ではなく、遺贈の準拠法、すなわち相続の準拠法によることになります（溜池良夫著（1994 年）『国際私法講義』有斐閣 p.511、出口耕自著（1996 年）『基本論点国際私法』法学書院 p.156）。

したがって、国際相続事件で遺贈が問題となった場合の処理の仕方としては、①作成した遺言が有効に成立しているかについて、遺言の方式及び遺言の成立・効力の準拠法に従って検討した後、②有効に成立した場合、相続の準拠法に基づき、遺贈が有効かを検討することになります。

②　遺言による認知

　遺言による認知があり非嫡出子に相続権が認められるかが国際相続事件で問題
となった場合も、基本的には遺贈と同様の考え方です。まず、①相続の準拠法に
従って非嫡出子に相続権がそもそも認められるのか、②非嫡出子に相続権が認め
られるとして、そもそも遺言が有効に成立しているのか、遺言の準拠法に従って
検討し、③遺言が有効に成立しているとしたら、有効に婚外子の親子関係が成立
したといえるのか、「嫡出でない子の親子関係の成立」（通則法 29 ①②）及び「親
子関係の方式」（通則法 34）の準拠法に従って決定することになります（出口耕自
著（1996 年）『基本論点国際私法』法学書院 p.156）。

⑸　遺言の方式の準拠法に関する法律

⑴　法令上の規定

　国際相続事件の遺言の方式の準拠法については、通則法ではなく、『遺言の方
式の準拠法に関する法律』（以下、「遺言方式準拠法」といいます）に規定があ
り、方式については、すべてこの法律によるものとされています。遺言方式準拠
法は、日本がハーグ国際私法会議にて採択した『遺言の方式に関する法律の抵触
に関する条約』を批准して、同条約を国内法化するために制定されたものです。
国際相続事件の遺言については、以下の法律に従って一つでも方式上有効とされ
れば、方式上有効であるとしています（遺言方式準拠法 2）。

- ・行為地法
- ・遺言者が遺言の成立又は死亡の当時国籍を有した国の法
- ・遺言者が遺言の成立又は死亡の当時住所を有した国の法
- ・遺言者が遺言の成立又は死亡の当時常居所を有した国の法
- ・不動産に関する遺言について、その不動産の所在地法

②　遺言保護

　遺言は、遺言者の最終意思を尊重する制度です。したがって、遺言者の真意を

確保し、同時に変造や偽造等による将来的な紛争を予防するために、日本を含めて各国においても厳格な要式性（方式、形式的要件）が要求されています。しかしながら、国ごとに要式性は異なることから、遺言の方式にも、相続の準拠法を厳密に適用すると多くの場合、国際相続事件においては、折角作成した遺言が方式上無効という事態も起こりかねません。そこで、ハーグ国際私法会議では、遺言の厳格な要式性を前提に、国際相続事件においては、単なる方式の不備という理由で遺言が無効になってしまうのをなるべく阻止しようとする「遺言保護」（favor testamenti）の立場を採用し、『遺言の方式に関する法律の抵触に関する条約』を採択するに至っています。

③　具体的なあてはめ

　アイルランドに長年居住していた日本人が、現地の法律に従って遺言を作成し、アイルランドで死亡しました。同遺言書の本文はタイプライターでタイプされていますが、日付とともに自署・捺印されており、アイルランド法上、有効な遺言とされます。一方で、日本の民法に照らせば、民法及び家事事件手続法の一部を改正する法律（平成 30 年法律第 72 号）により、自筆証書遺言の財産目録部分について、ワープロによる作成のほか、登記事項証明書等の写しでも可能となりましたが（2019 年 1 月 13 日施行）、本文は依然として、遺言者本人の自書による必要があり、同遺言書は民法上の要式を充たさず無効とされます。これでは、わざわざ、アイルランド法に従った適式な遺言書を作成した遺言者が気の毒だという遺言保護の見地から採択されたのが、ハーグ国際私法会議での『遺言の方式の準拠法の抵触に関する条約』で、それを国内法化したものが遺言方式準拠法であるというわけです。

　遺言方式準拠法に従うと、遺言者は遺言の作成当時又は死亡当時の住所がアイルランドにあり、アイルランドの法律に従えば、遺言者の遺言は方式上有効といえるので、日本の民法上の要式に合致していなくとも、当該遺言は有効といえます。

遺言の内容が問題となる場合は、その実質的内容の準拠法に従って処理していくことになります。

(6)　遺言の検認

日本では、遺言の「検認」とは、家庭裁判所が遺言の存在及びその内容を確認し、その後の偽造・変造を防止することをいい、一種の証拠保全手続として機能しています。このように、日本でいう検認は、遺言の有効性を判断する手続ではないので、遺言の有効性を争う場合は、別途遺言無効確認訴訟を裁判所に提起する必要があります。各国には、遺言の検認が日本のように証拠保全的な意味しか有しない国もありますが（ドイツ等）、一方で英米法系諸国の相続手続で必要なプロベート（probate）のように、相続手続の中で、必ず遺言の有効性まで判断しなくてはならない場合もあるのです。

それでは、外国の遺言書については、日本の家庭裁判所で検認する必要はあるのでしょうか。

日本の遺言を考えた場合、公正証書遺言を除いて、原則として、自筆証書遺言[22] 及び秘密証書遺言には、遺言の保管者に検認義務が課せられています。しかしながら、遺言の有効性は、検認の有無とは無関係です。自筆証書遺言及び秘密証書遺言については、法務局[23] や金融機関で相続手続を行おうとすると、検認を先にするように言われます。

外国の遺言書であっても、複数の証人及び公証人の面前で作成し、遺言書の内容が真実であり、かつ署名の真正が担保されているような、日本の公正証書遺言と同様の方式を備えた外国の遺言書については、日本の公正証書遺言のように円

22　民法（相続法）の改正により自筆証書遺言も遺言書保管所で保管する場合は、検認手続が不要となりました（2020 年 7 月 10 日施行）。

23　検認を経ていない自筆証書の遺言書を相続を証する書面として申請書に添付した相続による所有権移転の登記の申請は、真正が相当程度担保されているとはいえないとして、不動産登記法 49 条 8 号（現：不動産登記法 25 条 5 号）の規定により却下するのが相当であるとした平成 7 年以降の登記実務の取扱いによるものです（平成 7 年 12 月 4 日民三第 4343 号・民事局第三課長回答）。

滑とはいえませんが、最近は法務局及び金融機関での相続手続を比較的抵抗感なく進めることができるようになったように感じます。

　もっとも、検認を経ていない外国の自筆証書遺言については、法務局や金融機関でもかなり抵抗されますし、先方の「得体も知れない遺言書に基づき相続手続をしたら責任問題にもなりかねない」という気持ちも一方で理解できます。

　外国遺言の検認の申立てを日本の家庭裁判所で行う場合、まず問題となるのが、国際裁判管轄が日本にあるかということです。この点、2019年（平成31年）4月1日より施行された改正家事事件手続法3条の11第1項によると、相続開始時における被相続人の住所が日本国内にあるときは、日本国内に管轄権を認めています。したがって、外国の遺言であっても、被相続人が死亡時に日本国内に住所を有していたときは、日本に国際裁判管轄があることになるので、理論的には、日本の家庭裁判所での検認は可能であると考えます。

　しかし、仮に上記基準に従って日本に国際裁判管轄があるとされても、日本の裁判所で検認を行うかどうかは、実務的な判断が必要になります。たとえば、相続財産の大半が外国にある場合、日本の裁判所に国際裁判管轄があるからといって、日本の裁判所に検認の申立てを行うことについては慎重に判断する必要があります。日本の裁判所で検認された遺言書の当該外国における取扱いが不透明であるからです。担当したケースとして、アイルランドで作成した日本人の遺言について、遺言書を保管していたアイルランド弁護士が被相続人の相続財産のほとんどが日本にあることを知りながら、よく考えずアイルランドの検認裁判所で検認したばかりに、日本での資産の名義書換えに非常に苦労して法律費用が膨らんだというケースがあります。

　実務書にも、外国遺言は法体系が違うので、証拠保全のためにする家庭裁判所における検認にはなじまないとする説が記載されています。

　これらの問題を回避するためには、事前に、財産地ごとの遺言書やエステートプランニングを整えておくことをお勧めします[24]。

6. 先 決 問 題

⑴　先決問題とは

　国際相続事件を処理する場合、相続人が誰かといった相続の問題は、相続の準拠法によることになりますが（通則法36）、妻や養子が相続人であるという前提には、そもそも婚姻又は養子縁組が有効に成立していることが必要となります。このように、国際私法上問題となっている法律関係（この法律関係を、国際私法上「本問題」といいます）に先立って問題となる法律関係を先決問題といいます。先の例では、相続が本問題、婚姻の有効性及び養子縁組の有効性が先決問題です。

　国際相続事件を処理する上では、この先決問題についての準拠法をどのように決めるのかということが問題となります。諸説あるものの、通説は、先決問題独自に法廷地（訴訟地。事件が訴訟になる可能性のある地）の国際私法に従って決定するという立場です（法廷地法説）。先の例でいうと、婚姻も養子縁組も相続という本問題の処理の際に問題となるといえども、相続の準拠法に従うのではなく、婚姻の成立については、婚姻の成立について定めた通則法24条に従い、各当事者の本国法を準拠法とし、養子については、養子縁組の成立について定めた通則法31条に基づき、原則として、縁組当時の養親の本国法によることになります。判例はかつては見解が分かれていたようです。しかしながら、韓国人が被相続人である相続事件について、最高裁判所が、本問題である相続の先決問題である親子関係の成立について、「渉外的な法律関係について、ある法律問題を解決するために不可欠の前提問題が国際私法上本問題とは別個の法律関係を構成している場合、その前提問題の準拠法は、法廷地である我が国の国際私法により定めるべきである」（最判平12・1・27民集54・1・1平11重判（大村）297）と判示してからは、法廷地法説を採用することで確定しています。

24　中田朋子・水谷猛雄・withersworldwide 他著（2017年）『世界の相続専門弁護士・税理士による国際相続とエステートプランニング』税務経理協会 p.72

図7

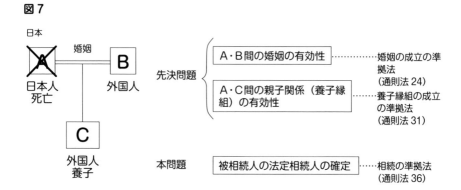

(2)　先決問題の具体的処理

　先決問題は様々な場面で問題となります。具体例で考えてみましょう。日本人男性Aとハワイ州出身のアメリカ人の女性Bが旅行中のネバダ州ラスベガスで出会い、意気投合して同地で結婚しました。AとBは、1週間ほどラスベガスに滞在してギャンブルを楽しんだところ、Aはスロットマシーンで数億円を稼ぎました。AはBを連れ、意気揚々と日本に帰国しましたが、Aの両親 Y_1 及び Y_2 は結婚を認めずBとは会おうとさえしません。そんな中、帰国から3日後、Aは心筋梗塞で死亡してしまいました。

　相続の準拠法は、被相続人の本国法です（通則法36）。被相続人Aの国籍は日本ですので、相続の準拠法は日本法となります。したがって、相続人は妻であるB、AはBとの結婚が初婚で子もいないので、第2順位のAの両親 Y_1 及び Y_2 も相続人となります。民法に従うとBの相続分は2/3、Y_1 及び Y_2 の相続分は合わせて1/3ということになりそうです。

　Bの相続権は、AB間の婚姻が有効に成立していることを前提にします。この婚姻の有効性が先決問題です。そこで、婚姻が有効に成立しているのかについて検討すると、婚姻の成立の準拠法は、各当事者の本国法を準拠法とするため、Bの本国法であるハワイ州法（Bの国籍はアメリカで同国は場所的不統一法国ですので、通則法38条1項を適用し、Bの本国法は、密接関係地のハワイ州法とな

ります）、A の本国法である日本法を重畳的に適用して有効性を決めることになります。一方、婚姻の方式についてもラスベガスの教会で結婚式を挙げているので、婚姻挙行地であるネバダ州法を準拠法として有効性を決定することになります（通則法24②）。婚姻の成立については、日本法、ハワイ州法、方式についてはネバダ州法をクリアすれば、B に A の相続財産に対する相続権が生じることになります。

図 8

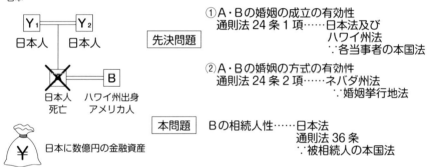

7.　適　応　問　題

⑴　適応問題とは

本問題と先決問題のように、個々の法律関係について通則法に基づき準拠法を決定することになると、異なる法律がそれぞれの法律関係に適用される結果、その間に矛盾抵触が生じることもあります。

また、国際私法上、手続関係については、「手続は法廷地法による」という大原則があり、実体法が外国法による場合でも、手続については、法廷地法を採用することが鉄則です。準拠法が外国法になる場合、日本の手続法が、もともとその外国法の制度を前提としていないため、当該準拠法となる外国法をどのように適用したらよいのか、日本の手続法との間で調整が必要な場合が多く生じます。

このように、準拠法間又は準拠法及び法廷地法間の矛盾・不調和・法の欠缺（該当する法律・制度がないこと）の問題を国際私法上、適応問題といいます。

これまで、被相続人がアメリカ人の場合等、相続の準拠法が管理清算主義を採用する英米法である場合、法廷地の日本にはかかる制度がないという問題を何度か指摘していますが、これはまさに、準拠法と法廷地法の不調和の適応問題です。

(2)　適応問題の処理の方法

私自身、外国語は英語しか対応できないということが理由だと思いますが、業務上扱う国際相続事件は、イギリス、アメリカ、香港、シンガポール、オーストラリア等、英米法系諸国に関連する要素を含むものがほとんどです。被相続人がこれらの英米法系諸国の国籍を有し、相続の準拠法が英米法となる場合は、日本にはないプロベートの問題から生じる適応問題がよく論点となります（なお、被相続人がイギリス人・アメリカ人であっても、相続財産に日本の不動産が含まれ、ドミサイル（p.33、p.58 参照）が日本にある場合は、反致（p.57 参照）から日本法が適用されることになります）。

判例・通説は、相続準拠法上、英米法における遺産管理人の選任が必要な場合、同制度に機能が類似する日本法上の相続人が不在の場合の相続財産管理人の制度を英米法上の遺産管理人の制度に適応して、日本で遺産管理手続を進行すべきとしています（東京家審昭 41・9・26、最高裁判所事務総局家庭局監修（1992 年）『渉外家事事件執務提要（下）』法曹会 p.67）。ただし、遺産管理手続に入ってしまうということは、相続財産の処分が裁判所の監督下に入るため、どのくらいのタイムフレームで遺産分割手続が終了するのかが読めない部分があります。さらに、英米法下の手続である遺産管理手続について、担当裁判官がどの程度理解・熟知した上で、事件処理にあたるのかも不安です。また、当該事件に関連する遺産管理手続について当事者としても法律を精査する必要があることから、現地の外国人弁護士と協働して遺産管理手続の理解に努めることになりますが、依頼者に

とって過重な法律費用の負担とならないか、気になるところでもあります。理論的には、判例・通説の見解は理解できます。しかしながら、判例や実際の裁判所の手続に関する実務上の情報が現段階では少なすぎます。事件が紛争化していて裁判所の手続が必要であるのであればともかく、相続人間の協議で解決が可能な事案にまで、相続財産管理人の制度を積極的に利用するのは、個人的には、もう少し判例や実務上の取扱いに関する情報の集積を待ってからとしたいところです。

8. 反致
<ruby>反致<rt>はんち</rt></ruby>

(1) 反致とは

通則法 41 条は、「当事者の本国法によるべき場合において、その国の法に従えば日本法によるべきときは、日本法による」と、反致を規定しています。通則法に規定する反致は、法廷地の国際私法が指定する準拠法が外国法である場合に、当該国の国際私法によれば準拠法が法廷地法によるとされるとき、当該法律問題の準拠法は、法廷地法になるというもので、狭義の反致と呼ばれています。

この反致は、先決問題、適応問題、常居所地、法廷地と同様、国際私法独特の概念ですが、特にその中でも難解なものといわれています。難解であるので、で

図 9　通則法における反致のイメージ図

相続の準拠法（通則法 36）：相続の準拠法の被相続人の本国法による。

反致（通則法 41）：「当事者の本国法によるべき場合において、その国の
　　　　　　　　　法に従えば日本法によるべきときは、日本法による」

ex. 日本で A 国人 X が死亡した場合を想定

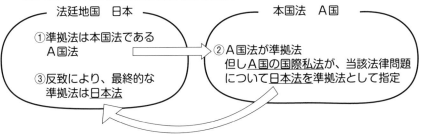

きれば避けて通りたいのですが、反致は、日本国内に不動産を有する被相続人が英米法系の国籍を有している相続問題を日本で解決する場合、実務的処理の中で避けて通れない問題となってきます。というのも、英米法系諸国の国際私法は、不動産の相続については不動産所在地法を準拠法とする相続分割主義を採用しているため、被相続人の不動産が日本にある場合は、反致の状況が生じるからです。さらに、英米法系諸国の国際私法は、動産の相続については、ドミサイルのある地の法を準拠法とする場合も多く、日本にドミサイルがあると判断されれば（このドミサイルが日本にあるか否かは、被相続人の本国法に従って判断されることになります）、同じく反致が生じ、最終的には、相続すべてについて日本法が準拠法ということにもなります。

　反致については、その定義も、反致の形態も、理論的根拠も、実際の運用についても諸説あり、論点を詰めればかなりのボリュームを割いて説明しなければなりません。そこで、ここでは反致の根拠で通説といわれているもの、反致が問題となる具体的場面、実務上多く行われている処理の方法に絞って説明したいと思います。

(2)　反致の根拠

　通則法以前の法例の時代から反致は存在していた概念です。この反致の立法趣旨についても諸説あるのですが、「属人法が適用される分野（身分や能力に関する問題）において、我が国では本国法主義という原則を採用しつつも、外国人の本国の国際私法が本国法主義を採用せずに日本法の適用を認めているような場合にあっては、当該外国法ではなく日本法の適用を認めることが、準拠法の国際的調和の実現に有益であり、日本法の適用範囲を拡大することもできて便利であると考えられたため」（小出邦夫編著（2014年）『逐条解説　法の適用に関する通則法［増補版］』商事法務 p.370）、すなわち、準拠法と判決の国際的調和を図ることが立法趣旨であると概ね説明されているようです。しかしながら、外国人の本国の国際私法も反致条項があれば、準拠法の調和は保たれることはなく、また、準拠

法が仮に同じであっても裁判所が異なれば（特に違う国であれば）、判決の調和も図れないため、反致によって国際的な調和が図れることはないというもっともな反論もあります。

　その他の説も、理論的な根拠が明確でないか、又は正当性がなかなか認められないもので、この理論的根拠が明確かつ説得的でないにもかかわらず、世界各国の国際私法に反致が立法化されてしまっているのも、この反致の理解を難しくしている要因と考えられています。

⑶　反致の具体的場面

　ハワイ州に居住し、ハワイ州に密接関係地を有した A が死亡し、日本にある A の相続財産（不動産・動産）が日本で問題となった場合を想定しましょう。本件で被相続人 A はアメリカ人ですので、相続の準拠法は、アメリカ法となりそうですが（通則法 36）、アメリカは場所的不統一法国ですので、密接関係地たるハワイ州法を本国法とします（通則法 38 ①）。となると、相続の準拠法はハワイ州法ということになりそうですが、ハワイ州法は、英米法系で、同州の国際私法によると不動産については不動産所在地法、それ以外の財産については、被相続人のドミサイルのある地の相続法が適用されることになります[25]。ハワイ州法上、ドミサイルの決定には、特定の場所における物理的存在及びその場所に永続的に居住する意思があることの 2 点が必要です。本件の場合、被相続人は、ハワイ州で生誕し、ハワイ州以外で居住したことがない事実があるとすると、ドミサイルについては、上記の定義によっても問題なくハワイ州にあるといえるでしょう。

　ハワイ州の国際私法によれば、不動産の相続の準拠法は、不動産所在地である日本法となるのです。そこで、反致が成立し、不動産の相続については、日本法が適用されることになります。一方、被相続人のドミサイルはハワイ州にあると

25　Restatement（Second）of Conflict of Laws

いえるので、動産の相続については、ハワイ州法が準拠法となります。したがって、本件については、日本にある被相続人の相続財産のうち、不動産については日本法が、動産についてはドミサイル地であるハワイ州法が適用されるという、同じ相続であるのに、適用される準拠法が財産によって異なるという、我々相続統一主義を採る日本人にとっては奇妙な結果になります。

　なお、相続財産の一部について反致が成立する結果、相続財産の一部については包括承継主義を採用する日本法により、残りの部分は遺産管理手続を前提とするハワイ州法によることになって、両者の取扱いを調整する必要が出てきます。前述した適応問題ですが、各準拠法をそのまま適用すれば、相続財産の一部についてはプロベートを履践し、残部については、当事者の協議等で分割も可能となりますが、これでは、一つの相続事件について、相続財産ごとに相続手続が進行することになり、相続財産の適正な分配・分割や、統一的な解決は期待できません。そこで、日本の裁判所で当該相続事件の遺産分割が問題となった場合は、

①　遺産全体を考慮して分割・分配することが必要であること

②　遺産管理人による遺産の分配も裁判所の監督下で行われること

③　遺産の分配方法は、相続人の権利を実現するための手続的要素を有していること

等を考慮して、法廷地法である民法によって、日本の裁判所が清算後の遺産全体を一括して分割した上、管理清算主義によって分配すべき相続財産については、遺産管理人に対し、裁判所が決定した分割方法に従って相続人に移転させる義務を課するという方法も提案されています（最高裁判所事務総局家庭局監修（1992年）『渉外家事事件執務提要（下）』法曹会 p.73）。もっとも、この問題についても、判例及び実務例の集積を待ちたいところです。

　以上のように、反致については、実際の運用方法についても諸説あり、とにかく難解です。国際相続事件において、イギリス、アメリカ等の英米法が相続の準拠法となる場合は、英米法系諸国が、国際私法において相続分割主義を採用するため、反致の適用により、日本法が準拠法となる可能性があることを、ひとまず

理解してください。

　実務上、外国人の相続案件について、反致により日本法が適用され遺留分等の規定が適用されるのにもかかわらず、当然に外国法が適用されることを前提に遺言書等のエステートプランニングを行っている専門家の案件をみかけることもあります。実際、相続が開始して、遺留分減殺請求権（2019 年 7 月 1 日以降は遺留分侵害額請求権となりました）を行使されて、裁判所での法廷闘争となっている案件もあり、遺言書を作成したのが弁護士である場合は、弁護過誤にもなりかねない案件だと考えます。被相続人が外国人である場合は、その本国法の相続実体法だけではなく、本国の国際私法の規定を現地の専門家に確認し、反致の有無について検討することが必要不可欠です。

9.　公　　　序

⑴　公序とは

　通則法 42 条は、「外国法によるべき場合において、その規定の適用が公の秩序又は善良の風俗に反するときは、これを適用しない」と規定し、外国法の適用が日本の公序良俗に反し、その結果、日本の「私法的社会秩序」を現実に害する場合は、外国法の適用を排除することを定めています。外国法の適用を排除する国際私法上の公序とは、日本の民法に規定されている公序良俗ではありません。なぜなら、日本の民法上の公序良俗による外国法の適用排除を認めては、問題となっている外国の要素を含む法律関係により国際私法によって適用すべき適切な準拠法を指定した意味がなくなってしまうからです。したがって、国際私法上、外国法の適用排除の効力を生ずる日本の公序良俗とは、日本国内の一般的私法関係上の公序良俗の基準に比べてより厳しい（溜池良夫著（1993 年）『国際私法講義』有斐閣 p.210）ものとされています。

　公序の理由により外国法の適用が排除された場合には、その外国法に代わり、日本法の制度が適用されることになります（溜池良夫著（1993 年）『国際私法講義』有斐閣 p.211）。

(2)　具体的に問題となる場面

　外国法の適用を排除する公序は、日本の国内的法律関係でいう公序より厳格な基準であるとするのが判例・通説といえども、その具体的な基準については、いまだ確立した判例はなく、判例の蓄積を待つ必要があります。

　過去に国際相続事件で公序が理由で準拠法となる本国法の適用が排除された例としては、不動産の相続権が認められるのかが不明である朝鮮民主主義人民共和国法の適用を公序により排除して日本の民法を適用した事案（名古屋地判昭50・10・7判時817・98）、特別縁故者への財産分与制度がなく、相続人不存在として被相続人の財産の国庫帰属を認める韓国法の適用が公序に反するとして、民法を適用し特別縁故者に財産分与を認めた事案（仙台家審昭47・1・25家月25・2・112）等があります。

10.　信　　　託

(1)　日本の信託制度とは

　信託とは、アメリカ・イギリス等の英米法系諸国でよく利用される相続対策（エステートプランニング）です。外国人、それも英米法系諸国の依頼者からエステートプランニングの見直しを頼まれる場合、この遺言書と信託はセットになっていることがほとんどです。日本にもこの信託制度はあります。

　信託という利便性のある制度を法的に理解していると、より柔軟なエステートプランニングが可能です。しかしながら課税関係が難しいため、信託の法的構造については理解しておくべきと考えます。

　図10を見てください。信託とは、ある財産を有する委託者が、その財産を、受託者に譲渡する等して設定されます。この財産を信託財産といい、受託者は、信託設定時の委託者との合意（信託契約）等の信託行為に基づき、「一定の目的に従い財産の管理又は処分及びその他の当該目的達成のために必要な行為」をするものとされています（信託法2①本文）。この信託財産を管理運用することで得られる利益は受益者に与えられます。信託財産の所有者は受託者です。信託財産

図 10　信託の法的構造

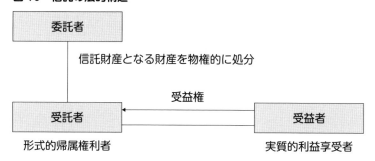

は、その所有者が受託者であるとしても、受託者個人の債権者の債務の引当てにはなりません。なぜなら、信託財産は、一定の目的のために管理・処分することが予定されている財産であり、その目的以外に利用されないこととなっているからです（信託法2③）。したがって、受託者は、信託設定時の定めに従って、一定の目的のために信託財産を管理・処分する義務を負うことになりますが、これらの管理・処分行為を行うにあたり、財産管理上の多くの義務を負うことになります。

(2)　信託の歴史と日本の信託

信託は、中世封建制度のイギリスに端を発する制度で、もともとは、臣下が領主に相続財産を没収されるのを防止し、家族や親近者に対し、財産を承継させる手段として生まれました（道垣内弘人著（2007 年）『信託法入門』日本経済新聞出版社 p.22、新井誠著（2005 年）『信託法（第 2 版）』有斐閣 p.2）。現在でも、英米法系諸国では、家族間信託が頻繁に利用されています。

一方、日本では、信託制度自体は、イギリスの制度をベースにして明治時代に作られたものの、家族間の財産承継目的で利用されるのではなく、これまでは主に機関投資家から信託銀行が大口の資金の信託を受け、それを管理・運用しながら利殖を得るという投資又は預金と類似の機能を有してきたといえます。日本では、受託者が信託銀行・信託会社等に限定されていたという歴史的経緯から、そ

の信託銀行の金融機能に着目した集団信託等がメインで利用されており、信託の
オリジナルの機能である家族間信託は、英米法系諸国に比較してあまり利用され
ていない実情にありました。もっとも、2007年（平成19年）9月に施行された
改正信託法の下で遺言代用信託や後継ぎ遺贈型の受益者遺族にかかる規定が整備
され、家族間信託の有用性への期待が高まり、最近では、「民事信託」として、
個人による信託の利用という本来の信託としての活用方法が多くの方に認識され
始め、その利用も急激に増加しつつあります。これは、超高齢化社会を迎えた日
本において、信託が、任意後見契約・遺言書ではカバーしきれない部分を、柔軟
に補充することができる無限の可能性を秘めた制度であるからです。一方で、信
託に関する基礎的知識が不足していることや、委託者の財産を狙った信託が悪用
されているような状況もあり、信託に関する紛争も多くなっています。

(3)　信託の相続における機能

英米法系諸国で信託がよく利用されるのは、次のような理由があります。

①　プロベートを回避して、遺言の代わりに財産承継を指定できる（遺言代替
　　機能）

②　自らの判断能力がなくなったときに、裁判所等の後見人選任を回避して、
　　生前の財産管理が可能になる（後見代替機能）

③　委託者の債権者は差し押さえできない倒産隔離機能がある

④　受託者の債権者も差し押さえできない倒産隔離機能がある

⑤　受遺者が未成年の場合、裁判所による未成年後見人選任を回避できる

⑥　受遺者が判断能力がない場合等、受遺者の状況に応じて柔軟な信託財産管
　　理・運用が可能である

⑦　財産の後継ぎ遺贈等、長期的な財産承継のコントロールが可能である、等
　　アメリカ等は、信託を利用すれば遺産税を支払う必要がなくなる場合もあると
いわれるくらい、信託税制が整備されているといわれています（方波見寧著（2009
年）『信託で変わる！「相続」の常識』PHP研究所 p.148）。外国人からの信託に関す

る相談は、外国で相続対策のため作成した信託の日本における税務効果がどのようなものかを確認するものがほとんどです。しかし、依頼者の期待に反して、信託に関する日本の税制は、節税にはまったくならないといっても過言ではなく、信託が日本の相続税を回避する手段となるまでには至っていないというのが現状です。信託に関する税務に関する説明は、第2章の税務編をご参照ください。

　なお、外国のエステートプランニングは、日本における法制度、税務、実務を考慮せず、作成国での法律、税務のみを考慮して、日本の財産も含めた複雑なスキームを組む場合も多くみられます。相談にくる依頼者の中には日本人か外国人かを問わず、それらのエステートプランニングが日本でも有効な節税効果等をあげるものであると信じている方が少なからずいます。既に組成してしまった信託については、それをベースに税務効果を考えていくしかないので、信託を組成してしまう前に、日本の税務効果についても、必ず専門家に相談することをお勧めします。

　国際相続・エステートプランニングを考える上で、信託法を理解することは必須なのですが、以下では信託法の内容には踏み込まず、外国で組成された外国信託が、日本で問題となった場合の基本的な処理方法についてのみ、検討します。

　外国人が委託者となって組成した外国信託で、当該外国人が日本に住所を移してきたケースだけでなく、最近では、海外資産を保有する日本人が、現地の弁護士、税理士、プライベートバンクから、海外資産のあるタックスヘイブン国に信託を組成することを勧められたが、日本法上、どのように扱われるのかといった相談もあります。

⑷　外国信託の国際裁判管轄

　外国の要素が絡む信託の場合、まず検討しなければならないのは、当該外国信託の国際裁判管轄です。同信託に関連する紛争を日本の裁判所で審理することができるのかという問題です。

　民事訴訟法上、信託について明確な特別裁判籍の規定はありません。したがっ

て、信託は、契約、遺言等様々な信託行為により組成されることになりますが、日本の裁判所に国際裁判管轄があるかについては、個々の訴えの法的性質を検討した上で、民事訴訟法 3 条の 2 以下の条項を適用して決定することになるものと考えられます。

　民事訴訟法によれば、

① 　信託行為上、日本を専属的合意管轄とする規定があるか（民訴法 3 の 7）

② 　信託紛争の被告の住所地が日本にある場合（民訴法 3 の 2 ①）

③ 　信託財産が日本に所在する場合（民訴法 3 の 3 三、十一）

④ 　信託受託者の義務履行地が日本にある場合（民訴法 3 の 3 一）

⑤ 　信託財産を侵害した受託者に対する不法行為請求については、不法行為地が日本といえる場合（民訴法 3 の 3 八）

等の場合に、日本の裁判所に国際裁判管轄が認められることになります。

　なお、EU での国際裁判管轄、準拠法に関する規則を定めた Brussels IV は、信託には適用されない点に注意が必要です（Brussels IV 1）。

(5)　外国信託の準拠法

　信託については、ハーグ国際会議で 1985 年（昭和 60 年）に採択された「信託の準拠法及び証人に関する条約」（以下、「ハーグ信託条約」といいます）において、「信託は、選択者が選択した法律に準拠する」とし（ハーグ信託条約 6）、選択がない場合は、「最も密接に関連する法律」を準拠法とする当事者自治を採用しています。しかし、日本は同条約を批准していないため、日本においては、日本の国際私法、すなわち通則法に従って、外国信託の準拠法を決定することになります。

　通則法では、信託の準拠法に関する明文の規定はありません。法制審議会では、信託の当事者、信託財産、外国で設定した信託等、国際的な信託についての準拠法について規定することも検討していたようですが、信託については、信託が債権的側面と物権的側面を有していることから、その法的性格すら議論がまと

まらず、結局立法化には至らなかった経緯があります（小出邦夫著（2006 年）『一問一答　新しい国際私法』商事法務 p.160 、小出邦夫著（2009 年）『逐条解説　法の適用に関する通則法』商事法務 p.410）。

　通則法に信託法に関する規定がない以上、海外信託に関する準拠法は、既存の通則法の規定にあてはめて判断するしかありません。この点、信託契約に準拠法の定めがある場合は、通則法 7 条により当事者の選択した地の法であるとし（知財高判平 24・2・24（平成 22 年（ネ）10024 号））や、当事者の選択がない場合は、通則法 8 条により当該法律行為に最も密接な関係がある地の法が準拠法となることになります（島田真琴（2009 年）『国際信託の成立及び効力の準拠法（2）』慶応法学 13 号 p.57）。

　なお、仮に、海外信託の準拠法が外国法だとしても、日本の信託税制においてどのように扱うかは、別問題であることにも留意が必要です。信託について、租税法には定義はないことから、国内信託については、信託法の概念を借用しています。したがって、日本の信託税制は、日本の信託法を前提としているといえます。外国法を準拠法とする場合、借用概念をどのように捉えるのかは諸説ありますが、外国法に準拠したとしても、その課税関係については、日本法に基づく行為と同様の性質を有するか否かによって、その課税関係を決定するものと考えるのが実務上の考え方及び判例の大勢のようにも思われます[26]。この問題についても、判例数は少ないので判例の集積を待ちたいところです。

26　本並尚紀（2011 年）『外国の信託制度を利用した租税回避への対応—外国投資信託に対する課税関係を中心に—』税務大学校論叢第 71 号 p.426

第 2 章　税　務　編

I　総　　論

1. はじめに

　本書のタイトルである「国際相続」については、第 1 章法務編の冒頭で、国際相続事件とは、相続関係を構成する何らかの要素が外国に関連する相続事件をいい、具体的には、①当事者である被相続人又は相続人のいずれかに外国人が含まれる、②被相続人の居住地、死亡した場所、相続人の居住地のいずれかが外国である、③相続財産が外国にある等、相続関係を構成する何らかの要素が外国にあり、複数の国の法制に関連する相続事件をいうと説明しています。

　相続税法は、憲法 30 条によって定められた租税法の一つですので、その効力は日本国の領土と日本国民に及びます。言い換えれば相続税法上の納税義務者とは、日本国の領土に財産がある者、又は、日本国民であることが大前提となっています。現在（2019 年（平成 31 年）3 月 31 日）の相続税の納税義務者の規定は、2017（平成 29）年・2018（平成 30）年改正により定められたものです。詳しくは、後述「5. 納税義務者」の項をみていただきたいのですが、2017 年の改正で、日本に住所を持つ外国人についてその在留資格によって、納税義務を軽減する規定が初めて設けられました。

　表 1 は日本に住んでいる外国人の数の推移を在留目的別にまとめたものです。2018 年 12 月末に約 273 万人の外国人が日本に在留しており、その約半数弱の126 万人は、出入国管理及び難民認定法（以下「入管法」）における特定の目的で日本に在留することの許可を得ている者です（表 1、「別表 1 計」の欄参照）。入管法の別表第一には、表 1 の項目である「教授」から「特定活動」までの目的

表1 在留資格（在留目的）別 在留外国人

(人)

	2009	2010	2011	2012	2013	2014	2015	2016	2017	2018
総　　　数	2,125,571	2,087,261	2,047,349	2,033,656	2,066,445	2,121,831	2,232,189	2,382,822	2,561,848	2,731,093
教　　授	8,295	8,050	7,859	7,787	7,735	7,565	7,651	7,463	7,403	7,360
芸　　術	490	480	461	438	432	409	433	438	426	461
宗　　教	4,448	4,232	4,106	4,051	4,570	4,528	4,397	4,428	4,402	4,299
報　　道	271	248	227	223	219	225	231	246	236	215
高度専門職　1号イ	－	－	－				297	731	1,194	1,576
高度専門職　1号ロ	－	－	－				1,144	2,813	6,046	8,774
高度専門職　1号ハ	－	－	－				51	132	257	395
高度専門職 2号	－	－	－				16	63	171	316
経営・管理	9,840	10,908	11,778	12,609	13,439	15,184	18,109	21,877	24,033	25,670
法律・会計業務	161	178	169	159	149	143	142	148	147	147
医　　療	220	265	322	412	534	695	1,015	1,342	1,653	1,936
研　　究	2,372	2,266	2,103	1,970	1,910	1,841	1,644	1,609	1,596	1,528
教　　育	10,129	10,012	10,106	10,121	10,076	10,141	10,670	11,159	11,524	12,462
技術・人文知識・国際業務	119,888	115,059	110,488	111,994	115,357	122,794	137,706	161,124	189,273	225,724
企業内転勤	16,786	16,140	14,636	14,867	15,218	15,378	15,465	15,772	16,486	17,328
介　　護									18	185
興　　行	10,966	9,247	6,265	1,646	1,662	1,967	1,869	2,187	2,094	2,389
技　　能	29,030	30,142	31,751	33,863	33,425	33,374	37,202	39,756	39,177	39,915
技能実習1号イ	－	2,707	3,991	4,121	3,683	4,371	4,815	4,943	5,971	5,128
技能実習1号ロ	－	47,716	57,187	59,160	57,997	73,145	87,070	97,642	118,101	138,249
技能実習2号イ	－	1,848	2,726	2,869	2,788	2,553	2,684	3,207	3,424	3,712
技能実習2号ロ	－	47,737	78,090	85,327	90,738	87,557	98,086	122,796	146,729	173,873
技能実習3号イ	－	－	－							220
技能実習3号ロ	－	－	－						8	7,178
文化活動	2,780	2,637	2,209	2,320	2,379	2,614	2,582	2,704	2,859	2,825
留　　学	192,668	201,511	188,605	180,919	193,073	214,525	246,679	277,331	311,505	337,000
研　　修	65,209	9,343	3,388	1,804	1,501	1,427	1,521	1,379	1,460	1,443
家族滞在	115,081	118,865	119,359	120,693	122,155	125,992	133,589	149,303	166,561	182,452
特　定　活　動	130,636	72,374	22,751	20,159	22,673	28,001	37,175	47,039	64,776	62,956
別表1　計	**719,270**	**711,965**	**678,577**	**677,512**	**701,713**	**754,429**	**852,243**	**977,632**	**1,127,530**	**1,265,716**
永住者	533,472	565,089	598,440	624,501	655,315	677,019	700,500	727,111	749,191	771,568
日本人の配偶者等	221,923	196,248	181,617	162,332	151,156	145,312	140,349	139,327	140,839	142,381
永住者の配偶者等	19,570	20,251	21,647	22,946	24,649	27,066	28,939	30,972	34,632	37,998
定住者	221,771	194,602	177,983	165,001	160,391	159,596	161,532	168,830	179,834	192,014
特別永住者	409,565	399,106	389,085	381,364	373,221	358,409	348,626	338,950	329,822	321,416
	2,125,571	2,087,261	2,047,349	2,033,656	2,066,445	2,121,831	2,232,189	2,382,822	2,561,848	2,731,093

出所：入国管理局　在留外国人統計（旧登録外国人統計）　http://www.immi-moj.go.jp/toukei/index.html

図1

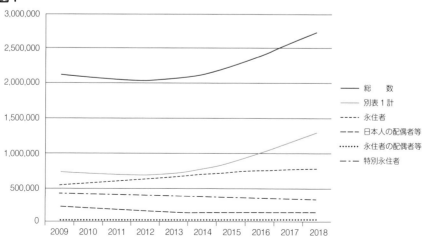

による在留資格（以下「在留資格」）が掲げられており、2017（平成 25）年改正
相続税法では、日本における相続税・贈与税の納税義務について相続人及び被相
続人並びに受贈者及び贈与者が日本人でない場合にはこの「在留資格」により日
本国内に住所を有している場合と、その他の「在留資格」により日本に住んでい
る場合とを区分し、納税義務の判定に差を設けることとしました。この「在留資
格」による滞在期間について軽減規定をおく取扱いは、国外転出時課税制度にお
いて、初めて設けられたものです。

　相続税は、相続の発生により被相続人の財産に対して課される税ですが、亡く
なった個人すべてが相続税の対象となるわけではありません。被相続人から相続
又は遺贈によって取得した財産の合計額から相続税の基礎控除額を控除した価額
に課税されます。国税庁の資料によりますと、日本の相続発生件数のうち、2017
（平成 29）年中に亡くなられた方（被相続人数）は約 134 万人（2016（平成 28）
年約 131 万人）、このうち相続税の課税対象となった相続人等にかかる被相続人
数は約 11 万 2 千人（2016（平成 28）年約 10 万 6 千人）で、課税割合は 8.3 ％
（2016（平成 28）年 8.1 ％）です。日本に住む日本人を 1 億 2,000 万人とすれば、
2017 年の被相続人の割合はわずか 0.09 ％です。この割合を在留外国人 273 万人
にあてはめれば、毎年の被相続人となる外国人は 2,400 人程度となります。贈与
に関して言えば、納税すべき課税件数はやや増加します。2018 年（平成 30 年）
9 月、東京国税局がオーストラリアの税務当局と連携し、日本で贈与税を滞納し
ていたオーストラリア人男性の預金から約 8 億円を徴収していたことが複数の日
刊紙で報じられました[1]。東京国税局は、国税庁を通じてオーストラリアの税務
当局に租税条約に基づく徴収共助を要請。国税庁によると、徴収共助を定めた多
国間の租税条約が 2013 年に発効して以降、外国の税務当局と連携したケースで
の最高徴収額になるとのことでした。

1　2018.9.17 報道：産経新聞ほか
　　https://sankei.com/affairs/news/180917/afr1809170013-n1.html

　こうしたニュースの背景には、外国籍の富裕層が、日本にビジネスで滞在している期間に相続が発生した場合や彼らが日本で取得した財産をその配偶者や子たちに贈与したときにも日本の相続税・贈与税の対象となる場合があるのですが、そうした課税についての徴収の難しさを反映しているものと思われます。

　本書では「国際相続」において税務上留意しなければならないポイントは以下の点にあると考えます。

① 　納税義務者の種別の確認……相続人・被相続人の「住所」が日本にあるか国外にあるか（あったか）。

② 　被相続人・贈与者、相続人・受遺者・受贈者に外国人が含まれる場合には、「在留資格」によって納税義務の範囲が異なるので、関係当事者の納税義務を確認する。

③ 　相続税の計算にあたって、相続人の人的側面に着目した各種控除・特例制度が、適用があるかを確認する。

④ 　被相続人に国外財産があり、現地における相続財産の所有権のあり方と、日本における同種の資産の所有権のあり方に差異がある場合には、当該財産の所有権をどのように整理するかを確認する。

2. 相続手続と相続税の関係

　相続税は、相続人が取得した相続財産の課税価格を課税標準としますが、相続人、相続財産及び相続手続に関する用語及び概念は、税法では定義されておらず、民法のものを借用しています。

　相続手続は、民法の規定に従って行われます。民法では、相続は包括承継主義の立場により、相続原因の発生と同時に、被相続人と利害を有する者との間で何らの清算手続を経ずに、被相続人の財産が包括的に相続人に移転します。相続手続とは、相続人・受遺者の共有である相続財産を相続人の個別所有とするための手続です。民法は、その手続に関して、法定相続人、法定相続分、遺言、遺留分、相続の放棄、限定承認等の取扱いを定めています。図2のなかで、四角マー

図2

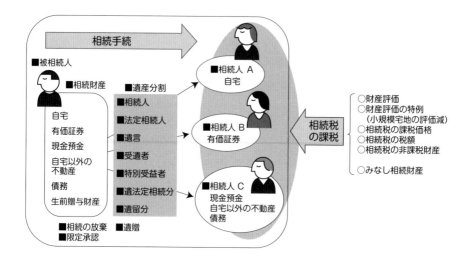

ク（■）を付した用語が民法で定められている概念です。

　相続税法では、相続手続に関連する用語は民法の概念を借用し、課税に関する取扱いについてのみ、税法独自で規定しています。納税義務者に関する「居住無制限納税義務者」「非居住無制限納税義務者」「居住制限納税義務者」「非居住制限納税義務者」という用語や、「みなし相続財産」「相続前3年以内の生前贈与」等は、税法独自の概念です。図2中では○を付した「財産評価」等も、税法で個別に評価方法や時価の取扱いに関する定めがあります。

　外国人が被相続人である場合、被相続人の相続財産を相続人に移転させる相続手続が民法ではなく、被相続人の本国法によるのが原則です。第1章法務編（Ⅱ国際相続事件に関連する規定　2．相続の準拠法）で述べているとおり、国際相続では、被相続人の国籍あるいは財産の所在地等によって、どこの国の相続法を適用するかが決定されますので、税法が民法から借用している相続に関する概念・規定については、その被相続人について適用されている国の相続法の概念を用いることになります。しかし、被相続人が外国人であり、準拠法が外国の相続

法であっても、相続税の計算上、相続税法が独自に概念を定義しているものについては、相続税の定義によります。

3.　相続税の計算の流れと 4 つの検討課題の位置付け

　本書では、「国際相続」において税務上留意すべきポイントを① 相続人・被相続人の「住所」、② 納税義務者の範囲（相続人・被相続人の国籍、国内に住所があった期間、在留資格）の確認、③ 相続税の計算における各種控除・特例制度の取扱い、④ 国外財産の取扱いとしました。これらの規定を、相続税計算のプロセスに沿って確認していきます。

　相続税の計算は、第一ステップとして、その相続にかかる相続人、相続財産及び遺産分割内容等の事実を確認するプロセスと、第二ステップとして、第一ステップで確認した事実を基に税額計算を行うプロセスとの二段階に分けられます。

　第一ステップでは、最初に被相続人及び相続人に関する各種事実を基に、相続人の納税義務者の種類（居住無制限納税義務者、非居住無制限納税義務者、居住制限納税義務者、非居住制限納税義務者）を判断します。次に、相続財産について、財産の種類及び所在地に関わる事実、さらに遺産分割の内容として、遺産分割協議や遺言だけでなく、遺言代用信託等によって遺贈された相続財産の内容も確認します。

　被相続人・相続人に関する事実のうち重要な事項は、被相続人・相続人の相続発生時の住所と国籍、相続開始前に日本に住所があった期間及び外国人の場合は在留資格です。納税者区分の基準となる「住所」についても、相続税法では民法規定を借用しています。民法では、日本に居所があれば、日本に住所があるものとすると定めていますが、居所が日本以外の国に複数ある場合には、「住所」は生活の本拠である居所をいうものとするとの最高裁の判例があり、その取扱いが慣行となっています。そのため、相続人・被相続人が国をまたがって複数の居所がある場合、あるいは一時的に日本又は外国に住んでいた場合等は、「住所」が

どこであるか、過去に日本に「住所」があったかは、生活の本拠がどこであったかという事実確認の上で判断されることとなります。法務編で説明があったドミサイル、常居所等の概念は、「相続」に適用される国際私法の準拠法を決定する際に重要な事項であり、被相続人の住所に深くかかわっていますが、それらが相続税における「住所」にどう関係するかということについて直接的な解説等はなく、相続税の取扱いにあたっては「住所」とは「生活の本拠である」という事実認定により判断することになります。この相続人・被相続人の「住所」は、相続人・受遺者を、相続税における居住無制限納税義務者・非居住無制限納税義務者、居住制限納税義務者、非居住制限納税義務者という4つのタイプのいずれかの納税者区分に分ける際の重要なポイントとなります。この納税者区分により、課税対象財産の範囲及び各種控除等の取扱いが決定されます。相続手続上も、国際相続の上では、準拠法の決定など、重要な事項ですので、この「住所」の特定作業が、相続税計算のスタートとなります。

　相続財産が海外の財産である場合（上記④）、その財産に関する権利関係が、日本の民法その他の法律ではカバーされていない財産又は経済的権利の場合には、日本の類似の契約関係に引き直して、その財産や経済的権利が「そもそも相続財産であるか」「被相続人から相続人に所有権が移転したのは、相続時か、それ以前か」「その財産・経済的権利が日本国内にあるのか、相続人又は被相続人の住んでいる別の国にあるのか、あるいはそのいずれでもない第三国にあるのか」等を確認する作業を行います。その結果、その財産がある国での税務上の取扱いと日本での税務上の取扱いが異なる場合もあります。

　たとえば、米国のLLC、LPS、トラストは、日本における合同会社、有限責任投資組合、信託と類似の制度として考えられていますが、厳密には同じ制度・権利関係ではありません。このような日本の民法その他の法律ではカバーされていない財産については、日本の法律に引き直した事実関係を基に、相続税の計算を行います。

　相続税は、日本の税収に占める割合が小さく、また相続税の課税件数も、所得

税・法人税に比べ多くありません。したがって、日本の民法その他の法律ではカバーされていない財産又は経済的権利についての相続税法上の取扱いについては、相続税に関する法令、通達及び解釈等だけでなく、所得税・法人税等の他の税目の取扱いも参考としながら検討していくことがあります。

　第二ステップでは、第一ステップで確認した事実を基に、条文等の規定により税額計算を行います。条文等には、法令のほかに、租税条約が含まれます。日本が相続税に関して租税条約を締結しているのは、現在のところ米国だけです。日米相続税条約[2]では、人的控除についての定めと二重課税の調整について、国内法と異なる取扱いを定めています。財産評価については、財産評価基本通達が法令に規定されていない資産の評価方法の指針となっています。

　4つの主な検討課題のうち、①住所と②納税義務の範囲（相続人・被相続人の国籍、国内に住所があった期間、在留資格の確認）は第一ステップの事実確認として、次の「4. 住所について」「5. 納税義務者」「6. 相続財産と相続税課税対象財産」の項で取り上げます。③非居住者の相続税の計算における各種控除・特例制度の取扱い、④国外財産の取扱いは、第二ステップの計算プロセスにおける「7. 財産評価」の項で取り上げます。

4. 住所（生活の本拠）について

1）相続税法基本通達の「住所」規定

　相続税法において、「住所」そのものの定義規定はおかれていません。相続税に関する解釈を示す通達等では、住所とは、「各人の生活の本拠」をいい、その生活の本拠であるかどうかは、客観的事実によって判断するものと説明されています（相基通1の3・1の4共−5）。前述のとおり、相続税法で特段の定義がない概念については、民法上の概念を借用しますので、民法における「住所」の取扱いに従うことになります。

2　正式名は「遺産、相続及び贈与に対する租税に関する二重課税の回避及び脱税の防止のための日本国とアメリカ合衆国との間の条約」

民法
住所	（住所）……総則編 **第22条**　各人の生活の本拠をその者の住所とする。 （居所） **第23条**　住所が知れない場合には、居所を住所とみなす。 2　日本に住所を有しない者は、その者が日本人又は外国人のいずれであるかを問わず、日本における居所をその者の住所とみなす。ただし、準拠法を定める法律に従いその者の住所地法によるべき場合は、この限りでない。

　相続税法基本通達で説明している内容は、民法22条の住所に関する規定を相続税法でも準用していることを示しています。民法23条の規定では、日本に住所（生活の本拠）がない場合に、日本で「住んでいるところ（居所）」があれば、その居所が「日本における住所」となります。

2）住民票の住所は「住所」ではない？

　相続税だけではなく、所得税においても、住所は課税上重要なポイントとなります。個人が住んでいるところ、いわゆる居所が、全世界で一つである場合には、居所がすなわち住所となり問題はないのですが、居所が日本と日本以外の国・地域に複数ある場合、あるいは、仕事の都合等により、本国を離れて一時的に外国で生活をしている場合には、生活の本拠である住所がどこにあるかは、慎重に判断する必要があります。

　住所については、日本を含め多くの国に住所を登録する制度があります。日本では個人が住所のある市町村に住所とそれに関連する一定の事項を住民基本台帳に登録し、本人の請求に応じて登録内容を記載した住民票を市町村長の名前で発行します。この制度は、住民基本台帳法に基づくもので、地方自治体の事務処理の簡便化と住民の利便を増進し、国及び地方公共団体の行政の合理化を図る目的で設けられています（住民基本台帳法1）。2012年（平成24年）からは、中長期在留資格のある外国人についても住民票登録をすることができるようになりました（住民基本台帳法30の45）。日本に居住することが許された外国人には「在留カード」又は「特別永住者証明書」が交付されています。在留カードには「在留

資格」が記載されています。

　2015 年（平成 27 年）10 月から、住民票を有するすべての人にマイナンバー（12 桁の個人番号）が通知されています。外国籍でも住民票があればマイナンバーは交付されますが、逆に日本人でも海外に在住していて、日本国内に住民票がなければマイナンバーは交付・通知されません。このマイナンバーは、個人の源泉徴収票、確定申告書や社会保険手続書類に記載が義務づけられています。

　住民票や外国人登録証明書の住所は、日本における住所・居所を証明する一つの手段ではありますが、その登録等の手続が個人の届出によるもので、その届出に関する事実の裏付け等の資料を添付する必要はありません。また、住民票住所は、日本における形式上の住所ではあっても、日本と日本以外の国に複数の住所・居所を持つ個人の場合には、実質の住所（生活の本拠）がどこであるかについては、住民票では確認できませんので、その実態で判断することになります。日本と日本以外の国に住所・居所を有する個人についての「住所」についての考え方は、昭和 35 年の最高裁の判決により判示され、以来一般的に採用されています。

　しかし、「住所」があれば日本における各種行政サービスを受けることは可能です。現在のところ、行政サービスのための住民票の登録と租税法上の『住所』について必ずしも一致は求められてはいないようです。

3）最高裁 / 判例による「住所」

　これまで、名目上の住所ではなく、事実上の住所をもって課税すべきとして納税者と税務当局とで争われた税務訴訟のいくつかの判決文のなかで、「住所」の意義として下記の最高裁の判示内容が引用されています。

【裁判で引用されている「住所」の意義】

……法令において人の住所につき法律上の効果を規定している場合、反対の解釈を
なすべき特段の事由のない限り、住所とは、各人の生活の本拠を指すものと解する
のが相当であり（最高裁判所大法廷昭和 29 年 10 月 20 日判決参照）、生活の本拠と
は、その者の生活に最も関係の深い一般的生活、全生活の中心を指すものである
（最高裁判所第三小法廷昭和 35 年 3 月 22 日判決参照）

〈引用裁判〉
・東京地方裁判所平成 17 年（行ウ）第 396 号贈与税決定処分取消等請求事件
・東京地方裁判所平成 15 年（行ウ）第 518 号贈与税等更正処分等取消請求事件

　引用元となった最高裁の判決は、いずれも税務訴訟ではなかったのですが、こ
れを引用した東京地裁の 2005 年（平成 17 年）の税務訴訟における判決では、裁
判官は「一定の場所がある者の住所であるか否かは、租税法が多数人を相手とし
て課税を行う関係上、客観的な表象に着目して画一的に規律せざるを得ないとこ
ろからして、一般的には、住居、職業、国内に生計を一にする配偶者その他の親
族を有するか否か、資産の所在等の客観的事実に基づき、総合的に判定するのが
相当である。これに対して、主観的な居住意思は、通常、客観的な居住の事実に
具体化されるであろうことから、住所の判定に無関係であるとはいえないが、か
かる居住意思は必ずしも常に存在するものではなく、外部から認識し難い場合が
多いため、補充的な考慮要素にとどまるものと解される」（下線は、筆者）と述
べています。

　参考までに、平成 17 年（行ウ）第 396 号東京地裁事案（以下「平成 17 年地裁
事件」といいます。）と平成 15 年（行ウ）第 518 号東京地裁事件（以下「平成
15 年地裁事件」といいます。）における納税者の居住実態は、次のような状況で
した。

表2

	平成 17 年地裁事件 （客観的事実のみ判示より抜粋）	平成 15 年地裁事件 （客観的事実のうち住所に関連 する事項のみ判示より抜粋）
出国時の状況	平成９年、納税者Ａが取締役をしていた日本法人Ｂの海外事業展開の拠点とするため、Ｈ地域に海外統括子会社Ｃを設立することを決定。 納税者Ａは、その設立準備のため、平成９年から平成 12 年までの期間（約３年半）、日本を離れＨ地域に赴任した。	納税者Ｓは、Ｑ銀行に勤めていたが、かねてより海外で働きたいという希望を持っていたため、平成９年にＱ銀行を退職し、妻の祖父Ｔが大株主である日本法人ＵのＨ子会社に雇用されることになった。納税者ＳのＨ子会社での業務は、ＵのビジネスパートナーであるＸの経営する会社Ｙで労務を提供することであったが、Ｓの英語力の問題から当初は、語学学校に通っていた。 平成９年 12 月に出国。
海外での仕事の内容	Ｂ社グループのＨ子会社を立ち上げ後、同社代表取締役に就任。 Ｈ子会社と現地パートナーとの間で、海外投資先の発掘のための情報収集とＢ社の海外ＩＲ業務を行っていた。	Ｙ社で雇用されることを条件にＨ地域のワーキングビザを平成９年 11 月に発給された。後日更新。 主な業務内容は、日本法人Ｕの海外関連法人Ｗの経営状況の報告と、ＵグループとＸとのＣ国での共同事業の立ち上げ支援であったが、当初平成 10 年３月まで、午前中は語学学校、午後２時半以降はＹ社の事務所に出社。 Ｈ地域以外の国へも上記Ｕグループの共同事業支援のために出張し滞在していた。
海外での居所の状況	テレビ、冷蔵庫、洗濯機、食器などの家財が備え付けられ、部屋の清掃やタオル、シーツの交換などホテルと同様のサービスが受けられるサービスアパートメント（本件Ｈ地域居宅）に滞在。 契約期間は、当初２年。のちに更新。 自宅であるサービスアパートメントでも仕事ができるようにコピー機等を設置。	Ｈ地域入国後当初 10 日はホテルに宿泊【※１】のちに、短期の賃貸借契約（平成 10 年３月まで）を結びアパートメントに移った。 【※１　このホテル滞在中にこの件で税務当局が否認した株式の贈与が行われた。また、平成 10 年３月にＴの相続が開始した。】

	平成17年地裁事件 （客観的事実のみ判示より抜粋）	平成15年地裁事件 （客観的事実のうち住所に関連 する事項のみ判示より抜粋）
海外勤務中の日本への一時帰国の頻度・日数等	月に一回程度帰国し、兼務していたB社の取締役会・営業会議に出席。 H地域滞在日数と日本滞在日数の割合は、65.8%：26.2%。 海外勤務期間中の9回の北米・欧州出張のうち7回は、成田経由。	平成9年12月から平成10年3月までの期間……H地域滞在。うち2回程度日本に一時帰国し、U社の事務所に出社していた。 平成10年4月から7月まで日本に滞在。 平成10年7月以降毎月日本に帰国。H地域滞在割合は、平成10年・11年は、H地域の方が多い。平成12年・13年中は、日本滞在が多い。
一時帰国中の元の居所の利用について	一時帰国の際には、出国前の自宅（単身者であるため両親の自宅の自己の居室に滞在）。	納税者Sの妻子が住むマンションで過ごしていた。
その個人の資産状況等	H子会社から役員報酬を受け取るとともに、B社からも役員報酬を受け取っていたが、H社の役員報酬の2割未満であった。 納税者Aの個人資産の大部分は日本法人の株式、日本の金融機関の預金及び借入金であった。 H地域の金融機関に約5,000万円の預金があった。	平成9年7月から平成10年3月までは、Y社から給料が支給され、平成10年4月以降は、U社から給料が支給された。

　平成17年地裁事件は、1999年（平成11年）に納税者Aが親族から贈与を受けた国外株式の贈与に関するもので、当時の相続税法では、非居住者は制限納税義務者として、国外財産の贈与については課税対象外でした。同様に、平成15年地裁事件も、1997年（平成9年）12月に納税者Sが親族から贈与を受けた国外株式に関する事案です。いずれの事案も、訴訟では、課税関係を決定する重要な事実として「住所」の所在が焦点になりました。そこで、上述の最高裁判例に基づく判断指針が示され、「住所とは生活の本拠があった場所」であるとして、納税者A及び納税者Sが贈与を受けたときの住所について事実を基に検証されま

した。

　平成 17 年地裁事件は、地裁では、納税者 A の主張する生活の本拠は H 地域で
あったという主張が認められましたが、高裁では、逆に租税回避のために創出さ
れた事実はこれを認めないという税務当局の主張が認められ、日本居住者として
取り扱うという意見を裁判所の判断においても支持されました[3]。

　しかし、上告審[4]では、租税回避目的があったとしても、客観的な生活の実体
が消滅するものではないため、法の解釈で、海外に生活の本拠たる実体があるこ
とを否認することはできないとして、納税者 A の主張を認めました。上告審で、
納税者 A の生活の本拠が H 地域にあるとされた主な事実は、①滞在日数が日本の
滞在日数の 2.5 倍になっていること、② H 地域で実際に A が業務を行っているこ
とから、日本への一時帰国において出国前の自宅で過ごしていたとしても、日本
滞在日数は本件期間中の滞在日数の 4 分の 1 にすぎず、H 地域での居宅が生活の
本拠としての実体を備えていたと判断しました。

　一方、平成 15 年地裁事件では、贈与の時期が、出国後まもなくの 1997 年（平
成 9 年）12 月であり、出国した 1997 年（平成 9 年）12 月から 3 度目の帰国をし
た翌年 3 月までの期間も、生活の本拠は依然として日本にあったとして、税務当
局の主張が裁判所においても支持されました。納税者 S は、3 年を予定していた
雇用契約や H 地域での滞在許可等をもって、H 地域への当初から 1 年以上滞在す
ることを予定していたと主張しましたが、1998 年（平成 10 年）3 月から 7 月ま
での大部分を日本で妻子と一緒に生活していた事実から、生活の本拠は日本にあ
ると判断されました。この事件は、控訴審[5]でも、「納税者 S の H 地域での就労
内容にさほど中身がなく、H 地域を離れて、H 地域以外の C 国各地に出かけたり
日本に帰国して滞在している期間が少なくないこと」などを根拠に、H 地域には

3　東京高裁　平成 19 年（行コ）第 215 号　平成 20 年 1 月 23 日判決
4　最高裁判所（第二小法廷）平成 20 年（行ヒ）第 139 号　平成 23 年 2 月 18 日判決
5　東京高等裁判所　平成 17 年（行コ）第 72 号　平成 17 年 9 月 21 日判決。上告棄却
　　され、確定しています。

生活の本拠はないと判断されました。

4) 通達による日本に住所があるものとして取り扱うものの例示
（留学中のもの及び勤務期間1年未満の海外勤務者）

　相続税法基本通達では、1) 学術、技芸の習得のために海外に留学をしており、日本に住所を有しているものに扶養されているもの、2) 当初より1年未満で赴任している海外勤務者は、日本に住所があるものとして取り扱うと説明されています。ただし、この通達が適用される個人は、日本国籍を有するものと永住者に限られており、また、明らかに日本以外に住所があると認められる場合は、この通達の取扱いの対象外とされています（相基通1の3・1の4共―6）。

　上記通達の適用対象者は日本国籍を持つものに限られているため、自分の国に就学中の子女を残してきた日本に勤務中の外国人に相続が開始した場合には、その相続人である子女は、上記通達の取扱いの対象にはならず、日本に住所があるものとはなりません。この通達は、3) でみた「生活の本拠」に関する取扱いを確認したものと考えられます。

5) 所得税における居住者の規定

　所得税では、「日本に住所を有するもの、又は引き続き1年以上日本に居所を有する個人」を居住者といい、居住者以外の個人を非居住者といいます（所法2①三、五）。所得税における住所も相続税法上の住所と同じく「生活の本拠」をいうものとされています（所基通2-1）ので、所得税法上の住所も最高裁の住所と同じと考えられます。しかし、上記の居住者の定義のなかの「又は」以降で定義されている「引き続き1年以上日本に居所を有する個人」については、日本国外に住所があったとしても、所得税の適用に当たっては、引き続き1年以上日本に居所があれば、「住所」を持っている個人と同様に居住者として扱うということを条文上明らかにしています。

　相続税法には、このような「1年以上引き続き居所を有する」という規定はあ

りません。前述、勤務期間 1 年未満の海外勤務者について相続税法基本通達の記述内容は、短期的に本国を離れている海外勤務者の住所が本国にあることを確認していますが、積極的に、1 年以上引き続き勤務している海外勤務者について「1 年以上勤務する」という事実をもって海外勤務者の住所をその勤務地国にあるとする規定ではありません。生活の本拠に関して明確な事実があれば、それも含めて生活の本拠がどこかを判断されます。

6）住所の推定（所得税規定）

上記の所得税の「住所」については、政令に「住所の推定」規定があります（所令 14、15 ①②）。

「1 年以上その国に居住することを通常必要な職業についている」という事実又は「①その国に生計を同じくする配偶者や親族がいること、②本人のその国での職業、③資産の有無等の状況により、1 年以上その国に居住すると推定される十分な事実」をもとに、住所地を推定し、所得税法上の居住者・非居住者の判定を行うというものです。この推定規定は、税法でよく使われる「みなし規定」と異なり、納税者が客観的な事実を反証として提示すれば、その「客観的な事実」をもとにした住所の判定が優先されます。毎年多くの人の所得を課税対象とする所得税・源泉所得税では、こうした推定規定により「グレーな事案」を機械的に「白」か「黒」かに振り分け、事務処理の効率化が図られているといえます。

たとえば図 3 の A のグループには、日本に生活の本拠である住所を持っているが、1 年以上海外で居住することが必要な職業を持っている人（配偶者家族を含む）及び財産・職業等から、1 年以上海外で居住することが必要であると推定される人が含まれます。

A グループは、生活の本拠が日本であるため、住所は日本にあるといえますが、所得税法上は、上記法令の推定規定により非居住者として扱われます。

B グループは、日本に生活の根拠があり、所得税法上も居住者として扱われる個人が属します。

　Cグループは、外国に生活の本拠である住所を持っているのですが、1年以上日本に居住することが必要な職業を持っている人（配偶者家族を含む）及び財産・職業等から1年以上日本で居住することが必要であると推定される人が含まれます。Cグループは、生活の本拠が外国であるため、住所は外国にあるといえますが、所得税法上は上記法令の推定規定により居住者として扱われます。

　Dグループは、外国に生活の根拠があり、所得税法上も非居住者として扱われる個人が属します。

　相続税においては、このような住所の推定規定は設けられていないために、Aグループ及びCグループに入る個人が、相続人・被相続人である場合の「住所」は所得税の居住者・非居住者であることだけをもって、判断できないことに注意が必要です。日本に居所を有する外国人や、日本に住所を持ちながら海外にも居所がある日本人については、その生活の本拠がどこであるか、生活の実態を確認する必要があります。

図3　所得税の居住者・非居住者の区分と「生活の本拠である住所」との関係

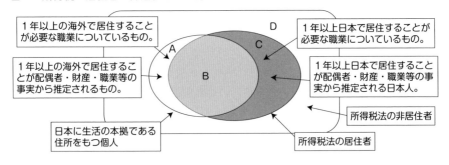

5. 納 税 義 務 者

　被相続人から相続又は遺贈により財産を取得した個人及び法人、団体（以下「人格のない社団・財団等」[6]）についての日本における納税義務について説明します。相続財産は、基本的には、個人が承継するものであり、その財産は相続税の対象となりますが、法人又は人格のない社団・財団等が遺贈により受け取った相続財産は、相続税の課税対象となる場合と法人税の課税対象となる場合があります。

1）納税義務者の区分

　相続又は遺贈によって財産を取得した個人（個人とみなされた法人、人格のない社団・財団等を含みます[7]）は、①居住無制限納税義務者、②非居住無制限納税義務者、③居住制限納税義務者、④非居住制限納税義務者の4区分に分けられます。

　納税義務者の区分は、財産を取得した個人（相続人・受贈者）と移転財産の移転前所有者である個人（被相続人・贈与者）のa.相続・贈与の時の住所、b.相続（贈与）開始前10年以内に日本に住所があったか、c.国籍及びd.日本に住所がある外国人のその在留資格との組合せで決定されます。この組合せを表にしたものは下記の表3です。

　贈与税にかかる納税義務者の区分もこの項で特別に言及する場合を除き相続税の納税義務の区分に準じます。

6　人格のない社団・財団等とは、税法の概念で、「法人でない社団又は財団で、代表者又は管理者の定めがあるもの」をいいます（相法66、法法2①八）。
7　法人及び人格のない社団・財団等の住所は、本店等の住所をいいます。

表3　納税義務者の区分（①居住無制限納税義務者・②非居住無制限納税義務者・③居住制限納税義務者・④非居住制限納税義務者）

相続人（受贈者） → ↓ 被相続人（贈与者）			国内に住所あり	国内に住所あり 外国籍（一時居住者）	国内に住所なし 日本国籍あり 10年以内に住所あり	国内に住所なし 日本国籍あり 10年以内に住所なし	国内に住所なし 日本国籍なし（外国籍）
国内に住所あり	国内に住所あり		i・ii・iii 居住無制限	iv 居住無制限	vi 非居住無制限	vii 非居住無制限	viii 非居住無制限
国内に住所あり	外国籍（一時居住被相続人）		i・ii・iii 居住無制限	v 居住制限	vi 非居住無制限	ix 非居住制限	ix 非居住制限
国内に住所なし	10年以内に住所あり		i・ii・iii 居住無制限	vi 居住無制限	vi 非居住無制限	vii 非居住無制限	viii 非居住無制限
国内に住所なし	10年以内に住所あり	外国籍（非居住被相続人）※1	i・ii・iii 居住無制限	v 居住制限（B）	vi 非居住無制限	ix 非居住制限（B）	ix 非居住制限（B）
国内に住所なし	10年以内に住所なし（非居住被相続人）		i・ii・iii 居住無制限	v 居住制限（A）	vi 非居住無制限	ix 非居住制限（A）	ix 非居住制限（A）

注）i、ii、iii 等は、図4から図7の納税義務の判定チャートに対応。

　納税義務者4区分は、相続人・受贈者の住所→国籍→在留資格→在留期間→被相続人・贈与者の日本住所期間等について順次要件を確認し、その相続税又は贈与税の納税義務の判断を行うことになります。この納税義務の要件確認の流れを1）相続人の住所が相続開始時に日本国内にある場合、2）相続人の住所が相続開始時日本にない場合、3）贈与者の住所が贈与の時に日本国内にある場合、4）贈与者の住所が贈与の時に日本にない場合の4つの場面をそれぞれスタートとして示すと下記図4から図7のとおりとなります。国内財産だけが相続税・贈与税の課税対象となる制限納税義務者に該当するかどうかの判定要件のうち、財産を受け取る個人に関する要件は相続・贈与とも同じですが、移転財産の移転前所有者である外国人が相続・贈与前に日本に住所があった場合には、相続と贈与の場合でその判定条件上異なる規定がおかれているため、納税義務の判定チャートを相続と贈与を分けています。

図 4　相続税の納税義務の判定チャート 1

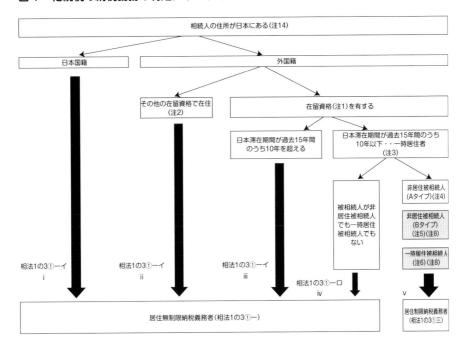

図 5　相続税の納税義務の判定チャート 2

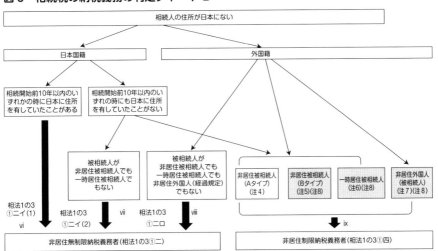

図6　贈与税の納税義務の判定チャート1

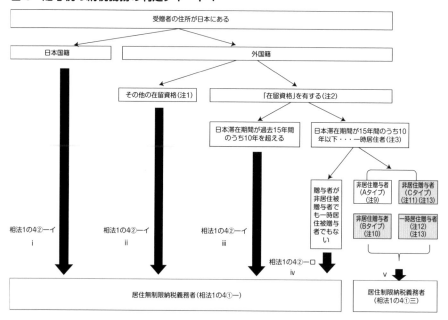

図7　贈与税の納税義務の判定チャート2

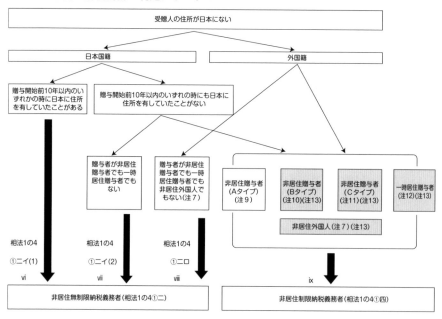

図 4 －図 7 共通

注 1　特にコメントする場合を除き、「在留資格」は出入国管理法における別表第一上欄の在留資格をいうものとします（相法 1 の 3 ③一に準じます）。

注 2　出入国管理法における在留資格が別表第一上欄以外の在留資格には、永住者等がありますが、この本では「その他の在留資格」としました。

注 3　「在留資格」を有し、日本滞在期間が相続開始又は贈与前 15 年間のうちに 10 年以下である者を「一時居住者」といいます。（相法 1 の 3 ③一・1 の 4 ③一）

注 4　非居住被相続人（A タイプ）：相続開始時に、日本に住所がなく、相続開始前 10 年以内のうちいずれかのときにも日本に住所がなかった被相続人（日本国籍者を含む）（相法 1 の 3 ③三後段）。

注 5　非居住被相続人（B タイプ）：相続開始時に、日本に住所がなく、相続開始前 10 年以内のうちいずれかのときに日本に住所があったが、10 年以内のいずれの時にも日本国籍ではなかった被相続人（相法 1 の 3 ③三前段）。

注 6　一時居住被相続人：相続発生時に日本に住所があり、「在留資格」を有し、日本滞在期間が 15 年中 10 年以下の被相続人（相法 1 の 3 ③二）。

注 7　非居住外国人（被相続人・贈与者）：相続又は遺贈・贈与の時に、2017（平成 29）年 4 月 1 日から引き続き日本国内に住所を有しない人で日本国籍を有しない人（2022（令和 4）年 3 月 31 日までの経過規定。平 29 改正法附則 31 ②）。

注 8　非居住被相続人（B タイプ）及び一時居住被相続人、並びに非居住外国人の国籍は外国籍に限られています。

注 9　非居住贈与者（A タイプ）：贈与の時に、日本に住所がなく、贈与の前 10 年以内のうちいずれかのときにも日本に住所がなかった贈与者（日本国籍者を含む）（相法 1 の 4 ③三ロ）

注 10　非居住贈与者（B タイプ）……短期滞在外国人：贈与時に、日本に住所がなく、贈与前 10 年以内のうちいずれかのときに日本に住所があったが、日本の住所がなくなった日前 15 年以内に住所がある期間が 10 年間以下であるもので、いずれの時にも日本国籍ではなかった贈与者（相法 1 の 4 ③三イ（1））

注 11　非居住贈与者（C タイプ）……長期滞在外国人：贈与時に、日本に住所がなく、贈与前 10 年以内のうちいずれかのときに日本に住所があったが、日本の住所がなくなった日前 15 年以内に住所がある期間が 10 年を超えるもののうち住所を有しないこととなった日から 2 年を経過しているもので、引き続き日本国籍ではない贈与者（相法 1 の 4 ③三（2））

注 12　一時居住贈与者：贈与時に日本に住所があり、「在留資格」を有し日本滞在期間が 15 年中 10 年以下の贈与者（相法 1 の 4 ③二）

注 13　非居住贈与者（B タイプ）、同（タイプ C）及び一時居住贈与者並びに非居住外国人の国籍は外国籍に限られています。

注 14　上記判定チャートにおける相続人・被相続人又は贈与者・受贈者が、所得税の国外転出時課税における納税猶予を受けている場合には、一定の場合を除き当該期間は日本に住所があったものとされます（相法 1 の 3 ②、1 の 4 ②）。

　在留資格と在留期間が納税義務の判定に加えられたのは、2017（平成29）年度税制改正においてです。日本で一時的に就労しようとする外国人の受入を促進する観点から、日本人については非居住者の納税義務を厳格化する一方、日本に一時的に滞在する外国人については納税義務を緩和するため「居住制限納税義務者」という納税区分が設けられました。この日本人非居住制限納税義務者と外国人居住制限納義務者に関する規定に関連し、この年の税制改正において「非居住被相続人」「一時居住被相続人」「一時居住者」という新たな定義規定が置かれました。

　2017（平成29）年改正では、このほか、日本人の納税義務者に関して「相続開始前5年以内に住所があったもの」を無制限納税義務者とする規定の「5年」を「10年以内」とする改正が行われました。また、国外転出時課税の適用を受け、納税猶予を受けている被相続人は、相続開始前10年内に日本に住所があったものとするという規定もこの改正により追加されています（相法1の3②ほか）。国際相続に直接影響する規定ではありませんが、2018（平成30）年改正では、特定の一般社団法人等についての改正も行われています（相法66の2）。

　納税義務者の区分ごとの課税財産の範囲は下記のとおりです。

表4　納税義務者と課税財産の範囲

	区分	財産取得者の住所等	課税財産の範囲
1	居住無制限納税義務者 （相法1の3①一イ） （相法1の3①一ロ）	日本国内	取得したすべての財産（日本国内及び日本国外に所在する財産）（相法2①）
2	居住制限納税義務者 （相法1の3①三）	日本国内	取得した日本国内に所在する財産（相法2②）
3	非居住無制限納税義務者 （相法1の3①二イ（1）） （相法1の3①二イ（2））	日本国外	取得したすべての財産（日本国内及び日本国外に所在する財産）（相法2①）
4	非居住制限納税義務者 （相法1の3①二ロ） （相法1の3①四）	日本国外	取得した日本国内に所在する財産（相法2②）

	区分	財産取得者の住所等	課税財産の範囲
5	特定納税義務者 （相法 1 の 3 ①五）	問わない（相続又は遺贈により財産を取得しなかったが、生前贈与財産のうち相続時精算課税制度の選択をした者）	相続時精算課税の適用を受けた生前贈与財産 （相法 21 の 16）
6	人格のない社団・財団 （相法 66 ①）	相続又は遺贈により財産を取得した人格のない社団・財団は、個人とみなす（※ 1）。	個人に対して適用される国内外の課税財産範囲を準用する（相法 66 ③）。
7	持分の定めがない法人 （相法 66 ④）	持分の定めがない法人が、相続又は遺贈により財産を取得した場合で、その被相続人又は親族と同族関係があり、その相続税等の負担が不当に減少する場合	同　上
8	特定一般社団法人等 （相法 66 の 2 ①）	理事が死亡し、特定一般社団法人等に該当する場合	一般社団法人等の純資産額を死亡した時の一般社団法人等の同族理事の数に 1 を加えた数で除した金額を一般社団法人が遺贈により取得したものとみなす。 （相法 66 の 2）

※ 1　持分の定めがない法人及び特定一般社団法人等についても個人とみなされ相続税等が課税される。

2）一時居住者

　一時居住者とは、相続開始の時において、日本国内に住所を有する相続人で、出入国管理及び難民認定法別表第 1 の在留資格で滞在している者で、過去 15 年以内において国内に住所を有していた期間の合計が 10 年以下のものをいいます。

　この在留資格は、外交をはじめとして各種技能をもとに、期間を限定し、在留中の活動を限定して認められるものです。

3）一時居住被相続人・非居住被相続人・非居住贈与者

　一時居住被相続人とは、相続人の一時居住者と同様に、相続開始の時に在留資

格を有し、かつ、日本国内に住所を有していた被相続人で、その相続の開始前 15 年以内に日本国内に住所を有していた期間の合計が 10 年以下の人をいいます。

　また、非居住被相続人とは、①相続開始時において、国内に住所がない被相続人で 10 年以内に一度も居住したことがないものと②相続開始時において、国内に住所がなく、相続の開始前 10 年以内のいずれかの時点で日本国内に居住していたことがあるが、日本国内に居住していたどの時点でも日本国籍を有していなかったものの 2 つの種類の被相続人をいいます[8]。

　贈与税における一時居住受贈者、非居住贈与者の規定は、上記に準じますが、贈与税の非居住贈与者には、「贈与時に、日本に住所がなく、贈与前 10 年以内のうちいずれかのときに日本に住所があり、日本の住所を有しないこととなった日前 15 年以内に住所がある期間が 10 年を超えるもののうち住所を有しないこととなった日から 2 年を経過しているもので、引き続き日本国籍ではない贈与者（相法 1 の 4 ③三 (2)）」が非居住贈与者に追加されます（図 5 の非居住被相続人と図 7 の非居住贈与者をご参照ください）。

　また、2017（平成 29）年から 2022（令和 4）年までの経過規定として、非居住外国人（相続又は遺贈・贈与の時に、2017 年 4 月 1 日から引き続き日本国内に住所を有しない人で日本国籍を有しない人）が被相続人・贈与者であるときは、当該非居住外国人を被相続人・非居住贈与者に含めて納税義務の判定を行うことになっています（平 29 改正法附則 31 ②）。

　図 4 から図 7 の納税義務の判定チャートのとおり、一時居住被相続人及び非居住相続人から財産を取得したすべての相続人が制限納税義務者になるわけではありませんし、一時居住者である相続人すべてが制限納税義務者になるわけではありません。

　相続税及び贈与税は、申告納税方式により課税されますので、納税義務者自ら

8　非居住被相続人に関する規定は、2017（平成 29）年改正において新たに設けられ、2018（平成 30）年改正において日本居住期間等について修正が行われました。この本では、2018 年（平成 30）年改正後の規定についてのみ記載しています。

相続税申告書又は贈与税申告書を税務署長あてに提出し、納付すべき税金を納付することになります。

　相続税は、一の被相続人から相続等によって財産を取得した相続人がその被相続人にかかる他の相続人の納付税額についても連帯して納税義務を負います（相法 34 ①）。贈与税については受贈者が申告納税義務を有しますが、贈与者に連帯納付の義務があります（相法 34 ④）。このため、外国籍非居住無制限納税義務者（相法 1 の 4 ①二ロ）には特別規定が設けられており、通常、贈与があった日の翌年 3 月 15 日が贈与税の申告期限とされていますが、外国籍非居住無制限納税義務者は特例として贈与があった日から 2 年以内に日本に再び住所を有するようになった日の翌年 3 月 15 日を贈与税の申告期限とし（相法 28 ⑤⑥）、この 2 年を経過した場合には、贈与者を非居住贈与者（相法 1 の 4 ③三）とみなすことにより、非居住制限納税義務者として取り扱うことを定めています（相法 28 ⑦）。この結果国内財産に対してのみを課税対象とすることにより、税務署長は無申告であっても更正し国内財産に対して滞納租税債権の差押えをすることが可能となります。

4) 課税財産の範囲

　①居住無制限納税義務者及び②非居住無制限納税義務者の課税相続財産の範囲は、日本の国内・国外を問わずすべての相続財産となり、③居住制限納税義務者、④非居住制限納税義務者の課税財産の範囲は、日本国内のみの相続財産となります（相法 2）。

5) 相続時精算課税制度の適用を受けていた場合

　相続税の納税義務者の特例として、生前に被相続人から財産の贈与を受け、相続時精算課税制度の適用を受けた者が、相続又は遺贈により被相続人から財産を取得しなかった場合には、民法上の相続人・受遺者には該当しませんので、表 4 の 1 から 4 の居住態様の区分による居住無制限納税義務者、非居住無制限納税義

務者、居住制限納税義務者又は非居住制限納税義務者のいずれにも該当しません。そこで、これら納税義務者に該当しない者が相続税申告をする場合には、「特定納税義務者」として、相続時精算課税制度適用財産を相続税の課税財産とし相続税申告を行い、贈与時に納付した贈与税と相続税との精算を行うこととされています（相法 21 の 16）。

　相続時精算課税制度適用者が、相続又は遺贈により財産を取得し、4 の居住態様の区分による居住無制限納税義務者、非居住無制限納税義務者、居住制限納税義務者又は非居住制限納税義務者のいずれかに該当する場合には、相続等により取得した財産にかかる課税相続財産に、相続時精算課税制度適用財産が加わることになります。相続時精算課税制度適用財産は、納税義務者の居住態様区分による相続税の課税範囲（日本国内にある財産か日本国外にある財産）に関する規定とは別に、相続税の課税対象財産に含まれるとされていますので、納税義務者の居住態様区分と財産の所在地には関係なく、相続税の課税対象財産になります（相法 21 の 14、21 の 15）。

6) 個人とみなされて相続税が課される法人・団体

　人格のない社団・財団等が、遺言により財産を取得した場合には、個人とみなされて相続税の納税義務者となります（相法 66 ①）。人格のない社団・財団等の住所は、主たる営業所又は所在地です。個人と同様に、住所が日本にある場合には、居住無制限納税義務者として、日本国内・国外のすべての相続財産が課税対象となり、日本に住所がない場合でも、相続開始時に被相続人の住所が日本にあれば、非居住無制限納税義務者になります。日本に住所がなく、相続開始時に被相続人の住所が海外にあれば、制限納税義務者として日本国内財産だけが課税対象となります。

　持分の定めがない法人は、いわゆる一般財団法人・一般社団法人・公益財団法人・公益社団法人や、医療法人・宗教法人等が含まれます。持分の定めがない法人への遺贈については、その遺贈により被相続人と親族関係がある相続人等の相

続税が不当に減少する場合に限り、相続税の課税対象とされています（相法66④）。

7）相続税が課される特定の一般社団法人等

　一般社団法人等の理事が死亡した場合、その一般社団法人等が一定の要件を満たす法人である場合には、理事が死亡した時の一般社団法人等の純資産額を死亡した時の一般社団法人等の同族理事の数に 1 を加えた数で除した金額を一般社団法人が遺贈により取得したものとみなし、相続税を課税することとしています。死亡間際に理事を交代することにより相続税の課税を回避しようとすることへの対策として、相続開始前 5 年以内にその一般社団法人等の理事であった者が死亡した場合にも、相続税が課されることとされています（相法 66 の 2）。

　ただし、一般社団法人等が 2018 年（平成 30 年）4 月 1 日前に設立されたものである場合には、2021 年（令和 3 年）4 月 1 日以後の一般社団法人等の理事である者（一般社団法人等の理事でなくなった日から 5 年を経過していない者を含む。）の死亡に係る相続税について適用することになります（平 30 改正法附則 43）。

8）法人税法上の遺贈財産の取扱い（普通法人、協同組合等、人格のない社団・財団等及び公益法人等）

　株式会社に代表される普通法人や、協同組合等、公益認定を受けた公益法人及びその他税法上公益法人等として取り扱われる法人（以下、合わせて「公益法人等」といいます）が、遺言により相続財産を取得した場合、原則として、法人税法上、その受入財産についての受贈益を認識します。その受贈財産が、公益法人等の公益事業に受け入れられた場合には、法人税の課税所得には含まれませんが、それ以外の場合には課税所得になります。人格のない社団・財団等が遺贈により取得した財産を収益事業に受け入れた場合にも法人税の課税所得となります（下記表 5 参照）。

表5　法人及び人格のない社団・財団等の納税義務

受入先の事業区分	人格のない社団・財団等		公益法人等		普通法人
	収益事業以外の事業	収益事業	公益事業	収益事業	すべての事業
遺贈にかかる受贈益	相続税課税	法人税課税	免税	法人税課税	法人税課税

　持分の定めがない法人は、法人税法の区分では、公益法人等に区分されるものと普通法人に区分されるものがあります（前記6）参照）。人格のない社団・財団等及び持分の定めがない法人が、受け入れた財産について法人税と相続税の両方が課税された場合には、相続税から法人税を控除できます（相法66⑤）。

　国際相続事案では、海外のチャリティ団体に財産の一部を遺贈するケースがしばしば見受けられます。そのチャリティ団体が、「人格のない社団・財団等」に該当するのか「法人」に該当するのかにより、上記のとおり、遺贈財産の取扱いが異なります。

　日本国内にある財産について遺言による贈与を受けた「法人」が、外国法人であって日本に支店があり、受け入れた財産がその支店に帰属するものであれば恒久的施設帰属所得（法法138①）として、支店等がない場合や支店に帰属しない場合には「国内にある資産の贈与を受けたことによる所得」（法法138①六、法令180①二）として、いずれも法人税課税の対象となります（法法141）。「国内にある資産の贈与を受けたことによる所得」は、租税条約ではその他所得に区分されますので、その外国法人の本店所在地国と日本との租税条約により免税とされる場合があります。海外では公益法人扱いであっても、日本において公益法人として扱われるためには、別途承認等が必要です。

　また、遺言により法人に財産を寄附し、その財産に含み益がある場合には、みなし譲渡所得課税（所法59）が生じます（相手先が国・地方公共団体その他公益法人等である場合には、一定の要件のもとに譲渡所得非課税の適用が受けられる

場合があります）。みなし譲渡所得課税は、被相続人の所得として、準確定申告[9]に含めて申告納付します。人格のない社団・財団等へ遺言による財産が寄附された場合には、みなし譲渡所得の対象にはなりません。

6.　相続財産と相続税課税対象財産

1）「相続財産」の範囲

　相続財産は、日本の相続法では「被相続人の財産に属した一切の権利義務」とされています（民896）。相続税法では、民法上の相続財産ではないのですが、被相続人の死亡により相続人の受け取る財産、経済的利益も相続税の課税対象とし、個別に「みなし相続財産」として規定しています。

　相続税の課税対象となる民法上の相続財産について、相続税法基本通達では「法に規定する「財産」とは、金銭に見積ることができる経済的価値のあるすべてのものをいう」と解釈指針を示した上で、その留意事項として、①財産には、物権、債権及び無体財産権に限らず、信託受益権、電話加入権等が含まれること、②財産には、法律上の根拠を有しないものであっても経済的価値が認められているもの、たとえば、営業権のようなものが含まれること、一方で、③質権、抵当権又は地役権（区分地上権に準ずる地役権を除く）のように従たる権利は、主たる権利の価値を担保し、又は増加させるものであって、独立して財産を構成しないと説明しています（相基通11の2-1）。

　前述「2.　相続手続と相続税の関係」で述べたとおり、被相続人又は相続人の所有する財産等に、日本の民法その他の法律ではカバーされていない財産又は経済的権利が含まれている場合には、それらを日本の法律に引き直して、その財産や経済的権利が、「相続財産であるか」「相続財産の種類は何か」「被相続人から相続人に所有権が移転したのは、相続時か、それ以前か」「その財産・経済的権利が日本国内にあるのか、相続人又は被相続人の住んでいる別の国にあるのか、

9　準確定申告　被相続人の亡くなった年のその年の1月1日から相続の日までの期間にかかる所得税の確定申告（所法129）。非居住者についても同様（所法166）。

あるいはそのいずれでもない第三国にあるのか」等を確認する作業を行います。

　国外の財産の場合、その財産の種類が、日本の税法上の取扱いと、現地の税法の取扱いが異なる場合があります。相続財産が、LLC・LPS・トラスト等といったビークルを使って運用・負担されている場合には、その財産の種類を、もともとの不動産・有価証券・銀行預金・生命保険契約としてみるのか、そのビークルへの出資に関する権利又は利益分配を受ける権利（受益権）としてみるかで課税内容は変わってくる可能性があります。たとえば、被相続人と相続人がアメリカのLLCへ共同出資し、LLCが被相続人を被保険者とし、相続人を保険受取人とする外国保険事業者の生命保険契約を結んだ場合、当事者間では、LLCのアメリカでの税務上の取扱いをパススルー（構成員課税）として、被相続人の相続開始によって受け取る保険金をみなし相続財産であると考えていたとしても、日本の税法上、LLCは法人として取り扱われる場合がありますので、相続財産は、法人への出資金であると取り扱われる可能性があります[10]。

　また、財産の移転の時期について留意すべきものの例として、アメリカ等で広く使われているジョイントアカウントと呼ばれる夫婦共有名義の銀行口座や証券会社の運用口座があります。

　夫婦共有名義の口座は、事前に銀行・証券会社へ、夫婦いずれかの死亡の際にどうするのか指定しておくことにより、相続手続なしに残された配偶者の単独口座に移行することが可能です。このような夫婦共有口座は、その口座にかかる運用益を夫婦合算で所得税申告しているケースが多く、当事者であれば自由に引出しが可能です。生前に夫婦の一方の所得から得た資金をジョイント口座に預け入れ、他方がそのジョイント口座から引き出して個人名義資産を取得した場合に

10　LLCの法人税の取扱いについては、米国でパススルー（構成員課税）であっても日本ではＬＬＣは会社として実際に利益の分配があったときに配当として収益を認識すると一般に取り扱われていますが、米国LLCの準拠法は米国の各州法ですので、各州法上のLLCの個々のLLC法（設立準拠法）の規定等に照らして、個別に判断する必要があると説明されています。http://www.nta.go.jp/shiraberu/zeiho-kaishaku/shitsugi/hojin/31/03.htm

は、日本の相続税及び贈与税の取扱いでは、口座から引き出したときに贈与があったものとして扱います。ジョイント口座が夫婦どちらか片方の死亡により、残った配偶者にすべての権利が承継されるという点では、遺贈と同じ効果がありますが、ジョイント口座が相続財産に含まれる場合には、相続開始前の出金のなかにも相続財産が含まれている可能性があります。

　国税庁は、共同所有財産が、共有者の一人の相続開始により他の共有者へ所有権が移転する契約が遺贈に当たるとする例として、被相続人が、米国ハワイ州のコンドミニアムを相続人（長男）と合有の形態（ジョイント・テナンシー）で所有しているケースを次のように紹介しています[11]。

　ハワイ州の法律によるとこの所有形態では、合有不動産権者のいずれかに相続が開始した場合には、生存合有不動産権者がその相続人であるか否かにかかわらず、また、生存合有不動産権者がその相続人であったとしてもその相続分に関係なく、その持分が生存合有不動産権者（本件の場合には長男）に移転することとされています。こうした合有の形態による不動産の所有制度が日本の私法上には見当たらないため、この合有の形態による不動産登記を行ったときに、「お互い、自分が死んだら、生存合有不動産権者に合有不動産の権利を無償で移転する。」という合意契約があったものとして、相続税の課税に関する取扱いを行うとしています。この相続発生に伴う無償移転契約は、実質的な死因贈与契約であり、相続人の単独所有となったコンドミニアムは、相続税の課税上は、死因贈与（遺贈）による取得として相続税の課税対象になると説明されています。

　また、同様にアメリカでは有価証券・不動産等の財産を信託財産とするトラストを設定することで、そのトラスト受益者の配偶者・親族に利益を分配し、委託者の相続開始に伴って、その権利をどのように受益者に帰属させるかをあらかじめ定めておくことで遺言代わりとすることが広く行われています。こうしたアメリカ国内の制度は、アメリカにおける課税の取扱いでは、一定の要件を満たした

11　「ハワイ州に所在するコンドミニアムの合有不動産権を相続税の課税対象とすることの可否」https://www.nta.go.jp/shiraberu/zeiho-kaishaku/shitsugi/sozoku/02/07.htm

ものについては非課税等の特例を受けることができるのですが、アメリカで非課税であっても、日本での課税は別途日本の税法に基づいて行われます。

2）みなし相続財産

相続税法の規定により民法上の相続財産以外の財産で、課税対象財産とされる「みなし相続財産」（被相続人の死亡を事由として相続人・受遺者に支払われる①生命保険金、②退職手当金、③生命保険契約に関する権利、④定期金給付に関する権利等（年金）（相法3））のうち、特に国際相続で確認すべきものは、生命保険契約と年金（定期金給付に関する権利等）です。

①　生命保険金・生命保険契約

外国保険業者が日本で保険業を営むためには、国内に支店等を設け、監督当局から免許を受けなければなりません（保険業法185）。国内に支店等を設けていない外国保険業者は、国内居住者若しくは国内にある財産等に関わる保険契約を締結することはできません（保険業法186）。しかし、再保険、海外旅行保険等、一部の保険商品については、国内に支店等を設けなくとも締結することができます。また、日本で保険募集（保険契約の締結の代理若しくは媒介）を行えるのは、生命保険募集人、損害保険会社の職員、損害保険代理店の職員、特定少額短期保険募集人、及び保険仲立人（仲立人は保険契約の媒介のみ）に限られており（保険業法275）、それぞれ監督当局の登録を受けなければなりません[12]。日本で生命保険契約の契約を締結する免許を受けた外国保険業者を「外国保険会社等」として保険業法では定義しています（保険業法2⑦）。それ以外の外国の法令に準拠して外国において保険業を行う者は「外国保険業者」（保険業法2⑥）と区別されています。

相続税法のみなし相続財産に該当する生命保険金には、<u>外国保険業者</u>と締結した保険契約も含まれます（相令1の2①一）。一方、保険契約が日本の営業所・事

12　金融庁　ＨＰ「外国金融サービス業者が我が国市場に参入するにあたって適用される法規制」http://www.fsa.go.jp/ordinary/densi/de_003.html

業所を通じて契約されたものは国内財産になり、それ以外の契約は国外財産になります。制限納税義務者に該当する相続人・受遺者が受け取る外国の生命保険金が日本の営業所を通じて契約したものであれば、日本の営業所を通じて契約した生命保険契約は国内財産に該当しますので、相続税の課税の対象となります。

②　年金（定期金給付に関する権利）

確定給付型年金に分類される厚生年金や国民年金などの被保険者であった人が亡くなったときは、遺族に対して遺族年金が支給されます。また、恩給を受けていた人が亡くなった場合にも、一定の条件を備えた遺族に対して恩給が支給されます。このような年金は、みなし相続財産の定期金に関する権利として取り扱われることになりますが、国民年金法、厚生年金保険法、恩給法等に基づく遺族年金は、それぞれの法律の中で、相続税・所得税の非課税の規定が設けられており、相続税の課税対象外となっています（相基通3-46）。ところが、海外のこのような公的年金制度による年金は、日本の相続税で特段の規定がない限り、日本の相続税の課税対象となります。

一方、確定拠出型年金により支給を受ける年金を相続人が引き続き支給を受ける権利についても、下記のみなし退職手当金として扱われるものを除き、みなし相続財産である定期金給付に関する権利に該当します。「定期金給付に関する権利」の財産の所在地は、被相続人の住所地で判断することになります。

③　退職手当金

被相続人の死亡により相続人等が被相続人に代わって支給されるはずだった退職手当金を受け取ったときは、相続税法上の相続財産とみなされます。雇用者が直接支払う退職金のほかに、企業年金等もこれに含まれます。

相続税法のみなし退職金となるものは、所得税では非課税となります（所法9①十六）。相続税法のみなし退職金の国内・国外判定は、その退職給与の支払者の本店所在地で判断しますが、所得税は、非居住者に生前に支払われる退職金については、勤務地が国内であった期間のみが課税対象となります。したがって、所得税の計算上、退職給与の算定対象期間のうち、日本で勤務した期間にかかる

所得金額のみを按分計算で課税対象金額を算定しますが、相続税ではこの按分計算規定はありません。

3)　相続時精算課税制度を適用した贈与財産

生前贈与時、相続時精算課税制度を適用して、贈与税の特例を受けた財産については、本来の民法上の相続財産ではありませんし、みなし相続財産にも該当しませんが、その贈与を受けた財産の贈与の時の価額を相続税の課税価額に含めて申告する必要があります（相法 21 の 14 〜 21 の 16）。

4)　財 産 の 所 在

相続税の計算に当たって、相続財産が日本国内にあるかどうかは、相続税法で財産の所在についての規定（相法 10）に基づき判断します。日米相続税条約にも、相続財産の所在に関する規定があります（第 3 条各号）。財産の所在の判定は、いずれもその財産を相続又は遺贈により取得した時の現況によります。表 6 では、相続税法による国内財産・国外財産の判断基準と、日米相続税条約の判断基準を対比させました。この表には参考として、所得税上、その資産の財産の運用（貸付）・譲渡による所得が国内源泉所得となるものを追記しました。海外に居住する相続人が、その国内財産を換価処分した場合には、相続税とは別に所得税の納税が必要となる財産もあります。

たとえば、相続人が所得税法上の恒久的施設を有しない非居住者に該当する場合日本にある不動産は、相続税法上も国内財産として課税対象であり、その貸付けや譲渡に係る所得は、日本の所得税でもその不動産の所在する場所に所得の源泉があるとされ課税されます（所法 161 ①五、七）。しかし、有価証券である株式については、その株式に係る法人の本店地が国内にあるものを相続税の国内財産としますが、所得税では、有価証券の売買に係る譲渡所得については、日本法人株式の譲渡であっても、課税対象となるものは、事業類似株式や不動産関連法人株式等として別途定めがあるものだけです。

表 6　財産の所在地の判断基準（相続税）とその資産の運用処分益が国内源泉所得に該当する場合（所得税）（恒久的施設等がある場合を除く）

相続税にかかる財産の所在			参考：所得の源泉地の判定（所得税法）
（財産）	（相続税法）	（日米相続税条約）	
① 動産若しくは不動産又は不動産の上に存する権利	その動産又は不動産の所在場所（無記名債権や金銭（貨幣）も動産に含む）（相法 10 ①一）	・不動産又は不動産に関する権利：不動産の所在する場所（条約 3 ① a）	・賃貸料・譲渡所得⇒その財産の所在地が日本であれば国内源泉（所法 161 ① 二、三、五、七）。動産の譲渡益は、日本滞在中のみ（所法 161 ① 三、所令 281 ①ハ）
		・有体財産：有体財産の所在する場所（この有体財産には、通貨及び貨幣が含まれ、運送中の有体財産はその目的地に所在するものとされる。）（同① b）	
② 船舶及び航空機	その船舶又は航空機を登録した機関の所在地（同①一）	・船舶及び航空機：その船舶又は航空機が登録されている場所（同① e）	・賃貸料⇒内国法人又は居住者への貸付け（所法161①七）・譲渡益⇒日本滞在中に行われる譲渡（所法 161 ① 三、所令 281 ①ハ）
③ 金融機関に対する預金、貯金、積金等	その受入をした金融機関の営業所又は事業所の所在地（外国金融機関の日本支店への預入れも国内に該当する）（同①四）	⑥の債権に含む	・受取利息⇒預入れ等を受け入れた営業所の事業所の所在地（所法 161 ①八八）
④ 生命保険契約又は損害保険契約の保険金の所在	契約に係る保険会社の本店又は主たる事業所の所在地（同①五）	規定なし	・生命保険金・損害保険金⇒国内の営業者・事業者を通じて契約した保険契約は国内源泉（所法 161 ①十四）

相続税にかかる財産の所在			参考：所得の源泉地の判定 （所得税法）
（財産）	（相続税法）	（日米相続税条約）	
⑤　退職手当金、功労金その他これらに準ずる給与	給与を支払者の住所又は本店・主たる事務所の所在地（同①六）	規定なし	・退職金 ⇒支給対象期間における労務提供地（複数ある場合は按分）が源泉地（所法161①十二八）
⑥　貸付金債権	債務者の住所又は本店・主たる事務所の所在地（同①七）	・債権： 債務者が居住する場所 債権には、債権、約束手形、為替手形、銀行預金及び保険証券が含まれる（同①c）	・貸付金利子 ⇒債務者の所在地（所法161①十、所令283）
⑦　社債若しくは株式又は法人に対する出資	社債若しくは株式の発行法人、その出資されている法人の本店又は主たる事務所の所在地（同①八）	・法人の株式又は法人に対する出資： その法人が設立され又は組織された準拠法の施行されている場所（同①d）	・社債利息 ・償還益 ⇒日本法人が発行するものは国内源泉（所法161①ハイ、161①九イ） ・有価証券売却益 ⇒不動産関連法人株式譲渡、事業類似株式譲渡等は国内源泉（所法161①　三、所令281①四、五）
⑧　合同運用信託又は証券投資信託に関する権利	これらの信託の引受けをした営業所又は事業所の所在場所（同①九）	規定なし	・収益分配 ・債権譲渡益 ⇒国内の営業者・事業者に信託されているものは国内源泉（所法161①　八　二、九ロ）

相続税にかかる財産の所在			参考：所得の源泉地の判定
（財産）	（相続税法）	（日米相続税条約）	（所得税法）
⑨ 国債又は地方債	国債又は地方債は国内にあるものとし、外国又は外国の地方公共団体その他これに準ずるものの発行する公債は、その外国にあるものとされる。（同②）	規定なし	・利息 ・償還益 ⇒日本国及び日本の地方公共団体が発行するものは国内源泉（所法 161 ① 二、八、所令 281 ①一）
⑩ 特許権、実用新案権その他工業所有権・商標権等	登録されているものについては、登録機関の所在地（同①十）	・登録されているものについては、登録機関の所在地 ・登録されていないものについては行使される場所（同① g）	・使用料 ・譲渡所得 ⇒国内で業務を行うものから受け取る使用料・譲渡対価は国内源泉（所法 161 ①十一イ）
⑪ 著作権、出版権等で権利の目的物が発行されているもの	その目的物を発行する営業所・事業所の所在地（同①十一）	・著作権、地域的独占権（フランチャイズ）等 これらの権利等を行使することができる場所（同① h）	・使用料 ・譲渡所得 ⇒国内で業務を行うものから受け取る使用料・譲渡対価は国内源泉（所法 161 ①十一ロ）
⑫ 被相続人の個人事業に係る営業に係る権利	その営業所又は事業所の所在地（同①十三）	・のれん（営業上、事業上又は専門職業上の資産としてのれん） その営業、事業又は専門職業が営まれている場所（同① f）	のれん売却益（国内事業に係るのれん） ⇒国内事業に係るものは国内源泉（所法 161 ①一）
⑬ 鉱業権等・漁業権等	・鉱業権：鉱区又は採石場の所在場所（同①二） ・漁業権：漁場に最も近い沿岸の属する市町村又はこれに相当する行政区（同①三）	・鉱業権：鉱区の所在場所（同① i） ・漁業権：権利行使に関する管轄権を有する国（同① j）	国内にある鉱区に係る収入は国内源泉（所法 161 ①七） 漁業権は、規定なし

相続税にかかる財産の所在			参考：所得の源泉地の判定 （所得税法）
（財産）	（相続税法）	（日米相続税条約）	
⑭　①から⑬以外の 　　財産	被相続人の住所地 （同③）	・日米それぞれの相 　続税法で定めるそ 　の財産にかかる場 　所（同①ｋ）	

7．財産評価

1）　財産評価基本通達に定める国外財産の評価方法

　財産評価基本通達は、相続税の課税標準を算定するための相続財産の価額についてその評価方法を定めたものです。相続税計算上の基礎となる相続財産の価額は財産を取得したときの時価によるとされています（相法 22）。「時価」とは、財産評価基本通達において、「不特定多数の当事者間で自由な取引が行われる場合に通常成立すると認められる価額」であることが明らかにされていますが、同時に、相続財産の時価は「財産評価基本通達で評価した価額」であると確認しています（財基通 1 (2)）。言い換えれば、本来その財産について多数の当事者間で自由な取引が行われる市場がある場合には、その市場での取引価格（市場価格）が「時価」として相続財産の価額に採用されるべきものではありますが、市場として十分な数の取引価格がない場合には、その取引価格を、相続税の対象となる相続財産の価格に影響を及ぼすすべての事情を考慮の上、調整する必要がありますので、不特定多数を扱う税法としては、取引実例価格等を時価とするという「立場」ではなく、財産評価基本通達により評価した価格を時価とするという立場を採用しています（財基通 1 (2)）。

　時価と財産評価基本通達による評価額の関係は、国内の相続財産である不動産、有価証券については、実際には様々な評価方法で算定される「時価」がありますが、相続財産の価額として用いられる時価は、様々な時価のうち財産評価基本通達によって定められた評価方法により計算された評価額です[13]。国外にある不動産、有価証券については、原則として、国内財産と同じように、財産評価基

本通達により評価すべきということになっていますが、土地については「国外の土地の路線価」や「固定資産税評価額に乗ずるべき倍率」はありませんし、未公開株式の評価に当たって財産評価基本通達で定めている類似業種比準価格の算定に必要な比準株価等の資料は、日本の上場企業株価に基づく利益・配当・純資産等から国税庁が独自に算出し公開したものですので、国外の会社にこれらを当てはめて比準して株価を計算しても、その株価が時価として合理的であるとは考えられません。

　したがって、国外財産についても、原則として、国内財産と同様、財産評価基本通達に定める方法により評価することを原則としながらも、財産評価基本通達により評価することができない財産については、①同通達に定める方法に準じた方法、又は②売買実例価額、③精通者意見価格等を参酌した評価額を用いることも認めています（財基通5-2）。課税上弊害がない場合には、④取得価額に対して、物価の一定の価格動向に基づき時点修正した価額、又は⑤譲渡価額から算出した価額とすることができます。

図8　国内相続財産の時価

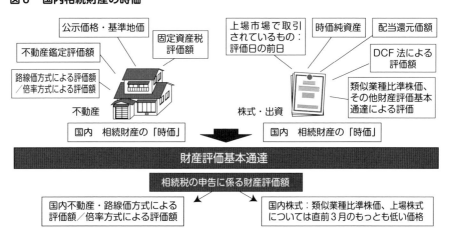

13　時価として評価された価額が財産評価基本通達による評価額と著しく開きがあり、財産評価基本通達評価額を相続税の課税価額として使用することが不適当とされる場合は財産評価基本通達評価額以外の評価額が用いられることがあります（財基通6）。

図9　国外相続財産の時価

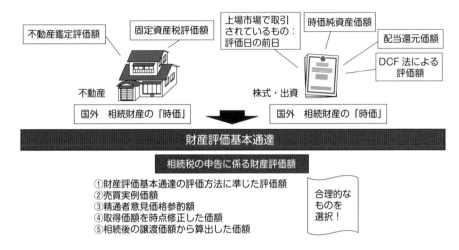

2)　為替換算について

　外貨建ての資産や債務についての円換算方法は、原則として、納税義務者である相続人の取引金融機関が公表する課税時期における最終の為替相場によります。なお、先物外国為替契約を締結していることによりその財産についての為替相場が確定している場合には、その先物外国為替契約により確定している為替相場によります。外貨預金等のように取引金融機関が特定されている場合には、被相続人が取引した金融機関で相続の手続を行い、その後の取引も行うこととなるので、外貨預金が預けられている金融機関の公表する対顧客直物電信買相場（TTB）を適用します（財基通4-3）。

3)　小規模宅地の評価減

　「小規模宅地等についての相続税の課税価格の計算の特例」（措法69の4）（以下「小規模宅地の評価減」）とは、相続財産である被相続人等[14]が所有していた事業用・貸付用・居住用の土地等で、一定の要件を満たすものについては、それ

14　被相続人等とは、被相続人又は被相続人と生計を一にしていた被相続人の親族をいいます（措法69の4）。

ぞれ 400㎡・200㎡・330㎡以下の面積について評価額の 80％（事業用・居住用）又は 50％（貸付用）を減額できる制度です。

　国際相続に関する点から「小規模宅地の評価減」の規定を検討する場合、ポイントとなる点は「国外の財産でも適用があるか」「非居住者・居住者、日本国籍の有・無等で適用に違いがあるか」です。

　対象となる土地等は、日本における土地等に限定されていません。したがって、相続税の課税財産として相続税の対象となる土地等であれば、所定の要件を満たすものについては、この制度の対象となります。無制限納税義務者が取得した場合には国内・国外を問わず相続税の対象となりますので、小規模宅地の評価減にかかる土地等も同様に国内・国外にあるかを問いません。制限納税義務者が取得した場合には、国内にある財産のみが相続税の課税対象ですので、国内にある土地等のみが対象となります。対象となる土地等が小規模宅地の評価減の適用に関する要件を満たすと、特定事業用宅地等、特定居住用宅地等、特定同族会社事業用宅地等又は貸付事業用宅地等として取り扱われることになります。

　特定居住用宅地等に関しては、その土地等の上に（A）被相続人が住んでいたか、又は（B）被相続人と生計を一にする親族が住んでいたかによって要件が異なります。被相続人の配偶者が（A）又は（B）のいずれの土地等を相続等により取得した場合は、評価減を受けるにあたって特別の要件を満たすことは求められていません。被相続人と同居していた親族（配偶者以外の親族、以下この項において同じ）が、（A）の土地等を相続等により取得する場合及び（B）の土地等の上に住んでいた被相続人と生計を一にする被相続人の親族が（B）の土地等を相続等により取得した場合には、相続開始前から相続税の申告期限まで引き続きその家屋に居住し、かつ、その宅地等を相続税の申告期限まで有していることが小規模宅地の評価減の適用を受けることについての要件となっています。この 3 つの場合には、いずれも国籍要件はありません。

　被相続人の居住用不動産を被相続人の配偶者でも、被相続人と同居していた親族でもない親族が、相続等により取得する場合には、いわゆる「家なき子」とし

て一定の要件を満たすとこの規定による評価減の適用を受けることができますが、「家なき子」要件には居住制限納税義務者又は非居住制限納税義務者のうち日本国籍を有しない者については、この規定の適用を受けることができないこととなっています（図10参照）。

　2018（平成30）年改正で、「家なき子」要件に改正があり、要件の一つである「相続開始前3年以内に日本国内にある取得者又は取得者の配偶者が所有する家屋（相続開始の直前において被相続人の居住の用に供されていた家屋を除きます）に居住したことがないこと」が、「相続開始前3年以内に日本国内にある取得者、取得者の配偶者、取得者の三親等内の親族又は取得者と特別の関係がある一定の法人が所有する家屋（相続開始の直前において被相続人の居住の用に供されていた家屋を除きます）に居住したことがないこと」に変更され、「相続開始時に、取得者が居住している家屋を相続開始前のいずれの時においても所有していたことがないこと」が追加されました[15]（措法69の4③二ロ、〜〜の部分は、2020年（令和2年）4月1日以後の相続又は遺贈から適用されます）。また、これらの改正にかかる激変緩和措置として、経過規定も設けられていますが、国籍に関する要件に2018（平成30）年改正の影響はありません。

15　特定居住用宅地等の要件につきましては、国税庁HPをご参考ください。
　　https://www.nta.go.jp/taxes/shiraberu/taxanswer/sozoku/4124.htm

図10 家なき子要件に関連する範囲

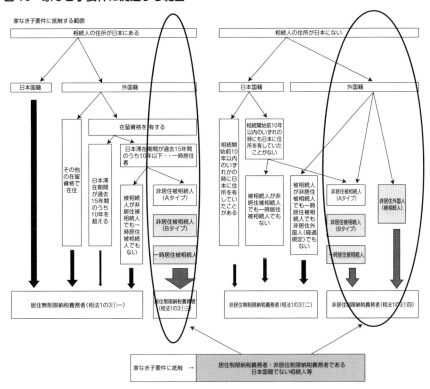

（注）　図10は相続税の納税義務の判定チャート図4及び図5を再掲したものです。

8. 非課税財産

1）非課税財産の範囲

　相続税は、①墓所、霊びょう及び祭具等や②宗教、慈善、学術その他公益を目的とする事業等の用に供するもの等は非課税とされています。また、③相続人が取得した生命保険金等や退職金等で一定額までの金額も非課税となっています（相法12）。制限納税義務者の取得した非課税財産についても、これらの取扱いが適用されます。

　②の宗教、慈善、学術その他公益を目的とする事業等の用に供するものに関する非課税規定は、公益法人等が遺贈により取得した財産に関する規定であり、取

得者に関する要件が政令で定められています。前述「5-6）個人とみなされて相続税が課される法人・団体」で取り上げましたように、持分の定めがない法人は、相続税の納税義務者となる場合があります。しかし、政令で規定されている要件を満たす公益法人等は、相続税の納税義務者に該当してもこの非課税規定の適用があります。

　海外で公益を目的として活動している法人等が取得する財産が、非課税要件を満たすかについては、②の規定の取得者要件を満たすものは限られているため、①の要件を確認する必要があります。①の墓所、霊びょう及び祭具等そのものは、取得者の要件ではなく、その相続財産の属性によって判断されます。墓所、霊びょうには、「庭内神し」[16] と日常の礼拝の対象となっていることが明らかなものも含まれますので、そういった財産を海外のチャリティ団体に遺贈した場合には、非課税として取り扱われるものと考えられます。

2)　生命保険金・退職手当金の非課税計算

　生命保険金並びに退職手当金については、相続人の数にそれぞれ500万円を乗じた金額が非課税限度額となり、実際に相続人等が取得した生命保険金又は退職手当金の金額がその非課税限度額を超えるとき、その超える部分が相続税の課税対象となります（相法12①五、六）。生命保険金と退職手当金の非課税金額の算定は、それぞれ別個に計算し、通算できません。相続人の数は、基礎控除の計算における相続人の数と同じく、税法が民法規定を準用していますので、被相続人の本国法にかかわらず、民法上の法定相続人の数になります（相法15②）。

9.　債務控除・葬式費用

　相続人が居住無制限納税義務者及び非居住無制限納税義務者に該当する場合は、①被相続人の債務で相続開始の際に現に存するもの（公租公課を含む）及び

16　国税庁「庭内神しの敷地等」http://www.nta.go.jp/shiraberu/zeiho-kaishaku/shitsugi/sozoku/04/02.htm

②被相続人に係る葬式費用のうちで、その者の負担に属する部分はすべてが控除できます（相法13①）。

　制限納税義務者（以下第2章において特別に区別していう場合を除き、居住制限納税義務者と非居住制限納税義務者をあわせて「制限納税義務者」と記載します）の場合は、相続税の課税対象とされる財産に関する債務のうち、その財産に関する債務（公租公課等一定のもの）に限り控除できます。

10.　相続税の税額計算（概要）

　日本の相続税の計算は、①被相続人から相続財産等を取得した相続人ごとに課税価格を計算し、②各相続人の課税相続財産の価額の合計額から基礎控除額を控除した課税遺産総額をもとに法定相続分で各相続人が財産を取得した場合の相続財産の価額に相続税の税率を適用し、相続税の総額を算出します。③その相続税の総額を財産を取得した人の課税価格に応じて割り振って財産を取得した各相続人の税額となります。④各相続人の納付すべき相続税は、この各相続人の税額から、配偶者に対する相続税額の軽減、未成年者控除、障害者控除、相次税額控除、外国税額控除、暦年分の贈与税額控除を差し引き、配偶者・子以外のものが財産を取得した場合の相続税の二割加算を加味し、各相続人等の控除後の金額を計算します。⑤相続時精算課税制度に係る贈与税額は、上記各相続人等の控除後の金額の金額から控除し、控除不足額は還付されます。同じ生前贈与でも、相続時精算課税制度の適用を受けて納付した贈与税と、そうでない贈与（暦年課税分の贈与）に係る贈与税の控除のタイミングが異なるのは、暦年課税贈与税額控除後の各相続人等の控除後の金額は、赤字の場合には、この金額はゼロとなるためです（還付は受けられません）。各相続人等の控除後の金額から、相続時精算課税制度に係る贈与税額相当額を控除した残額が、各相続人の納付すべき税額となります。

　制限納税義務者が相続人に含まれている場合の、課税遺産総額の計算は、同一の被相続人から相続又は遺贈により財産を取得したすべての者に係る相続税の課

税価格の合計額（相法15①）を基に計算されます。制限納税義務者の相続税の課税価格は、国内にある財産に限られています（相法2②、11の2②）ので、制限納税義務者の取得した国外財産は各相続人の課税相続財産の価格の合計額には含めません。

　しかし、課税遺産総額の計算上控除される遺産に係る基礎控除額の計算の基礎となる相続人の数、相続税の総額を計算する場合の相続人とその法定相続分については、被相続人が外国人であっても、その相続については、日本の民法の規定の適用があるものとした場合に相続人に該当する者の数を基礎とし、かつ、その者に係る日本の民法に定める法定相続分を基礎として、相続税の総額を計算します（相法15、16）[17]。

図11　相続税の納税額の計算の流れ

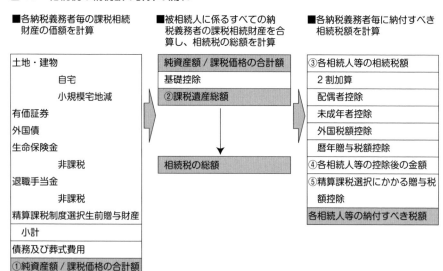

■各納税義務者毎の課税相続財産の価額を計算

| 土地・建物 |
| 　　　　自宅 |
| 　　　　小規模宅地減 |
| 有価証券 |
| 外国債 |
| 生命保険金 |
| 　　　　非課税 |
| 退職手当金 |
| 　　　　非課税 |
| 精算課税制度選択生前贈与財産 |
| 小計 |
| 債務及び葬式費用 |
| ①純資産額／課税価格の合計額 |

■被相続人に係るすべての納税義務者の課税相続財産を合算し、相続税の総額を計算

| 純資産額／課税価格の合計額 |
| 基礎控除 |
| ②課税遺産総額 |

| 相続税の総額 |

■各納税義務者毎に納付すべき相続税額を計算

| ③各相続人等の相続税額 |
| 2割加算 |
| 配偶者控除 |
| 未成年者控除 |
| 外国税額控除 |
| 暦年贈与税額控除 |
| ④各相続人等の控除後の金額 |
| ⑤精算課税選択にかかる贈与税額控除 |
| 各相続人等の納付すべき税額 |

17　養子がある場合の特例計算（相法15②③）については、記載を省略しています。

11.　納税義務者の区分と各種税額控除

　各相続人等の相続税額から、納付すべき相続税額を計算するために調整すべき下記の 7 つの控除の、納税義務者の区分ごとの適用の有無を表 7 に整理しました。

表 7　各種控除等

		居住無制限納税義務者	非居住無制限納税義務者	制限納税義務者 (居住·非居住)	特定納税義務者	備考
2 割加算	相法 18	○	○	○		
配偶者にかかる 相続税額の軽減	相法 19 の 2	○	○	○		
未成年者控除	相法 19 の 3	○	○	×		※ 1
障害者控除	相法 19 の 4	○	×	×		
相次相続控除	相法 20	○	○	○		
(暦年) 贈与税額控除	相法 19	○	○	○		
外国税額控除	相法 20 の 2	○	○	△		※ 2
相続時精算課税選択 贈与税額控除	相法 21 の 9 〜 21 の 18	○				

※ 1　扶養者が未成年者控除の適用を受ける場合、日米相続税条約の適用がある場合には、この表の取扱いとは異なります。
※ 2　外国税額控除は正式には「在外財産に対する相続税額の控除」といいます。日米相続税条約では、特別な取扱いがあります。

　未成年者控除（p.130 の ※ 1 参照）は、制限納税義務者には適用されません。障害者控除は、非居住無制限納税義務者と制限納税義務者は、適用対象外とされています。

　しかし、未成年者控除の金額として計算された金額がその未成年者本人の「各相続人等の相続税額」を超える場合には、その未成年者の扶養義務者が同じ被相続人から取得した財産に係る「各相続人等の相続税額」から控除するという規定（相法 19 の 3 ②）があります。扶養義務者が控除する未成年者控除の額について

は、その扶養義務者が制限納税義務者かどうかという要件はありません[18]。

　また、米国在住の制限納税義務者については、日米相続税条約の規定[19]により、無制限納税義務者と同様に、未成年者控除の適用を受けることができます。

12.　在外財産に対する相続税の控除

1）　国内法の規定

　在外財産に対する相続税の控除に関する規定は、一般には外国税額控除と呼ばれています。外国税額控除は、前出表7では、制限納税義務者の外国税額控除の適用については△としました。外国税額控除の適用については、納税義務者の種類による制限は設けられていないのですが、控除対象金額は、各相続人等の相続税額から外国税額控除前の各種控除金額を控除した金額のうち、課税財産の価額に含まれる国外財産の価額に係る割合を乗じて計算した金額を限度とすることから、国外財産が課税財産に含まれない制限納税義務者には、外国税額控除限度額が計算されません。

【相続税法による外国税額控除の計算】

$$①限度額 X = 外国税額控除直前の相続税額 \times \frac{課税価格に算入された国外財産の金額（②の対象となったものに限る）}{課税価格}$$

②国外財産所在地で納付した相続税に相当する税額……XX
③外国税額控除の金額……①と②のいずれか少ない金額

18　国税庁「無制限納税義務者に係る未成年者控除の控除不足額を制限納税義務者である未成年者から控除することの可否」http://www.nta.go.jp/shiraberu/zeiho-kaishaku/shitsugi/sozoku/08/01.htm

19　日米相続税条約4(a)

　上記計算式の②に当たる外国税額控除の対象となる「国外財産所在地で納付した相続税に相当する税額」は、①の限度額計算における「課税税価格に算入された国外財産」の所在地で納付されたものに限られています。非居住無制限納税義務者が、その居住地国でその国以外（第三国）にある財産について居住地国で課税されたものは、この外国税額控除の対象にはなりません。

2) 日米相続税条約の規定

　日米相続税条約の適用がある納税者については、外国税額控除の計算方法が異なります。

　ⅰ）　日米の一方の国で、被相続人・相続人、遺産の受益者が、自国の国籍を有する個人又は自国に住所があることを理由に相続税を課税され、他方の国では、その国に相続財産があることだけで、相続税を課税される場合……一方の国で他方の国の相続税を控除します（日米相続税条約5⑴）。

　ⅱ）　日米の両方の国で、被相続人・相続人、遺産の受益者が、自国の国籍を有する個人又は自国に住所があることを理由に相続税を課税される場合……日米の両方の国において、一方の国の相続税の額（外税控除前の金額）から、他方にある財産に課された他方の国の相続税額の一部を控除します。日米両方の国で控除される外国税額控除の合計額は、いずれか一方の国の外国税額控除前の相続税の額となります。具体的には、外国税額控除の金額は、日米いずれか少ない方の相続税を、控除前の日米の相続税に比例して按分した金額となります（日米相続税条約5⑵）（表8参照）。

　ⅲ）　相続財産が日本と米国以外の第三国に所在し、その第三国で相続税課税を受けた場合……第三国の租税に係る外国税額控除を日米それぞれで外税控除の計算を行い、その控除後の金額を用いて、ⅱ）の配分計算を行います。配分後の日米の相続税の額の合計額と第三国の相続税の合計額は、日米のいずれか高い方の金額に一致します（日米相続税条約5⑶）（表9参照）。

表8 日米相続税条約……日米それぞれに住所を有する被相続人・相続人等がいる場合の計算例

	前提となる 財産の額		← 配分計算 →		
	相続 財産 ①	外国税額控除 前の相続税額 ②	日米相続税に 対する外国税 額控除限度額 合計X ③	Xの 配分額 ④	日米相続税に 対する外国税 額控除後の納 付すべき金額 ⑤
日本 米国	}100.0	32.0 30.0	}30.0	15.5 14.5	16.5 15.5
合計	100.0	62.0	30.0	30.0	32.0

※1 ③は②のそれぞれの国の相続税額控除前の金額の小さい方の金額
※2 ④は③を②の割合で按分したもの。
※3 ⑤=②－④
※4 この相続で納付することになる相続税は 日本16.5＋米国15.5＝32 となり、
　　日米いずれか高い方の相続税額相当になる。

表9 日米相続税条約
　　　……第三国で納めた相続税がある場合の計算例

	前提となる 財産の額		第三国相続税の調整（条約適 用前）			← 配分計算 →		
	相続 財産 ①	外国税額 控除前の 相続税額 ②	H国財産 にかかる 外国税額 控除限度 額 ③	H国相続 税にかか る外国税 額控除額 ④	外国税額 控除適用 後の相続 税額 ⑤	日米相続 税条約の 配分計算 に用いる 外国税額 控除限度 額合計X ⑥	Xの 配分額 ⑦	日米相続 税に対す る外国税 額控除後 の納付す べき金額 ⑧
日本 米国 H国	}100.0 180.0	32.0 30.0 18.0	20.6 19.3	18.0 18.0	14.0 12.0	}12.0	6.5 5.5	7.5 6.5
合計	280	80.0	39.9	36.0	26.0	12.0	12.0	14.0

※1 この相続で納付することになる相続税は H国18＋日本7.5＋米国6.5＝32
※2 ⑥は、⑤の日米のそれぞれの国内法で計算された第三国相続税額を控除した金額を比較
　　し、その金額の少ない方の国の相続税を 日米両国の外税控除の配分額とする。
※3 ⑧=⑤－⑦

13. 相続財産が未分割の場合の取扱い

　相続税の申告期限までに遺産分割の協議が整わず、相続人が個別に相続する財
産が確定しなかった場合でも、相続税の申告は必要です。その場合には、各相続

人は、法定相続分に応じて相続財産を取得したものとして相続税の申告を行い、相続税を納付します。このときに用いる法定相続分は、被相続人が外国人の場合は、その本国法による法定相続分を用いることになっています[20]。

14.　信　　　託

1)　税務上の取扱いの違いによる信託の種類

　海外で設定された信託がある場合には、その信託契約の内容をもとに、日本の信託制度に引き直して税務上の取扱いを検討する必要があります。

　表10の「信託財産に係る所得の法人税・所得税・消費税の取扱い等」で整理していますように、日本における信託の取扱いは、原則として受益者に分配時に課税される（集団投資信託ほか……■を付したもの）か、受益者に収益発生時に毎年課税される（受益者等課税信託……□を付したもの）のいずれかの取扱いになります。

　受益者等課税信託に分類される信託契約に基づく取引は、形式的には委託者の財産が、受託者の名義に変更されても、その信託財産の税務上の所有者は委託者のままであるとして取り扱われます。したがって、土地のような含み益がある資産を信託財産としたときでも、委託者に譲渡所得課税はありません。また、信託財産の運用益については、委託者又は受託者の所得として課税されます。

　信託そのものを納税義務者として課税するものとして、法人課税信託がありますが、海外の信託がこの分類に該当するかどうかは、法人課税信託として税法で定義された要件を、その海外の信託の契約内容が満たすかどうかを確認する必要があります。また、分配時課税信託についても、その信託の種類ごとに税法上の要件が定められていますので、海外の信託の内容を比較検討する必要があります。

20　国税庁 「被相続人が外国人である場合の未分割遺産に対する課税」
http://www.nta.go.jp/shiraberu/zeiho-kaishaku/shitsugi/sozoku/11/02.htm

表10　信託財産に係る所得の法人税・所得税及び相続税の取扱い等

区分	細　目	信託財産から生じる収益の法人税・所得税の取扱い等	信託財産の相続税の取扱い
集団投資信託 （法法2二十九）	合同運用信託等を含む	■受益者に分配された時に課税。	受益者の存在しない信託を除き、受益権所有者の「信託受益権」として相続財産評価を行う。財産の所在地は、信託の引受けをした営業所等（相法10①九）
法人課税信託 （法法2二十九の二）	受益権証券発行信託 受益者の存在しない信託／他	信託を「法人」とみなして信託財産に係る損益を認識し申告納付する。	
委託者・受益者に課税の特例がある信託	特定公益信託等 （法法12④二）	○信託銀行等が受託者として財産を運用し公益活動に支出。主務大臣の認可のもとで運営。	制度ごとに取扱いが定められている。
	教育資金贈与信託 （措法70の2の2②二）	□信託財産の運用により生じる収益は、受益者の所得税課税	
	特定障害者扶養信託契約（相令4の7二）		
	退職年金等信託 （法法12④一）	■委託者である雇用者（法人）が、従業員を受益者として退職金、年金について、信託を用いて社外に積立て、給付する制度。受益者に対する分配時に課税。	
その他の不動産・動産の管理等の一般的な信託	遺言信託 遺言代用信託 受益者連続型信託 （相法9の3） 上記以外の信託	□信託財産の運用により生じる収益は、受益者の所得課税	その受益権を有するものが信託財産を有するものとされる（相法9の2⑥）

2)　受益者等課税信託

　海外で契約された信託が、税務上の法人課税信託、集団投資信託に該当しない場合は、受益者等課税信託として税務上の取扱いを検討します。海外のトラストは、ファミリー間の受益者の設定・変更が自由に決められるものが多いようです。また、受益者等課税信託の類型に該当するものでも、海外では、利益の引出し時まで、所得税課税されないものもあるようです。トラストを設定した国での税務上の取扱いとは別に、日本の信託の税務上の取扱いについて個別に検討する

図 12　受益者等課税信託の仕組み

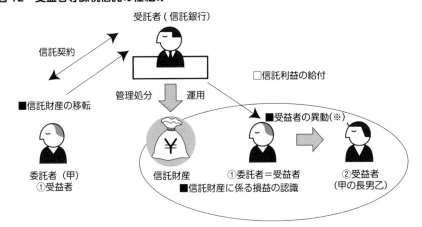

必要があります。

　受益者等課税信託では、法的には信託財産が受託者に移転しますが、税務上、受益者が信託財産に属する資産、負債、信託財産に帰属する収益、費用を直接有するものとみなして収益の発生時に受益者に課税されます（所法 13 ①）。日本の信託法においても、委託者は、自由に受託者を設定・変更できるとされていますが、図 12 の※のように、税務上、委託者が自分以外のものを信託設定時に受益者とした場合又は受益者が相当の対価の授受なく変更された場合には、委託者から受託者への贈与又は遺贈があったものとして取り扱われます（相法 9 の 2）。

3)　遺言代用信託と遺言信託

　遺言代用信託は、税法上の用語ではなく、一般に遺言と同様の機能（資産の承継先の指定等）を持たせた信託を、「遺言に代わって用いられる信託」という意味で使われています。遺言代用信託は、委託者である被相続人の生前に、自らを受益者として信託契約の効力を発生させた上で、委託者が死亡した時に、指定した者（特定の相続人や第三者）に、信託の受益権を承継させる仕組みです。相続人等を受益者に設定する信託ですので、生前信託です。遺言代用信託とは別に、遺言により、被相続人の相続開始により効力を有することになる信託を「遺言信

託」といいます。

遺言信託に基づき、被相続人の死亡により、信託の効力が発生し相続人又は指定された者が、受益者としてその財産についての権利を持つことになった場合には、相続又は遺贈があったものとして相続税が課税されます（相法9の2①）。

遺言代用信託では、被相続人の死亡により、それまでは、被相続人が自らを受益者としていたものを、相続人又は指定された者をその信託の受益者とするというものですので、その効力の発生の時（相続開始の時）に、引き継いだ人は信託受益権を遺贈により取得したものとして取り扱われます（相法9の2②）。

4)　受益者連続型信託

受益者連続型信託は、現受益者の有する信託受益権（信託財産より給付を受ける権利）が当該受益者の死亡により、予め指定された者に順次承継される旨の定めのある信託のことをいいます。受益権の承継は、回数に制限はなく、順次受益者が指定されていても構いませんが、信託期間は、信託法91条により、信託がされたときから30年を経過後に新たに受益権を取得した受益者が死亡するまで又は当該受益権が消滅するまでとされています。

受益者連続型信託でも、信託受益権を新たに相続を基因として取得した場合には、相続税の対象となりますが、信託受益権の評価において、次の信託受益者が

図13　受益者連続型信託

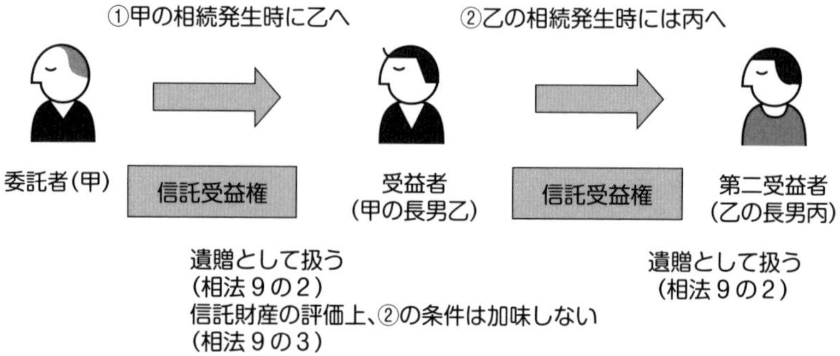

①甲の相続発生時に乙へ　　②乙の相続発生時には丙へ

委託者(甲)　信託受益権　受益者（甲の長男乙）　信託受益権　第二受益者（乙の長男丙）

遺贈として扱う（相法9の2）
信託財産の評価上、②の条件は加味しない（相法9の3）

遺贈として扱う（相法9の2）

指名されていることを信託財産の評価に取り込むと、信託財産の評価額がゼロとなる可能性があります。そこで、相続税法では、受益者連続型信託においても、次の信託指定等の条件はないとして評価することを定めています（相法9の3）。

15.　国外財産調書制度

1）国外財産調書及び財産債務調書

一定以上の財産を所有している場合には、税務署に財産の明細を提出する義務があります。

具体的には日本に住所を有する個人が 12 月 31 日において 5,000 万円超の財産を海外に有している場合は国外財産調書による財産明細を、2,000 万円超の所得がある者が一定額以上の財産を有している場合は財産債務調書により財産と債務に関する明細を提出しなければなりません。

それぞれの制度の記載事項、提出期限などの概要については次のようになっています。

2019 年（平成 31 年）1 月に国税庁が発表している国外財産調書の提出状況では平成 29 年分のものは 2018 年（平成 30 年）3 月 15 日までに 9,551 件提出さ

制度	記載事項	提出期限	提出義務	調書の提出や記載に関する罰則等	適用時期	備考
国外財産調書	提出者の氏名・住所・マイナンバー、財産の種類・数量・価額・所在など	翌年の 3 月 15 日	5,000 万円超の国外財産を有する居住者（※1）	財産に関する相続税や所得税等の過少申告加算税等があった場合に ・期限内に提出した場合：5％軽減 ・提出や記載漏れがある場合：5％加重	平成 24 年度税制改正により、平成 25 年 12 月 31 日時点保有分より適用	※1：非永住者を除きます。
				提出漏れや記載の偽りがある場合：1 年以下の懲役又は 50 万円以下の罰金		
財産債務調書			2,000 万円超の所得（※2）があり、一定の財産（※3）を有する者	財産に関する相続税や所得税等の過少申告加算税等があった場合に ・期限内に提出した場合：5％軽減 ・提出や記載漏れがある場合：5％加重	平成 27 年税制改正により、平成 27 年 12 月 31 日時点保有分より適用	※2：退職所得を除きます。 ※3：3 億円以上の財産又は 1 億円以上の国外転出時課税対象財産

れ、その総財産額は3兆6,662億円になっています。

そして、そのうち2兆7,485億円（6,154件）は東京局への提出となっています。

また、税務署側では提出した調書の記載について詳細まで確認しており、たとえば複数の銘柄について証券会社を通じて運用しているため、その所在地や数量の記載を省いた場合に、たとえ他の事項を正しく記載している場合であっても、後日税務署から記載を行うように指摘されて、修正した調書の再提出を求められることもあります。

2) CRS（共通報告基準）とFATCA（外国口座税務コンプライアンス法）について

CRSとは共通報告基準（Common Reporting Standard）の略称で、OECD（経済協力開発機構）が策定した租税条約等の情報交換規定に基づく、非居住者の口座情報等を各国の税務当局間で交換する制度になります。

既に2017年からフランス、ドイツ、ベルギーなどの49か国、2018年からカナダ、中国などの51か国、2019年・2020年にはペルーなどの8か国が導入しています。

日本では2017年（平成29年）1月1日から施行され、2018年（平成30年）4月30日までに初回の報告が金融機関等から税務署に対して行われました。

当制度の導入により日本では銀行や証券会社などの金融機関が非居住者に係る口座情報（12月31日時点）を翌年4月30日までに所轄の税務署に報告しなければなりません。

期限までに報告しない場合や記載の偽りがある場合は罰則として6月以下の懲役又は50万円以下の罰金が科されることになっていますのでご注意ください。

また、CRSは日本経済新聞でも取り上げられています（電子版2019年7月2日）。

CRSと似た制度としてFATCA（ファトカ）という米国の法律があります。

FATCAとは、外国口座税務コンプライアンス法（Foreign Account Tax

Compliance Act）の略称で、米国以外の金融機関に対して、その顧客の中に米国市民等がいる場合にその口座に関する詳細な情報を米国の税務当局に対して報告させる制度です。

　報告を行わなかった金融機関は、米国債券の利息の受取りなどに対して 30％の源泉徴収を課されます。

　そのため当制度の導入により日本の銀行等の金融機関は源泉徴収を課されないためには、その顧客に対して米国市民等であるかを確認することや、米国市民等である場合に事前に米国税務当局に預金口座情報などを提供することの同意を取るなどの手続を行っておくことが必要となってきます。

Column　2020 年度税制改正による富裕層への課税強化

　2020 年度税制改正により、富裕層が海外で所有している資産について、課税逃れ対策が強化されました。改正前における国外財産調書制度では、合わせて 5,000 万円を超える海外資産がある納税者を対象に、海外資産をどれくらい保有しているか毎年まとめて税務署に調書を提出するよう義務づけていました。調書を提出する納税者は年々増え続けており、国税庁によれば、2017 年 7 月からの 1 年間では 9,551 件、総額 3 兆 6,662 億円分にも上っていました。しかし実際には、調書を提出しない、運用に伴う所得を申告しない、といった税逃れは後を絶たず、情報開示を促す仕組みづくりが課題でした。

　今回の 2020 年度税制改正では、これまで調書の提出を義務づけていた計 5,000 万円超の海外資産を持つ居住者を対象に、国外財産調書に記載すべき国外財産の取得、運用又は処分に係る書類のうち、その者が通常保存し、又は取得することができると認められるもの（その電磁的記録又はその写しを含む。）の保管を要求しています。国税当局の税務調査で申告漏れが発覚した場合に、これらの書類につき提示又は提出を求められた日から 60 日を超えない範囲内又は書類の準備に通常要する日数を勘案して当該職員が指定する日までに書類を提出すれば加算税を軽減する措置をとり、自主的な保管を促しています。

　各国の課税当局は互いに連携し情報交換をすることで富裕層の課税逃れを阻止することに取り組んでいます。2018 年には約 100 の国と地域、金融機関にある外国人や外国企業の口座情報を交換する「CRS（共通報告基準）」が導入されており、新制度も活用して国際的な課税逃れを防ぐことを目指します。

　BDO 税理士法人では実際に、海外に計 5,000 万円超の海外資産を持つ居住者の顧客について、会計システムを用いて複式簿記に則り、資産ごとにその出入りを記録・管理するサービスを提供しています。

16.　国外転出時課税制度（出国税）

1）概　要

2015（平成27）年度税制改正において、「国外転出をする場合の譲渡所得等の特例」（以下「国外転出時課税」）が創設されたことにより、2015年（平成27年）7月1日以後、下記の適用対象となる居住者である個人が日本から海外へ転出する場合のほか、(イ)相続開始の時点で1億円以上の有価証券等を所有している居住者が亡くなり、国外に居住する相続人又は受遺者（以下「非居住者である相続人等」）が、その相続又は遺贈により対象資産の全部又は一部を取得した場合、又は、(ロ)贈与の時点で、1億円以上の有価証券を所有している居住者が国外に居住する親族等（非居住者）へ対象資産の全部又は一部を贈与した場合には、その対象資産の含み益に所得税（復興特別所得税を含みます。以下同じ）が課税されます（(イ)を「国外転出（相続）時課税」、(ロ)を「国外転出（贈与）時課税」といいます）。

　国外転出時課税の対象となる個人は、所得税の確定申告等の手続を行う必要があります。また、一定の場合は、納税猶予制度や税額を減額するなどの措置（以下「減額措置等」といいます）を受けることができます。国外転出する場合にその納税猶予制度や各種減額措置等を受けるためには納税管理人の届出書を所轄税務署に提出するなどの手続が必須となります。

2）適用対象者

相続又は贈与により対象資産が国外転出となる場合について記載します。

イ　国外転出（相続）時課税

その相続又は遺贈により非居住者である相続人等が次の①と②の条件に該当する居住者である被相続人から対象資産を取得した時は、その被相続人の対象資産にかかる含み益は国外転出（相続）時課税の対象となります。

①　相続開始の時に所有等している対象資産の価額等の合計額が1億円以上であること。

②　原則として相続開始の日前 10 年以内において、国内在住期間が 5 年超で
　　あること。

　この国内在住期間は、外国人が「在留資格」(「5. 納税義務者」を参照くださ
い)により日本に滞在している期間は除かれます。スタート時の経過措置とし
て、2015 年(平成 27 年)6 月 30 日以前に外国人が、「在留資格」以外の資格
で日本に滞在し住所をもっていた期間については、上記の滞在期間に含まれな
いこととされていました(平 27 改正所令附則 8 ②)。このため、2015 年(平成
27 年)6 月 30 日から引き続き「在留資格」以外の資格で日本に滞在していた
外国人は、2020 年(令和 2 年)7 月 1 日以降、国外転出時課税の対象となる可
能性があります。

ロ　国外転出(贈与)時課税

居住者で、次の①及び②の条件いずれにも該当する個人が、国外に居住する親
族等(非居住者)に対象資産を贈与した場合にはその贈与者のその対象資産にか
かる含み益が国外転出(贈与)時課税の対象となります。

①　贈与の時に所有等している対象資産の価額の合計額が 1 億円以上であるこ
　　と。

②　原則として贈与の日前 10 年以内において、国内在住期間が 5 年超である
　　こと。

3）対象資産

　国外転出時課税の対象資産には、有価証券(株式や投資信託など。非上場株式
を含む)、匿名組合契約の出資の持分、未決済の信用取引・発行日取引及び未決
済のデリバティブ取引(先物取引、オプション取引など)が該当します(所法 60
の 2 ①～③)。この対象資産は含み益があるものだけではなく、含み損があるも
のも含まれます。

　なお、対象資産の有価証券の範囲から次に掲げる有価証券で国内源泉所得を生
ずべきものを除きます。

① 特定譲渡制限付株式等で譲渡についての制限が解除されていないもの
② 株式を無償又は有利な価額により取得することができる一定の権利で、その権利を行使したならば経済的な利益として課税されるものを表示する有価証券

4）対象資産の価額判定時期

対象資産の価額の合計額が1億円以上になるかどうかについては、国外転出の時に国外に転出をする個人が所有等している対象資産の金額を基に判定します（所法60の2⑤）。

5）納税猶予制度

国外転出時課税制度の適用を受けた場合は、以下の全ての要件を満たした場合に限り、5年（申請により10年）の納税猶予が認められます。

① 国外転出の日の属する年分の確定申告書に納税猶予を受けようとする旨の記載があり、納税猶予分の所得税額の計算に関する明細等の添付があること
② その年分の所得税の確定申告期限までに納税猶予分の所得税額に相当する担保を提供すること
③ 国外転出時までに納税管理人の届出をすること

納税猶予の適用を受けた場合には、所得税の他に納税猶予期間に対応する利子税が課されます。

6）納税猶予を採用した場合における相続への影響

納税猶予期間の満了日の翌日以後4か月を経過する日までに納税猶予の特例の適用を受けていた方が亡くなられた場合には、納税猶予分の所得税額の納付義務は、納税猶予の特例の適用を受けていた方の相続人が承継することとなります（所法137の2⑬）。

納税猶予の特例の適用を受けていた個人の相続人のうち非居住者である個人

は、相続開始があったことを知った日の翌日から 4 か月以内に納税管理人の届出をする必要があります（既に納税管理人の届出をしている場合を除きます）（所令 266 の 2 ⑧）。

　なお、納税猶予の期限については、亡くなった方の納税猶予の期限を引き継ぐこととなります（所令 266 の 2 ⑦）。

7）国外転出時課税における転出とは

　国外転出とは、国内に住所及び居所を有しないこととなることをいいます。

　住所はその人の生活の中心がどこかで判定されます。

　居所はその人の生活の本拠ではないが、その人が現実に居住している場所とされています。

　このことから、国内が生活の本拠ではなくなる転出（長期間の留学や企業内転勤等）を行う場合は国外転出時課税の対象となります。

　また、生活の本拠かどうかは客観的事実によって判定することになりますので、たとえば住民票を置いたまま出国した場合であっても、状況判断により国外転出と認定される可能性があります。

8）外国で国外転出時課税を受けた財産に係る譲渡所得等の特例

　日本の居住者が過去に外国で国外転出時課税に相当する課税を受けた資産については、その課税の対象となった資産について収入とされた金額を、譲渡所得の計算における取得費とする特例が所得税法に設けられています（所法 60 の 4）。この規定は、日本の国外転出時課税が有価証券等のみを対象としているため不動産等の資産について外国で転出時課税を受けた場合には、二重課税となっていましたが、2018 年（平成 30 年）に署名された日本 - スペインの新租税条約では、一方の国において財産の価値の上昇に対して課税された場合に、他方の国における譲渡所得の計算上その課税された後の金額を取得価格とすることが条約に盛り込まれ（日本スペイン新租税条約 13 ⑦）、2019（令和元）年度改正により租税条約

実施特例法においてもその手当がされました（実特法5の2①）。

17.　相続税の税率等

　相続税の税率／基礎控除額等は、2015年（平成27年）1月1日以降に開始された相続より次のとおりです。

相続税税率等

項目	内　　　　容		
遺産に係る基礎控除額	3,000万円＋（600万円×法定相続人の数）		
相続税の税率構造	各法定相続人の取得金額	税率	控除額
	～　　1,000万円以下	10%	―
	1,000万円超～　　3,000万円以下	15%	50万円
	3,000万円超～　　5,000万円以下	20%	200万円
	5,000万円超～　　1億円以下	30%	700万円
	1億円超～　　2億円以下	40%	1,700万円
	2億円超～　　3億円以下	45%	2,700万円
	3億円超～　　6億円以下	50%	4,200万円
	6億円超～	55%	7,200万円
未成年者控除（※1）	20歳までの1年につき10万円		
障害者控除	85歳までの1年につき10万円（特別障害者20万円）		
小規模宅地等の特例	特定居住用宅地等の限度面積：上限330㎡ 居住用と事業用の宅地等を選択する場合の適用面積： 特定居住用宅地等 330㎡ 特定事業用等宅地等 400㎡ ↓ 合計 730㎡まで適用可能		

※1　2022（令和4）年4月1日以後に相続又は遺贈により取得する財産に係る相続税については、控除対象となる相続人の年齢が20歳未満から18歳未満に引き下げられる。
※2　2020(令和2)年4月1日以後、配偶者居住権については、次のとおりとされる。
　　①　配偶者居住権等の評価が法定された。
　　　イ　配偶者居住権
　　　　建物の時価－建物の時価×（残存耐用年数－存続年数）／残存耐用年数×存続年数
　　　　に応じた民法の法定利率による複利現価率
　　　ロ　配偶者居住権が設定された建物（以下「居住建物」という）の所有権
　　　　建物の時価－配偶者居住権の価額
　　　ハ　配偶者居住権に基づく居住建物の敷地の利用に関する権利
　　　　土地等の時価－土地等の時価×存続年数に応じた民法の法定利率による複利現価率
　　　ニ　居住建物の敷地の所有権等
　　　　土地等の時価－敷地の利用に関する権利の価額

　（注 1）上記の「建物の時価」及び「土地等の時価」は、それぞれ配偶者居住権が設定されていない場合の建物の時価又は土地等の時価とする。
　（注 2）上記の「残存耐用年数」とは、居住建物の所得税法に基づいて定められている耐用年数（住宅用）に 1.5 を乗じて計算した年数から居住建物の築後経過年数を控除した年数をいう。
　（注 3）上記の「存続年数」とは、次に掲げる場合の区分に応じそれぞれ次に定める年数をいう。
　　　ⅰ　配偶者居住権の存続期間が配偶者の終身の間である場合：配偶者の平均余命年数
　　　ⅱ　ⅰ以外の場合：遺産分割協議等により定められた配偶者居住権の存続期間の年数（配偶者の平均余命年数を上限とする）
　（注 4）残存耐用年数又は残存耐用年数から存続年数を控除した年数が零以下となる場合には、上記イの「（残存耐用年数－存続年数）／残存耐用年数」は、零とする。
　②　物納劣後財産の範囲に配偶者居住権が設定された居住建物及びその敷地が加えられた。

18.　ケーススタディ

　具体的に「国外に相続財産がある相続事案」と「国外居住者が相続人に含まれている相続事案」について設例を設け、相続税の計算上の国際相続事案におけるポイントを確認します。

1)　国外に相続財産がある山田家の場合

【設例】

　山田鉄男は、3 年前に、日本から A 国に配偶者の千鶴とともに引っ越し悠々自適の生活を送っていました。しかし、鉄男は不幸にも事故で、突然他界しました。相続財産その他の状況は図 14 のとおりです。便宜上 A 国通貨建て資産もすべて日本円に換算済としました。

　以下、第一ステップから第二ステップの一連の相続税の計算の流れに従い、説明します。

【第一ステップ】

①　納税義務者の確認

　設例の前提より、法定相続人は、配偶者の千鶴、長男太郎、次男次郎です。被相続人（山田鉄男）と相続人である配偶者は A 国に住所があり、相続人である長男太郎は日本に、次男次郎は B 国に住所があることは確認済であるとします。

長男太郎は、相続時精算課税制度の適用を受けているので、特定納税義務者に当たりますが、死亡退職手当金を受領しているので、居住無制限納税義務者にも該当します。配偶者千鶴と次男次郎は、被相続人山田鉄男が、10年前は日本に住所があったため、非居住無制限納税義務者になります。

② 遺産分割状況

設例により、遺産分割は、図14のとおり行われています。

【第二ステップ】

③ 財産評価

山田鉄男の相続財産のうち国外財産は、① A 国の自宅、② A 国証券会社に預

図 14

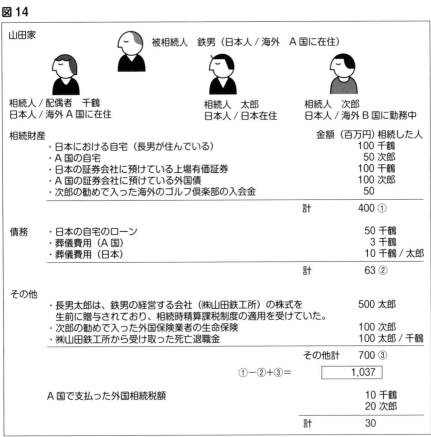

けている外国債、③外国生命保険業者の生命保険が該当します。海外のゴルフ倶楽部の入会金は、「入会した会員限りで、相続できないもの」として対象外としました。

外国債の評価は、財産評価基本通達に従い評価可能です。金融商品取引所に上場されているものであれば、相続開始の日の平均値と終値のいずれか低い金額に経過利息を調整して評価額とします。為替換算レートは、Ａ国の証券会社に預けているので、その証券会社が公表している換算レートを用います。公表レートがない場合は、取得者次男次郎の取引銀行の公表レートを使います。

Ａ国の自宅は、購入間もないものであれば、購入価格を基にして時点修正した額を評価額とすることが可能です。Ａ国でも相続税が課税される場合には、Ａ国相続税における課税価格を評価額とすることも検討の上、いずれか合理的であるものを相続財産の価額とします。

④　小規模宅地の評価減

特定居住用宅地には、被相続人鉄男が相続開始時に居住していたＡ国自宅が該当します。仮に、日本における自宅も、被相続人・配偶者にとって「自宅」という認識があったとしても、住所地の判定の段階で、被相続人と配偶者の住所がＡ国であるとしていますので、「生活の本拠」はＡ国自宅になります。「その宅地等が２以上ある場合には、主としてその居住の用に供していた一の宅地等に限る」という規定があることから、日本における自宅は対象外となります。

現行の特例では、被相続人の配偶者が取得した居住用宅地については、取得者ごとの要件もなく適用対象となります。しかし、Ａ国自宅に係る宅地を配偶者千鶴が取得した場合には、小規模宅地の評価減の適用が可能ですが、設例では次男次郎が相続していますので、適用できません。

⑤　みなし相続財産と非課税金額

山田家の生命保険金は、海外で契約したものですので、国外財産になります。国外財産であっても非課税限度額計算の対象となります。

生命保険金に関する非課税限度額と退職手当金に関する非課税限度額は、いず

れも、500万円×法定相続人の数ですので、それぞれ500万円×3 = 1,500万円が非課税金額になります。

⑥　相続税の計算

設例による相続税の計算は下記のとおりです。配偶者控除は、非居住無制限納税義務者であっても適用できます。

外国税額控除は、外国税額控除適用前の各相続人の相続税額を限度としますので、配偶者千鶴がA国で納付した相続税が控除（還付）されません。

2015年（平成27年）以降の相続税の納税額の計算　　　　（単位：百万円）

項目	山田家			
	千鶴	太郎	次郎	計
土地・建物				
日本自宅	100			100
A国自宅			50	50
小規模宅地減	-		-	
上場有価証券	100			100
外国債			100	100
生命保険金			100	100
非課税			-15	-15
退職手当金	50	50		100
非課税	-7	-8		-15
精算課税制度選択生前贈与		500		500
小計	243	543	235	1,020
債務及び葬式費用	-58	-5		-63
純資産額／課税価格の合計額	185	538	235	957
基礎控除				48
課税遺産総額財産計				909
相続税の総額				336
各相続人等の相続税額	65	189	82	336
2割加算				
配偶者控除	-65			-65
未成年者控除				
外国税額控除	-		-20	-20
各相続人等の控除後の金額		189	62	251
精算課税選択にかかる贈与税		95		95
各相続人等の納付すべき税額		94	62	156

2015年（平成27年）1月1日以降相続開始時に適用される相続税の税率による。

2)　国外居住者が相続人に含まれているスミス家の場合

【設例】

　米国人ジョン・スミスは、長年米国のドラゴン Inc（未上場会社）の日本子会社社長として米国親会社より出向していましたが、今年、本社勤務となったため帰国しました。不幸にも、帰国後事故により亡くなってしまいました。

　ジョン・スミスの配偶者は日本国籍である花子です。花子との子、次男ロキは3歳です。ロキは日本と米国の両方の国籍を持っています。ジョンの長男トール10歳は、離婚した妻カリンとの間の子で、長男トールは、カリンと生活をしています。トールもカリンも米国籍とします。

　相続開始時、被相続人ジョン・スミス、配偶者花子、長男トール、次男ロキ、その扶養者カリンすべて米国に住所がありました。

　相続財産その他の状況は図10のとおりです。米国での遺産税を花子10（白力円　外税控除前）／ロキ　30（同）／トール　30（同）　カリン30（同）が負担しました。便宜上米国通貨建て資産もすべて日本円に換算済としました。

　以下、山田家と同様に検討します。

【第一ステップ】

①　納税義務者の確認

　被相続人ジョン・スミスは、米国人であり相続開始時には米国に住所がありましたので、相続手続は米国法によります。相続開始前10年内に日本に居住していましたが、外国籍ですので、非居住被相続人に該当します。

　相続人・受遺者は、設例のとおり、配偶者花子、次男ロキ、長男トール、前妻カリンです。花子・ロキは、日本国籍を有し、相続開始前10年以内に日本に住所があったため、被相続人が「非居住被相続人」であっても非居住無制限納税義務者に該当し、前妻カリンは制限納税義務者に該当します。トールは、日本にある財産を相続していませんので、いずれの納税義務者にも該当しません。

　二重国籍の次男ロキは、納税義務者の判定に際しては日本人として取り扱われます（相基通1の3・1の4共-7）。

図15

スミスファミリー　被相続人　ジョン
米国人／米国法人　㈱ドラゴンIncの日本子会社㈱Japanドラゴンの
社長として日本勤務後、米国帰国。その後相続発生。

相続人／花子　　　相続人／次男　ロキ3歳　相続人／長男トール10歳　受遺者／カリン（前妻）
日本人／米国在住　日本・米国人／米国在住　米国人／米国在住　　　米国人／米国在住

相続財産　　　　　　　　　　　　　　　　　　　　　　金額　（百万円）相続した人
・米国における自宅　　　　　　　　　　　　　　　　　　　200　花子
・米国の証券会社に預けている上場有価証券その他　　　　　200　花子／ロキ
・自宅家財　　　　　　　　　　　　　　　　　　　　　　　10　花子
・日本の金融機関に預けている預金　　　　　　　　　　　　50　花子
・日本の別荘（スキー用）　　　　　　　　　　　　　　　　50　カリン（遺贈）
　　　　　　　　　　　　　　　　　　　　　　計　　　　510

債務　・米国の自宅のローン　　　　　　　　　　　　　　　　　100　花子
　　　・葬儀費用（米国）　　　　　　　　　　　　　　　　　　10　カリン／花子
　　　・日本の別荘の固定資産税　　　　　　　　　　　　　　　3　カリン

その他　・ジョンは、トール／カリンの生活費に当てるため、二人を受益者
　　　　とするトラストを設定していた。元本1億円。トラスト設定期
　　　　間は、トールの成人までとし、その満了期間前にジョンに相続が　100　トール／カリン
　　　　あった場合には、トラストの権利はトールとカリンに承継するも
　　　　のとされていた。

　　　　・ロキを取受人とする外国保険業者の生命保険　　　　　　　100　ロキ
　　　　・ドラゴンインクからジョンに付与されていたドラゴンInc
　　　　　株式のストックオプションは、花子が承継した　　　　　　　?　花子
　　　　・㈱Japanドラゴンから受け取った退職金　　　　　　　　　3　花子

　　　　米国で負担する遺産税（外税控除前）　　　　　　　　　　　100
　　　　　　内訳　花子10　ロキ30　トール30　カレン30
　　　　　　　　　　　　　　　　　　　　　　　　計　　　　100

② 遺産分割状況

　設例により、遺産分割は、図15のとおり行われています。

③ 相続財産の確認

　スミス家の長男トール・その扶養義務者カリンの生活費用として被相続人ジョ
ンが設定したトラストは、設例では、被扶養者長男トールの成人に達するときに
トラスト期間が終了し、その時に残った財産は、委託者に戻るとしました。日本
の贈与税・相続税では、信託の委託者と受益者が同一人であれば、委託時にも満

了時にも課税は生じません。しかし、設例のように、トラスト期間満了前に委託者が死亡により受益者の変更が生じた場合には、遺言代用信託と同様、受益者変更の効力が生じたときに受益権に係る財産の遺贈があったものとして取り扱われます。

　また、信託に関する権利を有する者は、直接その信託財産に帰属する財産・債務を取得したものとされます（相法9の2⑥）。設例では、トラスト財産は預金1億円ですので、米国の金融機関に預け入れられた預金にあたり、国外財産に該当します。

　仮に、このトラストの信託財産が、日本国内の財産であれば、国内財産の遺贈による取得として相続税の課税価額に含める必要があります。長男トールも制限納税義務者（非居住）となり、申告納税義務が生じます。

【第二ステップ】

④　財産評価

　スミス家の国外財産は、米国における自宅、家財、米国の証券会社に預けている上場有価証券等、トール・カリンの扶養のための信託受益権、外国生命保険業者の生命保険、ドラゴンInc のストックオプションが該当します。このうち、信託受益権は、上記③で検討のとおり、国外財産であり、制限納税義務者であるカリンが取得しているため、日本の相続税の課税財産には該当しませんので、相続税評価の必要はありません。

　スミス家の自宅は、米国の遺産税申告の際に現地の鑑定士が鑑定評価した金額を日本での相続税の評価額とすることが可能です。

　国外財産である上場株式については、米国遺産税上、上場株式の評価は、評価日の直前の中値をとるようですが、財産評価基本通達では、評価日（相続開始日）の前日の終値又は前3月間の月間平均終値のいずれか安いものを時価とします。相続税の申告には、財産評価基本通達により評価した額を課税財産の価額としますので、日米の相続税の計算で異なる評価額を用いるケースになります。

　ドラゴンInc のストックオプションの権利については、日本の会社法の規定に

よるストックオプションであれば、上場株式又は気配相場のある株式に係る権利のみを株式に関する権利の価額として評価します[21]。

ドラゴン Inc から付与されたストックオプションの権利がこの規定を準用できるかどうかは、別途ストックオプション契約を確認する必要があります（相続税の計算シート上では、ストックオプションに関する権利は、時価評価 500 万円という評価資料が会社より提供されたものと仮定しました）。

⑤　小規模宅地の評価減

配偶者花子が取得した米国にある自宅についても、小規模宅地の評価減の特例の対象となります。相続税の計算シート上では、仮に評価減の金額を 100 百万円としました。

⑥　みなし相続財産と非課税金額

生命保険金は、国外財産であっても、非課税金額限度額計算の対象となります。

生命保険金に関する非課税限度額と退職手当金に関する非課税限度額は、いずれも、500 万円×法定相続人の数です。この法定相続人は、民法上の法定相続人をいうものとされており、相続財産を取得しないものも含まれますので、納税義務者ではない長男トールも数に算入します。したがって、それぞれ 500 万円× 3 ＝ 1,500 万円が非課税金額の限度額になります。

⑦　債務控除・葬式費用

日本に住所がないのですが、非居住無制限納税義務者の配偶者花子は、承継する債務と負担する葬式費用を、課税財産の価格から控除できます。

制限納税義務者（非居住）であるカリンは、債務・葬式費用の控除はできませんが、遺贈により取得した不動産に係る未払固定資産税は例外的に債務控除が認められています。

⑧　相続税の計算

設例による相続税の計算は下記のとおりです。配偶者控除は、非居住無制限納

21　財基通 168（8）。会社法ストックオプション規定によらず発行された新株予約権は有価証券として評価。

税義務者であっても適用されます。また、二割加算は、制限納税義務者（非居住・居住）にも適用されます。

　未成年者控除は、長男トール、次男ロキいずれも未成年者であることから控除金額 10 万円に成年に達するまでの年数を乗じて計算した金額を控除します。長男トールの控除可能額は、扶養者カリンから控除します。

　⑨　**外国税額控除**

　米国遺産税を日本の相続税から控除するに当たって、制限納税義務者（非居住）のカリンについては、「日米の一方の国が、その国に相続財産があることだけで、相続税を課税される場合」（日米相続税条約 5（1））に該当しますので、日本の相続税を米国の遺産税から控除します。日本の相続税の計算における、外国税額控除の適用はありません。

　配偶者花子、次男ロキは、「国籍が日本人であること」から日本で非居住無制限納税義務者として課税されますので、日本の相続税と米国遺産税のいずれか少ない方の金額を両国の外国税額控除の合計額として、それを按分計算します。按分計算の基となる外国税額控除前の税額は、国内法によるすべての規定を適用した後の金額とされています。配偶者花子は、日本の相続税ゼロですので、按分対象金額もゼロとなります。

　次男ロキの外国税額控除の金額は、次のとおりです。

【日米相続税条約に基づく外国税額控除の計算】
　①日本の相続税　　　40.3　（未成年者控除後）
　②米国の遺産税　　　30
　③外国税額控除　①と②のいずれか少ない方　→　30
　④日米両国で控除できる外税控除の合計　30
　⑤日本への外税控除の配分金額

$$\underset{17.2}{\substack{日本配分外税控除}} = \frac{両国の外税控除合計④}{30} \times \frac{\substack{控除前日本相続税①\\40.3}}{\substack{控除前相続税の合計\\①＋②40.3＋30}}$$

　⑥日本の外国税額控除後の金額　40.3 － 17.2 ＝ 23.1

2015年（平成27年）以降の相続税の納税額の計算　　　　　　（単位：百万円）

項目	スミス家				
	花子	ロキ	トール	カリン	計
土地・建物					
米国自宅	200				200
日本別荘				50	50
小規模宅地減	-100		-		-100
上場有価証券	100	100			200
ストックオプション（仮）	5				5
預金	50				50
家財	10				10
トラストにかかる受益権			(50)	(50)	(100)
生命保険金		100			100
非課税		-15			-15
退職手当金	3				3
非課税	-3				-3
（上段は日本では課税対象外）			(50)	(50)	(100)
小計	265	185		50	500
債務及び葬式費用	-105			-3	-108
純資産額 / 課税価格の合計額	160	185		47	392
基礎控除					48
課税遺産総額					344
相続税の総額					89
各相続人等の相続税額	36	42		11	89
2割加算				2	2
配偶者控除	-36				-36
未成年者控除		-2			-2
外国税額控除	-	-17			-17
各相続人等の控除後の金額		23		13	36
精算課税選択にかかる贈与税					
各相続人等の納付すべき税額		23		13	36

2015年（平成27年）1月1日以降相続開始した場合の相続税の税率による。

19.　各国相続法・相続税法の概要

　参考として日本に居住する外国人又は海外に長期滞在している日本人の数が比較的多い韓国・アメリカと、シンガポール・香港の相続法と相続税法の概要をまとめました。

1)　韓　　国

	項目	取扱い	備考
相続法	相続に関する基本概念	通常、外国人が遺言を残してあるいは残さないで韓国で死亡した場合、韓国の法律上はその外国人が国籍を有する国における相続法が適用される。韓国籍を有する外国人が遺言を残さないで死亡した場合には、韓国の相続法が適用される。財産の相続は死亡時に自動的に開始し、財産を取得した者はその時からその財産に関する全ての権利及び義務を承継する。	遺言書の存在が各相続人の相続財産の割当を決める。韓国は日本の相続税と違い遺産税が適用される。そのため、遺言の存在は相続税の価額に影響を及ぼさない。
	相続人の範囲	次の順序で財産を承継する。 配偶者と直系卑属（子、孫） 配偶者と直系尊属（両親、祖父母） 配偶者 兄弟姉妹 その他の親族	仮に同順位に2人以上の相続人がいる場合、より親等の近い相続人が優先される。同親等の相続人が2人以上いる場合には、共通相続人となる。相続順位に関しては、胎児は生まれているものとみなされる。 死亡した者に配偶者、子、両親がいた場合には、分割財産を配偶者と子が共同で相続する。仮に死亡した者に両親と配偶者（子はいないものとする。）がいた場合には、両親と配偶者が共同相続人となる。もし直系尊属や直系卑属がいない場合には、配偶者のみが相続人となる。
	法定相続分	配偶者：法定相続分のうち1.5 子：法定相続分のうち1.0 両親：法定相続分のうち1.0 兄弟姉妹：法定相続分のうち1.0	たとえば、 (1)　配偶者と子が1人いる場合 - 法定相続分の総額（2.5）のうち配偶者1.5、子1.0 (2)　配偶者と子が2人いる場合 - 法定相続分の総額（3.5）のうち配偶者1.5、子がそれぞれ1.0ずつ

	項目	取扱い	備考
相続法	生前贈与	生前贈与は贈与財産のその後の価値の増加による余分な贈与税を減らす方法である。不動産の場合、公正な市場価格を決定することが困難なとき、National Tax Serviceが公示する標準価格を基礎にして決定される。この価格は通常、実際の公正な市場価格の80%未満である。そのため、資産の価額の100%を課税標準とする金融資産に代えて不動産の価額に係る税金のみを納付する。	不動産の公正な市場価格をNational Tax Service (NTS) に通知している場合には、政府の公示した標準価格に代えて公正な市場価格により課税される。
相続税法	納税者	相続税は相続又は遺贈により財産を取得した個人又は法人（非営利型会社に限る。）が支払う。	申告書は相続又は遺贈の日の属する月の末日から6月以内に提出しなければならない。贈与の場合、贈与の発生した月の最後の日から3月以内が提出期限となる。
	課税財産	1）相続開始時から次のものは課税相続財産とみなされる。 　a）遺言により取得した財産 　b）遺言により寄付された財産 　c）相続開始前10年以内に相続人に贈与された財産 　d）相続開始前5年以内に相続人以外の法人に贈与された財産 2）相続税は次のものが対象となる。 　a）居住者により遺贈された全ての財産 　b）非居住者により遺贈された韓国に所在する全ての財産	
	各種控除	葬式費用と債務は相続人の負担に属すると認められれば相続財産から控除することができ、課税されない。他に扶養家族、未成年者、老齢者や障害者に控除が適用される。	

	項目	取扱い	備考
相続税法	税率	10%〜50%	6月以内に申告書を提出した場合には、2018年1月1日から2018年12月31日まで5%の税金控除及び2019年1月1日以降の3%の税額控除を受けることができる。

協力：BDO E-Hyun Accounting Corporation（BDO 韓国）

2)　ア　メ　リ　カ

	項目	取扱い	備考
相続法	相続に関する基本概念	アメリカには50の州があり、それぞれの州には、被相続人の遺書がない場合、その被相続人の財産をどのように分配するかに関する独自の法律がある。一般的にアメリカでは、被相続人はどんな受益者にでも自由に自分の財産を残すことができる。幾つかの州では、遺産の一部を配偶者に残す必要がある。子供は、被相続人が自らの遺書で明示的に述べていると、一般的に相続権が奪われる。	
	相続人の範囲	①　　配偶者 ②　　子供 ③　　親 ④　　孫 ⑤　　その他親族	
	法定相続分	上記で述べたように、アメリカには50の州があり、相続法によると、それぞれの州には、被相続人の遺書がない場合、その被相続人の死後、財産をどのように分配するかに関する独自の法律がある。遺書がない場合、どのように財産分与するかを判断するためには、適用される州法をみる必要がある。ある州の居住者の被相続人が死亡した場合、通常は居住州以外にある不動産又は有形資産を除いた被相続人の財産に、その州の無遺言相続法が適用される。同様に、被相続人が50州のいずれの州の居住者でなく、不動産・有形資産を有して死亡した場合、分配を決める遺書がなければ、当該物件の処分については不動産又は有形資産のある州の法律が適用される。	
	生前贈与	贈与は一般に、納税者の生涯にわたって認められる。アメリカには連邦贈与税がある。納税者がアメリカ市民あるいはアメリカ居住者の場合、連	アメリカ市民である配偶者への贈与について、贈与税は無制限に控除され完全に免除される。それ以外の市民である配偶者への贈与の場合、年間

	項目	取扱い	備考
相続法		邦贈与税が全世界的贈与に適用される。受贈人 1 人当たり年間、財産の現在の所有権が $15,000 相当の贈与が免除される。この金額はインフレ調整の対象となる。年間免除額に加えて生涯免除額は $11,180,000[1] となる。この免除額はインフレ調整の対象となり、現在の法律に基づきこの免除額は 2026 年には現在の額の約半分に減少する可能性がある。贈与者に課される贈与税の税率は 40%[2] である。 納税者がアメリカ市民でなく、アメリカ居住者でもない場合、アメリカにある有形の個人財産の贈与のみがアメリカの贈与税の対象となる。年間 $15,000 の控除が可能となるが、非アメリカ市民又はアメリカ非居住者には、課税対象贈与の生涯免除はない。	除外額は $15,000 から $152,000[3] に増加する。この金額はインフレ調整される。
相続税法	納税者	アメリカには相続税はないが、遺産税がある。遺産税がかかれば、被相続人の遺産財団の責任で払う。 アメリカ市民及びアメリカ居住者の、遺産税の免除額は、生涯にわたって課税対象となる贈与によって $11,180,000 が減額される。この金額はインフレ調整されている。現行の法律（2019 年 4 月現在）では、この金額は 2026 年までに約半分減額されるであろう。 アメリカ市民でなく、アメリカ非居住者の免除額は $60,000[4] である。日米相続税条約によればその免除額が増えるかもしれない。最高遺産税率は 40％である。連邦	

1　"2018 Instructions for form 709" https://www.irs.gov/pub/irs-pdf/i709.pdf
2　"2018 Instructions for form 709" https://www.irs.gov/pub/irs-pdf/i709.pdf
3　"2018 Instructions for form 709" https://www.irs.gov/pub/irs-pdf/i709.pdf
4　IRC Subsection2056(d), "2018 Instruction for form 706" https://www.irs.gov/pub/irs-pdf/i706na.pdf

	項目	取扱い	備考
相続税法		遺産税に加えて、州は相続税又は遺産税として故人の死亡に課税することができる。すべての州が死亡時に州税を課す訳ではないので、死亡税が適用されるかどうかを該当する州に確認する必要がある。	
	課税財産	被相続人が死亡した時点でアメリカ市民又は居住者である場合、遺産に含まれる財産は、故人の全世界財産である。 被相続人がアメリカ市民でも居住者でもなかった場合は、一般にアメリカ国内にある財産のみが総遺産に含まれる。アメリカ国内にある財産の主なものは、米国の不動産とアメリカ企業の株式である。	アメリカの不動産あるいはアメリカの株式などのアメリカにある資産を保有する非居住外国人は、基礎控除がわずか$60,000であるため、米国のエステートプランニングをする必要がある。
	各種控除	①　財産から支払われた葬儀費用 ②　被相続人の債務 ③　配偶者控除 ④　寄付金控除 ⑤　相続州税控除	財産を配偶者に残すための配偶者控除は、配偶者がアメリカ市民である場合にのみ利用可能である。配偶者がアメリカ市民でない場合、被相続人又はアメリカ市民でない配偶者は、遺産に配偶者控除が適用される信託を設立できるかもしれない。 被相続人がアメリカ市民ではなく、アメリカ非居住者の場合は、被相続人の債務及び管理費用は控除可能であるが、全世界資産の価値に対するアメリカの資産価値の割合に基づく。
	税率	40%	

出所：IRS 遺産税・贈与税 IRC Subtitle B "Estate and Gift Taxes"（Subsection 2001-2801）https://uscode.house.gov/view.xhtml?path=/prelim@title26/subtitleB&edition=prelim

3) シンガポール

	項目	取扱い
相続法	相続に関する基本概念	1) 相続対象財産がシンガポール国内の動産である場合：相続開始時点での被相続人の居住地国の法律が適用される。 2) 相続対象財産がシンガポール国内の不動産である場合：相続開始時点の被相続人の居住地国にかかわらず、シンガポールの相続法が適用される。
	相続人の範囲	遺言執行人又は遺言管理人が被相続人の死亡後6ヶ月以内に遺言の執行又は管理を行う権限の付与の申立てを行うこと。
	法定相続分	遺言がない場合における個人の財産の相続について下記のように定められている。 ケース1：配偶者○、子供×、親× 配偶者が全て相続 ケース2：配偶者○、子供○ 配偶者が1/2、子が残りを均等配分 ケース3：配偶者○、子供×、親○ 配偶者が1/2、親が1/2 ケース4：配偶者×、子供×、親○ 親が全て相続。（親が2人の場合は半分ずつ） ケース5：配偶者×、子供×、親×、兄弟姉妹○ 兄弟姉妹で均等に相続。兄弟姉妹が子供を残して亡くなっている場合は、その子供が親の分を相続
	相続手続	遺言がある場合には、Probateと呼ばれる遺言執行状、遺言がない場合にはLetters of Administrationと呼ばれるレターの発行を裁判所に申し立てる。遺産金額により、下級裁判所若しくは高等裁判所に申し立てる。裁判所より要求される必要書類は、ケースバイケースだが、一般に、遺言・死亡証明書・結婚証明書・出生証明書・財産一覧・財産評価鑑定書・宣誓供述書等が挙げられる。
	生前贈与	シンガポールには贈与税に相当する税目はありません。
相続税法	シンガポールには相続税に相当する税目はありません。	

BDO Singapore

4）香　　港

	項目	取扱い	備考
相続法	相続に関する基本概念	香港の市民に相続が発生したら、その人に帰属する財産はどうなるのか？ 遺言あり⇒そのまま弁護士事務所に直行。弁護士は香港基本法第30章（Chapter30 Will Ordinance）に基づいて全ての資産名義書換を行う。 遺言なし⇒香港基本法第73章や第79章（Chapter73 Intestates estate ordinance & Chapter79 Surviving spouse and children pension ordinance）及び関連条項に基づき弁護士が資産分配手続を行う。	香港の市民以外の個人（例：日本人）が持っている香港にある資産の所有権は、どうなるか？ 遺族は日本で発行される死亡証明書を取得し、香港の弁護士事務所に依頼。 弁護士は粛々と故人の資産の名義変更を行い終了（配分等は日本の法律に沿って行う）
	相続人の範囲	遺言がない場合にはIntestacy rules が適用される。	
	法定相続分	Intestacy rules は被相続人の残した親族によって適用が変わる。 原則として以下のようになる。 a）　配偶者がいる場合 ・被相続人の子・両親・兄弟姉妹がいない場合には、全ての財産（負債と費用を相殺後）が配偶者に渡る。 ・被相続人の子がいる場合、配偶者はHK$500,000相当分の財産及び残りの財産の半分相当額を取得できる。残りの財産のもう半分は子が18歳に達した時に子が取得する。 ・被相続人の子はいないが両親又は兄弟姉妹がいる場合、配偶者はHK$100万を取得し、両親又は兄弟姉妹が残りを均等に取得する。	左欄内容が Chapter73 に相当する。

	項目	取扱い	備考
相続法		b)　配偶者がいない場合、財産は他の親族に親等の近い順に均等に承継（子、両親、兄弟姉妹、叔父叔母といったように）。親族が全くいない場合には財産は香港政府の管理となる。	
	生前贈与	香港には贈与税に相当する税目はありません。	
相続税法	納税者	香港には相続税に相当する税目はありません。	
	課税財産		
	各種控除		
	税率		

協力：BDO Limited, Hong Kong（BDO 香港）

第2部　各　　論

　各論では、日本で問題になり得る国際相続事件の典型的な事例を取り上げ、それぞれの特徴や、実務上処理する上で留意すべきポイント、手続、考え方を解説していきます。

　各事例では、実際に弁護士又は税理士として相談を受けた場合を想定して、法務と税務を分けて、事例の処理の仕方をＱ＆Ａ形式で解説しました。各事例の解説では、中心となる論点については詳しく解説しています。一方で、国際裁判管轄、準拠法、相続人の確定、財産の特定方法、税務申告上の財産の評価方法等、国際相続事件を処理する上でよく触れる論点については重複する部分もあるので、詳細な説明は前の事例の解説に委ねることもありますが、ご了承ください。

　なお、ここで紹介する処理方法は、これまで我々が経験した事件及び知人の実務家が実際に扱った事件をベースに、一応の実務上の処理ができたとの検証を経たものですが、実務家の読者の皆様の中には、同様のケースで、異なる処理をした方、より効率的な処理をすることができたという方もいらっしゃるでしょう。そのような場合は、是非とも私共に情報を提供いただき、現時点では非常に少ない国際相続事件に関するリソースを実務家間で共有させていただければ、今後の国際相続事件の迅速な解決の促進に役立つものと考えます。

　さらに、本書は、日本法下の処理については、執筆時点である令和元年（2019年）9月30日（税務については平成31年（2019年）3月31日）の法令等に基づき、また外国での処理については、執筆以前の過去の事件処理を参考にしています。実際に具体的検討をされる場合は、その時点において、必ず日本だけではなく関連する外国法の法律・税務の専門家にご相談ください。

第 1 章 | 被相続人が外国の資産を有する日本人の場合

事例 I

外国にある遺産の相続の準拠法等（不動産・タイムシェア）

　日本に居住している日本人 A が無遺言で亡くなった。相続人は、妻 B、子 C 及び子 D である。相続人はいずれも日本人で日本に居住している。相続財産には、日本の財産のほか、A が家族を連れてアメリカ駐在中に購入したカリフォルニア州の不動産（日本円で約 3 億円相当——現在賃貸中）と、晩年購入して孫たちと毎年過ごしていたハワイのタイムシェア（購入時価格は、日本円で約 500 万円相当。現在価値は不明）が含まれている。相続財産に外国財産が含まれているということで、途方に暮れた子 C が相談者である。

〈図 1〉

1.　法務上のポイント

　被相続人が日本人の場合の準拠法は、日本法です。

　準拠法が日本法であっても、外国にある相続財産の相続手続（プロベートの可能性）は、財産所在地である外国法に従う必要がある場合があります。特に、外国の不動産（タイムシェア）を保有する場合、出口戦略に注意しましょう。

Ⅰ-1　父の相続財産には、外国の財産が含まれていることから、相続手続と言っても何から始めてよいのかわかりません。そもそも日本の民法が適用されるのでしょうか。

Ⅰ-1　国際相続における相続の問題については、「被相続人の本国法」が準拠法として適用されることになります（通則法36）。本件で、被相続人Aは日本人ですので、被相続人の本国法は、日本法です。したがって、本件の相続には、日本においては民法が適用されることになります。もっとも、実務上、本件では、相続財産に、カリフォルニア州・ハワイ州の不動産（タイムシェアは権利型もありますが不動産型である場合が多いです）が含まれるので、プロベートの手続が必要となる可能性に留意が必要です。早めに国際相続に精通した専門家に相談することをお勧めします。

▌解説

(1)　国際相続事件の処理——準拠法決定のプロセス

　国際相続事件を処理する上で、まず大切なのが、当該相続がどの国・地域の法律を適用して処理されるのかという問題です。準拠法を決める作業を、私は「準拠法決定のプロセス」と呼んでいますが、この準拠法決定のプロセスが、国際相続事件を処理する上での第一歩となります。

　本件の当事者（被相続人 A 並びに相続人 B、C 及び D）はすべて日本人ですが、一部の相続財産がアメリカのカリフォルニア州とハワイ州という日本国外にあり、国際相続事件といえます。国際相続事件においては、『法の適用に関する通則法』（以下、「通則法」といいます）に従い、まず当該相続関係に適用される法律を決定する必要があります。

　この点、通則法 36 条は、「相続は、被相続人の本国法による」と定めています。本件において、被相続人は日本人です。被相続人 A の本国法は日本法となり、本件における相続の準拠法は日本の民法となります。

　被相続人が日本人の場合、日本における準拠法決定のプロセスは簡単です。被相続人の本国法は日本ですので、日本の民法が準拠法となるからです。

　しかしながら、外国に相続財産があり、それが不動産である場合は、現地での相続手続が必要となる場合が高く、財産所在地が英米法系諸国に属する場合は、プロベートの手続にかかる可能性があるので、早めに国際相続に精通した専門家に相談することをお勧めします。

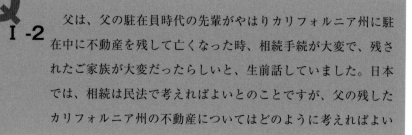

Q I-2　父は、父の駐在員時代の先輩がやはりカリフォルニア州に駐在中に不動産を残して亡くなった時、相続手続が大変で、残されたご家族が大変だったらしいと、生前話していました。日本では、相続は民法で考えればよいとのことですが、父の残したカリフォルニア州の不動産についてはどのように考えればよい

ですか。父は、カリフォルニア州の不動産はコミュニティプロ
パティだとも話していましたが、私も母もどういう意味かよく
理解できません。

A I -2 　カリフォルニア州の不動産については、プロベートの対象と
なる可能性が大きいので、現地の弁護士に早めに相談すること
をお勧めします。

　また、対象不動産がコミュニティプロパティ（夫婦共有財
産）かどうかは、やはり現地の弁護士の意見に従うことが不可
欠です。仮にコミュニティプロパティの場合であっても、プロ
ベートの手続が必要か否かは、生存者受取権が付与されている
か、別途受取人が指定されている方式かで決まります。ご自身
で決定することは危険です。必ず専門家の意見を聴いて判断し
てください。

■解説

(1) プロベート

　アメリカ、カナダ等の英米法系諸国に財産を保有する場合、その財産がプロ
ベートの対象財産となる可能性が高いことを認識し、そのための対策を講じるこ
とが重要です。なぜ、プロベートは、そんなに大変なのでしょうか。

① 時間がかかる

　まず、プロベートは想像以上に時間がかかります。アメリカの場合、正式なも
ので、半年から3年くらいかかる場合も少なくありません。しかしながら、被相

続人が日本人というアメリカのプロベート裁判所にとって外国の要素を含む国際相続事案の場合、経験からすると、財産が少ない場合に適用される簡易なものでも1年、正式なものでも3年があっという間に過ぎてしまうことも珍しくありません。特にカリフォルニア州のプロベートは時間とコストがかかることで悪評が高いです。プロベートに時間がかかった事例として有名なものは、マリリン・モンローです。1962年に死亡したマリリン・モンローのプロベートは、2001年にようやく完了しました。これは、マリリンの莫大な遺産に加えて、将来的にもかなりの収益を生む著作権の帰趨をめぐる紛争があり、法廷闘争が激化したことによりますが、プロベートに約40年の年月を費消したことになります。

② 費用が高額化

時間がかかるということは、法律費用が高額化するということでもあります。プロベートに関する業務を受任する弁護士の報酬が法定されている州もありますが、ほとんどの場合はタイムチャージ制で請求されることになるからです。

プロベートにかかる被相続人の外国資産は、被相続人や相続人が日本居住者の場合、日本の相続税の申告対象ともなるため、特に税務面で日本との調整が必要となります。したがって、専門家の報酬は、資産のある外国のみならず日本と双方でかかることになります。クロスボーダーの法律・税務問題を円滑・適切に処理することができる専門家を探すのが難しいことにも留意が必要です。

③ プライバシーの問題

プロベートは、一般的に公開され、プライバシーを確保することができません。これも日本の非公開の検認審判とは異なる点といえます。エルビス・プレスリー、マリリン・モンロー、最近ではマイケル・ジャクソンの遺言書がインターネット等で入手できるのも、そのためです。財産情報も公開されてしまう手続もあるため、悪用される可能性もあり、情報セキュリティリスクに留意する必要があります（アメリカでは、このような公開情報が利用されたことによる詐欺被害

が多発しているとのことです）。

④　財産の利用・処分の制限

　プロベートが厄介なのは、その間、相続人の相続財産の利用・処分が制限されることにもあります。日本の包括承継主義と異なり、遺産の所有権は、被相続人から相続人等に直接移転するわけではなく、遺産財団（estate）に帰属し、裁判所の管理下にあるためです。

　日本における相続税の原資となる資産が、プロベートの対象となっている資産しかない場合等は、同資産を日本に送金して相続税を納付する必要があります。この場合は、アメリカのプロベートを管轄する裁判所に財産処分の許可を得る必要があるため、そのための時間も視野に入れて準備を進める必要があります。

⑤　財産が複数の国・地域にまたがる場合、事態は一層複雑に

　不動産等を含む資産が英米法系諸国の複数の地域にまたがって存在する場合は、各地域でプロベートの手続が必要な可能性が高くなります。アメリカのプロベート管轄は、ドミサイルのある本拠地でメインのプロベートを行って、不動産等のある財産所在地で付随的なプロベート（ancillary probate）を行うことが一般的ですが、被相続人が日本居住者の場合、ドミサイルがアメリカ内にないことが通常で、手続が通常のアメリカ人のものと異なります。不動産を複数地域に保有する場合は、特に早い段階から、アメリカの国際相続事案に精通する弁護士に相談することをお勧めします。

　本件は、相続財産の所在地がアメリカのカリフォルニア州とハワイ州にまたがっています。したがって、カリフォルニア州・ハワイ州の弁護士に相談した上で、双方でプロベートを行う必要があるのか、それとも別の方法があるのか方針を決めていく必要があります。

⑵　多様な不動産の共有形態

　不動産の所有形態をみても、海外には日本とは異なるものが多くあります。特に顕著なのは、一つの物に特殊な所有権が複数成立する共有形態です。特にアメリカには、多くの共有形態がありますが、配偶者の権利保護が強いのが一つの特徴といえます。したがって、アメリカで不動産を購入する場合、夫婦共有で財産を保有することを勧められる場合も多く、駐在経験のある夫婦は夫婦共有名義で不動産や金融口座を保有していることも少なくありません。一方で、共有にあたっては、日本の課税上のリスクがあることに留意する必要があります。以下、アメリカの主な共有形態を列挙します。州によって、その内容も異なるので、詳細は現地の専門家に問い合わせることが必要です。

①　ジョイント・テナンシー（joint tenancy）

　共有者の一人が死亡した場合、その者の権利が生存共有者に自動的に移転する生存者受取権（right of survivorship）が付与されている共有形態です。プロベートが回避できることから、プロベート対策にも多く利用されています。ジョイント・テナンシーとなった財産には、遺言の効力も及びません。したがって、ジョイント・テナンシーの共有者以外の第三者に同財産を移転する場合は、まずはジョイント・テナンシーを解消する手続を行う必要があります。

②　夫婦合有制（tenancy by the entirety）

　アメリカの州によっては、夫婦間のみに認められている共有形態として夫婦合有制という不動産所有形態もあります。この夫婦合有制は、生存者受取権が付いている点でジョイント・テナンシーと同一です。したがって、配偶者が死亡しても、同財産は、プロベートの対象財産とはなりません。したがって、アメリカの夫婦の自宅については、ジョイント・テナンシーか、夫婦合有制の形態で保有されることも多いといえます。

　夫婦合有制の特徴は、ジョイント・テナンシーと異なり持分の自由な処分がで

きないことにあります。夫婦合有制を採用している州としては、ハワイ州、ニューヨーク州、フロリダ州、テネシー州等があります。

③　コミュニティ・プロパティ (community property)

コミュニティ・プロパティとは、夫婦の一方が婚姻期間中に取得した財産は、契約書で別途定めない限り、相続又は贈与等で個別に取得したものを除き、自動的に夫婦がそれぞれ 1/2 ずつ財産を所有するとみなす制度で、夫婦共有財産制ともいわれています。夫婦が婚姻財産を 1/2 ずつ所有しているので、一方の配偶者が、遺言書で処分できるのも、コミュニティ・プロパティについては、婚姻財産の 1/2 であることが原則です。コミュニティ・プロパティを採用している州は、カリフォルニア州、テキサス州、ワシントン州等がありますが、各州によって微妙な違いがあるので、詳細は現地の弁護士に確認することが必要です。

コミュニティ・プロパティとされる財産は、生存者受取権が付いていない限り、基本的にプロベートが必要です。

コミュニティ・プロパティを採用する州においては、配偶者が、婚姻財産の 1/2 の権利を保有するため、配偶者が強い権利を有することになります。結婚前に、夫婦の離婚時・死亡時の財産関係について別途契約で定める婚前契約 (prenup agreement、prenuptial agreement 等という) が多いことも、コミュニティ・プロパティが一因となっているように思います。

④　テナンシー・イン・コモン (tenancy in common)

テナンシー・イン・コモンは、日本の共有と最も似ている制度です。ジョイント・テナンシー、夫婦合有制と異なり、生存者受取権は付いていないので、共有者の一人が死亡した場合、持分は、共有者ではなく死亡した者の相続人に相続され、プロベートの対象となります。

なお、特に日本の居住者が、海外の不動産等を共有形態で保有する場合、日本の課税上の問題に配慮する必要があります。

Q I-3

　ハワイ州のタイムシェアは、1年間のうち1週間のみ特定の部屋を利用できるということでしたので、私たちは、日本にあるリゾート会員権のように理解していました。しかし、父の遺品を整理していたら、「Deed」という書類が出てきて、所有権（title）があるような記載もあります。また、ジョイント・テナンシーとして母の名前もtitle holderとして載っています。どのように整理したらよいでしょうか。また、私たちの子供たちも大きくなり、父も亡くなったことから、ハワイに毎年行くことも資金的に厳しくなってくるようにも思いますので、タイムシェアについては整理をしたいと思っていますが、どのような手続を取ればよいでしょうか。

A I-3

　タイムシェアは、日本にあるリゾート会員権のような施設利用権といった権利型と、不動産所有権の不動産型がありますが、ハワイ州やフロリダ州のリゾート地で売却されている多くは、不動産型です。1室を1年間のうち1週間ごとに分割し、共同所有する仕組みです。1年間のうち、第何週目に宿泊する権利と規定されているので、賃貸権やリゾート会員権だと誤解して購入される方もいらっしゃいますが、不動産の一種で、固定資産税も発生しますし、登記簿には、所有者として登録され、不動産は、相続・贈与の対象にもなります。本件もDeedとして権利証書があるので、所有権登記されている不動産型であるとみてよいでしょう。

> 本件タイムシェアは、被相続人Aとその妻Bのジョイント・テナンシーとなっています。ジョイント・テナンシーは、生存者受取権が付いているので、共有者の一方が死亡した場合は、生存共有者であるBがプロベートの手続なく相続することになります。その後Bが死亡した場合は、ハワイ州で相続手続が開始し、不動産であることからプロベートの対象となることが一般的です。

■ 解説

(1) タイムシェア

　タイムシェアは、車1台（300万円～500万円くらい）くらいの比較的手ごろな価格で購入できるリゾートに関する権利です。ハワイ州やフロリダ州への旅行の際に、ショッピングセンター等で「資産の分散管理にいかが」などと勧誘されて購入する方も少なくありません。タイムシェアは、家族で楽しむ権利として、有用性も高い商品です。しかし、きちんと内容を理解していないと、「こんなはずではなかった」という思いをされる場合もあります。

　まず留意いただきたいことは、ハワイ州やフロリダ州のタイムシェアは、施設を利用することができる契約上の権利である日本のリゾート会員権と異なり、deeded timeshare という制限付きの不動産所有権型が多いことです。不動産所有権型の場合、固定資産税も課税され、不動産登記で所有者として名前も登録されることになります。また相続が発生した場合、既述のプロベートが必要となる可能性が高い財産といえます。

　旅先で購入したものの、日本に帰国してから家族に反対され、ご家族と同行されて法律相談にみえる方もいます。「不動産であることすら知らなかった」「不動産であればほしくない」というのであれば、クーリング・オフ期間であれば即刻クーリング・オフの手続をする必要があります。一方、クーリング・オフ期間を

過ぎてしまうと、話は簡単ではなくなります。ただし、契約時の事情・状況によっては、なんらかの解決方法がある可能性もゼロではないので自分の手に負えないと思ったら、早めに専門家に相談することをお勧めします。

　タイムシェアは、有効利用できるのであれば家族で楽しめる素晴らしい商品です。普通のホテルとは比べものにならない広々とした部屋で優雅なリゾートを満喫することができます。一方で、もう利用し尽くしたとか、最近持て余し気味というのであれば、早めに処分することも相続対策といえます。1年の管理料は、大きな金額ではないことから、処分をせずに放置するパターンも多いのですが、不動産であるため、相続という事態になれば、厄介なプロベートの対象となる可能性もあります。さらに、建物が老朽化すれば、大規模修繕費も上乗せされて、管理料が年々上昇する傾向になる物件といえるからです。

　フロリダ州オーランドのタイムシェアを日本の居住者が保有していたケースでは、同タイムシェアの保有期間は、なんと40年近くに及んだため、総額として7,000万円近くを支払っていたことに驚いたことがあります（しかも相続前の20年間は1度も使用していない状況でした）。簡易なプロベートでありながら相続人が多数に及んだため、1年以上の年月を費消しました。アメリカの相続を専門とする弁護士の多くは、生存中にタイムシェアを処分することを強く勧めていることが多いです。

2.　税務上のポイント

事例Ⅰについて相続税申告のために必要な情報を整理します。

【事実等】　　　　　　　　　　　　　　**【相続税申告に必要な事実等】**

事例Ⅰ（事実等）	
被相続人	日本人男性A
法定相続人	配偶者B（日本在住） 子C（日本在住） 子D（日本在住）
相続財産	アメリカ　カルフォルニア州賃貸不動産
	アメリカ　ハワイ州　タイムシェア利用権
	日本の財産　不詳
相続の 準拠法：	日本法

事例Ⅰ（納税義務者／相続財産国外）		
納税義務者		配偶者B（日本在住） 子C（日本在住） 子D（日本在住）
相続財産	国外財産	アメリカ　カルフォルニア州賃貸不動産
		アメリカ　ハワイ州　タイムシェア利用権
	国内財産	日本の財産　不詳

確認すべきポイント
・共有物がないか、遺産分割はどのように行われるか？
・被相続人の米国での遺産税の額が確定する時期はいつか？
・在外財産にかかる税額控除はいつ適用可能か？
・賃貸不動産に係る小規模宅地の評価減が適用可能か？

(1)　相続税法における納税義務者の区分と課税範囲

相続税法上、被相続人Aが日本居住者であり、相続人である妻B・子C・子Dも日本居住者であることから、妻B・子C・子Dは、いずれも居住無制限納税義務者に区分されることとなります。

居住無制限納税義務者が相続又は遺贈により取得した財産は、国内財産・国外財産のすべてが相続税の課税対象となります。アメリカ（国外）にある不動産又は不動産に関する権利についても、課税対象となります。

アメリカの遺産税法により、アメリカで遺産税が課された部分については、日本の相続税とアメリカ遺産税の二重課税となりますが、日米相続税条約及び相続税法により、アメリカで課された税額を日本で納付すべき税額から控除すること

が可能です（外国税額控除[1]）。

　事例Iでは、財産が国外にあるということを除けば、相続税法における配偶者控除、貸付事業にかかる小規模宅地の評価減規定の対象宅地になる可能性があります。

(2)　国外不動産が被相続人Aと妻Bとの共有形態で所有していた場合

　相続税法には相続税を補完する贈与税が合わせて定められています。個人が対価を支払うことなく財産を個人から譲り受けた場合には、贈与税が課税されます。一方、個人間の契約等で、財産の所有名義を本来の所有者から他の個人名にする場合には、後者を名義人であることが確認できる状況であれば、贈与税の課税は生じないとされています。

　法務上の取扱いで説明されているとおり、アメリカでのプロベート手続を考慮し、被相続人Aと妻Bとの共有形態とされている場合には、A・Bともに日本居住者であることから、その共有に係る所有権が単なる名義人として所有しているか、実質的に所有しているかを確認することが必要です。

　仮に、カリフォルニア州の不動産をジョイント・テナンシーの形態でA及びBが所有していた場合、Aの死亡時に、アメリカにおけるAの所有持分は生存共有者である妻Bに無償で自動的に移転することとなりますが、日本の相続税における取扱いはこの妻Bに移転した持分は、妻Bが対価を支払わず利益を受けたことになり、Aからの贈与により取得したものとみなされることになります（相法9）。しかし、相続開始の年に贈与により取得したので相続税の課税価格に加算されます。贈与税の課税価格には、算入しません（相法21④）。

　ジョイント・テナンシーは、ジョイント・テナンシー設定時に「自分が死んだら、生存共有者に自分の持分を無償で移転する」という死因贈与契約であるとみることもできるため、Aより遺贈により取得したものとして、相続税の課税対

1　相法20条の2　在外財産に対する相続税額の控除／日米相続税条約5条　二重課税の排除

象とするという取扱いも考えられます。

　一方、A死亡前の妻Bの共有持分が、実質的にAの持分であったか、Bの持分であったかについては、相続税法上の取扱いは、ジョイント・テナンシー設定時において、妻Bが自己の持分に応じた資金を拠出せず、妻Bの持分以上にAが資金を拠出した場合は、妻BがAの名義で新たに不動産を取得したものとし、Aから妻Bへの贈与として扱われることとなります（相基通9-9）。したがって、妻Bの資金を拠出した割合と持分の割合の差額をAより贈与により取得したものですので、妻Bはその年に贈与税の申告を行う必要があります。

　妻Bがそのような贈与税の申告を行っていない場合には、B持分はAが実質所有者であり、Bは単なる名義人であるといえます。この場合は、実質的な所有者がAである財産については、アメリカでの手続とは別に、日本での相続手続上遺産分割が行われますので、相続税申告書は、それに従うことになります。

⑶　相続税の申告期限までに遺産分割協議が決定しない場合

　相続税の申告期限までに遺産分割協議が確定しない場合、各相続人が法定相続分で遺産を分割し、取得したものと仮定して、相続税の申告書の提出と納付を行うこととなります。

　その場合、配偶者の税額の軽減の特例と国外財産に対する外国税額控除は適用できないことになります。

　その後、分割協議が決定し、相続財産の分割が行われ、分割に基づき計算した税額と申告した税額とが異なるときは、実際に分割した財産の額に基づいて修正申告又は更正の請求をすることになります。

事例Ⅱ

外国にある遺産の相続の準拠法等（外国にある遺産の相続手続）

　アメリカのX州で勤務していた日本人女性Aは、がんであることが判明した。Aは勤務先を休職し、日本に一時帰国し闘病に専念したが、闘病の甲斐なく2か月後に日本で亡くなった。Aは日本人男性Bとの間に婚姻歴があるが、Bは既に死亡し、AとBとの間に子はいない。AはBとの婚姻以外に婚姻歴はなく、また子もいない。Aには80歳を超える日本人の両親C及びDがおり、日本に居住している。Aは、X州にBから相続財産として譲り受けたコンドミニアム（分譲マンション）（時価約5,000万円）を保有し、かつ金融資産としてX州の銀行にアメリカドル建てで3,000万円相当の預金と、アメリカの証券会社の証券口座には、約2,000万円相当のアメリカ法人の株式を保有している。また、日本の銀行には約300万円の預金がある。Aは遺言を作成していない。X州のコンドミニアム等、アメリカにある相続財産の処理に困った年老いた両親に代わり、被相続人の実妹Eが相談者である。

〈図2〉

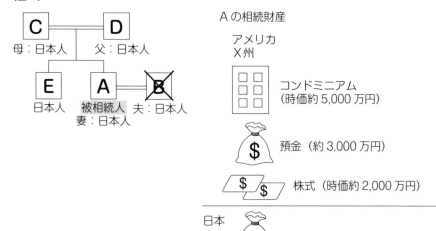

1.　法務上のポイント

　被相続人が日本人の場合、日本において相続の準拠法は日本法となります。もっとも、外国に財産（特に不動産）がある場合、当該外国の財産が、現地の相続手続の対象となる場合が多くあります。特にプロベートという裁判所が関与する手続になると厄介です。国際相続案件に精通している専門家に早めに相談することを強くお勧めします。

Q Ⅱ-1　　本件の相続財産はほとんどがアメリカのX州にあります。このような相続については、どこの法律が適用されるのでしょうか。

A Ⅱ-1　　国際相続事件における相続の問題については、被相続人の本国法が準拠法として適用されることになります。本件で、被相続人Aは日本人ですので、被相続人の本国法は、日本法です。したがって、本件の相続には、理論上、民法が適用されることになります。しかしながら、実務上は、アメリカのX州にある財産は、X州の法律に従ってプロベートの手続が必要になる可能性があるので、早めに現地の専門家に相談することが必要です。

■ 解説

(1)　準　拠　法

　本件の当事者（被相続人 A 並びに相続人 C 及び D）はすべて日本人ですが、主要な相続財産がアメリカの X 州という日本国外にあり、国際相続事件といえ

ます。国際相続事件においては、『法の適用に関する通則法』（通則法）に従い、まず当該相続関係に適用される法律を決定する必要があります（準拠法決定のプロセス）。

　この点、通則法36条は、「相続は、被相続人の本国法による」と定めています。本件において、被相続人Aは日本人です。被相続人Aの本国法は日本法となり、本件における相続の準拠法は日本の民法となります。

⑵　相続人・相続分

　準拠法が日本の民法であることから、国内相続事件と同様、相続人や相続分は、日本の民法を適用して決定することになります。被相続人Aは結婚していましたが、配偶者Bは既に死亡し、子もなく、両親C及びDが健在という状況にあるので、相続人は、日本に居住する両親C及びDということになります（民889①）。相続人の確定についても、被相続人及び相続人の全員が日本人なので、戸籍謄本による確定が可能です。両親C及びDのそれぞれの法定相続分は、2分の1となります（民900四）。

　本件は年老いた両親C及びDが相続する案件ですので、共同相続人間での紛争ということが考えにくく、相続財産を共有しても不都合はないでしょう。しかしながら、特に不動産については、複数の共同相続人がいる場合は、遺産分割協議を経て共有化を防ぐことが通常です。

　日本法下では、協議が成立する限りどのような内容の遺産分割がなされてもよいことになっています。

Q

Ⅱ-2　両親C及びDが協議した結果、アメリカのX州のコンドミニアムについては、それぞれ2分の1ずつ相続し、A名義の預金については、日本の銀行にある預金もアメリカにある預金も父親のDが引き出した後、2分の1ずつC及びDで相続する内容の遺産分割協議書を日本語で作成しました。アメリカのX州にある財産を日本の遺産分割協議書に基づき分割することは可能なのでしょうか。

A

Ⅱ-2　地域によっては、日本法下で作成した遺産分割協議書に従った分割を実行することが可能な場合もあります。しかし、アメリカでは、相続が開始すると、大抵の州でプロベート（probate）という裁判所が関与する手続が必要となることは前述のとおりです。特に相続財産に不動産が含まれている場合は、プロベートは避けられないでしょう。したがって、日本にある財産の相続と異なり、アメリカ等の外国にある財産については、日本の遺産分割協議書による相続手続（不動産の名義変更、株式等の名義書換、預金等の引出し等）が可能か、事前に現地の専門家に確認することをお勧めします。

　なお、日本での相続税の申告も必要になりますが、外国の財産評価に関する情報取得方法も日本と勝手が違います。早めの準備をお勧めします。

▌解説

(1)　外国にある日本人の遺産の相続手続の注意事項

　被相続人が日本人で相続の準拠法が日本法である以上、理論的には民法に基づく法定相続や遺産分割協議書による相続が可能です。しかしながら、外国でもそれがまかりとおるかは、現地の専門家に相談する必要があります。特に、相続財産が、英米法系諸国に存する場合、プロベートの手続が必要な可能性もあるので、早めの準備をお勧めします。

　この点、だいぶ以前の案件になりますが、ハワイ州ではプロベートの手続の中で、遺産分割協議書の英訳をプロベート裁判所（probate court）に提出する等して、分配にあたり考慮された経験があります。しかしながら、同じアメリカでもプロベートの手続は州ごとに違います。カリフォルニア州では、被相続人の名義の財産が15万ドルを超える場合は、プロベートが必要となります。なお、プロベートが不要だからといって手続が簡単になるわけではありません。カリフォルニア州にある預金の解約、株式の名義書換をするとき、「準拠法は日本法で、日本法下によれば遺産分割協議書による相続手続が可能だ」と説明しても、すんなりと理解してもらえて円滑に手続が進められる可能性は低く、いずれの相続手続にもかなりの時間とコストがかかることが予想される上、結果も保証されません。その場合は、実務上、日本法下の遺産分割協議書は横において、ひとまず、カリフォルニア州法に則った形で相続手続を行うことをあえて選択することもあります。

　さらに、遺産分割協議書の内容と、外国の財産の相続手続を行った結果の内容が異なり、遺産分割協議書の内容に合わせて財産を移転する必要がある場合、かかる財産移転により税を支払う必要が生じる場合がありますので、このようなリスクの洗出しも必要になります。

(2)　外国にある財産の評価

　相続人が日本に居住している以上、相続税の対象は、相続する外国資産すべて

に及びます。この外国にある財産評価の取得方法も、日本とはだいぶ勝手が違うことに留意する必要があります。

①　金融機関の残高証明

日本国内の金融機関の相続手続は厳格ですが、一方で、相続人であることを証明しさえすれば、死亡時の残高証明書は比較的容易に入手することが可能です。しかしながら、外国の金融機関ではこの残高証明書の取得することが困難な場合があります。

アメリカの金融機関は、原則として、遺産の管理について権限のある者（fiduciary; personal representative, special administrator 等の人格代表者を含む）以外には、相続人であっても被相続人の金融機関情報を開示しません。ヨーロッパ等の大陸法系諸国においても、裁判所の監督下にある一定の手続を経なければ、銀行の残高情報を開示しないという国もあります（オーストリア等）。

日本では相続の開始があったことを知った日の翌日から 10 か月以内に、相続税の申告書を提出しなければなりません（相法 27 ①）。したがって、被相続人が外国に資産を有しており、それが相当の財産であれば、早めに死亡時の遺産額を正確に知ることが必要となります。また、遺産に関する協議をする必要がある場合は、遺産の確定を第一にする必要がありますが、いつまでも遺産が確定できなければ、協議も進まないことになります。

従来は、口座情報を定期的に顧客に郵送する外国の金融機関も多かったため、どうしても銀行から死亡時の残高が入手できない場合は、定期的に郵送される口座情報から死亡時の残高を推測する方法を止むを得ずとることもできました。しかしながら、最近は、インターネットの普及により、口座管理もペーパーレス化が進んでおり、郵便物から残高を推測することも困難になりつつあります。パスワードを推測する等して電子口座情報を入手するご家族もいらっしゃいます。かかる方法は手っ取り早く、コストもかからない方法とはいえますが、被相続人になりすまして口座情報を取得することになるため勧めることはできません。

　したがって、相続税申告期限内に適時に海外の金融機関の口座情報を入手するためには、金融機関口座が存在する現地において、信頼できる専門家を早期に見つけ、効率的に作業を進める必要があります。なお、このような事実の確認についても、外国の専門家はタイムチャージ制で動くことが通常なので、最初から相続手続全般について委任をするのではなく、まずは委任事項を残高証明書の取得に絞って依頼する方法が安全策といえます。実際に口座の残高を把握してから、同口座の相続手続全般についてその外国の専門家について委任するかは、費用対効果の観点から決めることが合理的でしょう。

　外国に資産を保有する場合の出口戦略として、資産の保有者は、外国の資産のリスト（資産の種類、場所、大体の金額）を作成しておくこともお勧めです。

②　不動産価値の確定

　日本で相続税を申告する場合、国外不動産については、原則として売買実例価額、精通者意見価額を参考に評価することになります（財基通5-2）。この点、ハワイ州に所在する不動産の価格は、公開されている登記等情報から入手可能なこともあるので、資産価値確定の作業は、比較的容易といえます。登記等の公示情報がない場合は、不動産鑑定評価を入手する必要がありますが、外国では、不動産鑑定評価も日本と異なり比較的安く入手することができる場合も少なくありません。とはいえ、海外にある不動産の正確な情報を入手するのは、言葉の壁もあり、現地の実務もあるため、誤りを避ける意味でも、このような業務に慣れた現地の専門家に早期に相談することをお勧めします。

遺産分割協議書をアメリカのX州の裁判所に提出し、プロ
ベートを経て金融資産は両親が指定する日本の金融口座に送金
することができました。X州にあるコンドミニアムについて
は、相続手続により両親のC及びDの共有名義にしたものの、高
齢の両親による管理は現実的に不可能ですし、私（被相続人の
実妹）自身も使う予定はなく、思い切って売却することを考え
ています。何か売却にあたり留意することはありますか。

　　アメリカのX州のコンドミニアムの名義がプロベートを経て
既にC及びDに移転している以上、売却手続は現地の専門家を通
じて簡単に行うことができます。また、遺産分割協議書を作成
する当初から本コンドミニアムを維持するつもりがないのであ
れば、本コンドミニアムについては換価分割処分すると遺産分
割協議書にも明記し、X州のプロベートの手続中に換価手続を
現地の専門家を通じて進めてもらう方法が効率的です。

■ 解説

（1）　遺産分割方法

　本件の準拠法は日本法ですので、まず、日本法上の法定相続分に従った遺産分
割について簡単に説明したいと思います。

　遺産の分割には、

- ●現物分割
- ●債務負担の方法による分割（代償分割）

●換価分割

があります。

　現物分割とは、遺産をそのままの姿で法定相続分に従って分割する原則的な方法です。代償分割とは、現物分割が難しく又は現物分割によるとその遺産の価値が損なわれる等の事情がある場合、共同相続人の特定の者に現物を取得させ、法定相続分を超過する取得分については他の相続人に対する債務として負担させる方法です。遺産に不動産が含まれる場合等、代償分割は実務では多く利用されます。一方、換価分割は、遺産を売却等処分した上で、その代金を相続人間で分ける分割方法です。相続人が遺産の現物自体に思い入れがない場合、資産がなく代償分割の手段が取れない場合等、換価分割も最近多く利用されているように思います。

　本件では、C及びDからAの遺産については法定相続分に従って相続したいとの希望があったので、遺産分割協議書には、X州にあるコンドミニアムについても、それぞれが法定相続分の2分の1ずつ相続することになりました。もっとも、ご高齢のご両親が外国のコンドミニアムを現実的に管理できるかは疑問ですし、ご両親に万が一のことがあれば、本件と同様、外国でのプロベートの手続が再度必要になります。万が一のことが起きなくても、認知症等で行為能力を喪失すると売却は難しいので、財産が事実上凍結されてしまう危険性があります。不動産に対する特別の思い入れがあるとか、今後も利用する可能性がある等の特別な事情がある場合は別ですが、管理が困難な場合は、専門家としては、日本語の遺産分割協議書を作成する段階で、現物分割ではなく換価分割を積極的に勧めるべきでしょう。

(2)　遺産分割協議書の換価処分の実効性

　遺産分割協議書に規定した特定の資産の換価処分が当該資産のある現地でも可能かについては、遺産分割協議書を締結する前に、現地の専門家に確認する必要があるでしょう。過去に行ったケースでは、裁判所も遺産分割協議書を考慮して

プロベート手続中の換価処分を認めてくれましたが、法改正もありますし、遺産の規模、事件の性質毎にプロベートの手続が異なったり、また国、州ごとにプロベートの手続及び実務も異なり、税務上の問題もあります。したがって、換価処分の実効性、インパクトについては実際に処分する前に現地の専門家に事前確認することをお勧めします。

(3)　相続人が高齢の場合の留意点

　相続とは直接関係ありませんが、法定相続人に直系卑属がおらず高齢の直系尊属である両親が唯一の法定相続人となる本件のような場合には、この相続を機会に、同時にご両親の遺言を作成したり又は家族信託を組成する等のエステートプランニングを行うことをお勧めします。

　エステートプランニングというと、死亡後の財産承継のみを想定する方も多いのですが、高齢者は認知症リスクに備えることが現代社会では求められます。認知症等になると、生前の財産管理信託がない限り、後見人等の選任なくして財産的処分を行うことができず、財産凍結という事態を招きかねないからです。実際は、認知症の両親に代わり、金融機関から情報を得る等しているご家族も多いように思われますが、厳密にいうと個人情報保護法違反や私文書偽造等の問題もあり、将来相続紛争に発展する可能性もあります。また、金融機関もコンプライアンスについて最近はかなり神経質になっており、自主的に必要以上の厳格なルールで規制しているところもあります。相続人に意思能力がない場合、遺産分割協議書の締結は不可能です。日本ではこのような事態が生じた場合、家庭裁判所に成年後見人選任の申立てをして、裁判所が選任した成年後見人による対応を待つしかありませんが、かなりのコストと時間がかかることは明らかですし、本件のように外国に遺産がある場合、外国の遺産の把握すら進めることができないことになります。

　任意後見契約や法定後見制度それ自体は、日本国内の制度ですので、外国にある資産の処分について必ずしも有効ではありません。外国に資産を保有する場合

は、行為能力が減退した場合に備え、国内だけでなく国外の資産に関する高齢化対策も必要となります。この点、信託は、財産管理能力を喪失した場合においても受託者による柔軟な財産管理が可能となります。相続という意味だけでなく、意思能力の減退という状況も考慮した出口対策が必要です。

Q Ⅱ-4

　　姉のAは、保有している資産のほとんどがアメリカにあり、万が一のことがあったら、姉の相続人は、英語にはまったく縁のない、高齢の両親か妹の私又は、私に万が一のことがあったら、私の子になるので、相続の準備をしなくてはならないと言っていました。特に最期の帰国時には、相続について気にしていましたが、相続対策としても何をしたらよいのか、どこに相談すればよいのかわからなかったようです。姉としては、生前、今回のような混乱を回避するために、どのようにすればよかったのでしょうか。

A Ⅱ-4

　　日本とアメリカといったクロスボーダーの案件の相続対策は、やはりクロスボーダーのエステートプランニングに慣れている専門家に相談するとスムーズです。実際相続が生じてしまうと、膨大な手続が必要となったり、それに伴う法律コストもかかります。国際相続ができる専門家を探して、相談することをお勧めします。何もできないとあきらめてしまうことなく場合によっては、簡便に、海外資産の出口戦略についての助言が可能です。

▌**解説**

(1)　海外資産の出口戦略

　日本人が外国に資産を保有している場合の多くが、出口戦略に無関心であるのが実態といえます。海外に資産を保有した方が死亡した場合、プロベート等の厄介な相続手続に巻き込まれたり、外国での税務申告が必要となるリスクがあるのは前述のとおりですが、リスクすら認識していない方がほとんどなのです。これは、海外に資産を分散した方がよいと投資に関するアドバイザー等が出口戦略について何ら案内しないまま投資の勧誘を行っている功罪ともいえますが、ご自身及び家族のために海外資産を保有することの重大さを資産の保有者は自覚してリスクを学び、適切な対策をとる必要があると思います。本件のように、相続人が外国にまったく縁のない日本居住者、しかも年老いた高齢の両親の場合、ご本人の意思能力さえしっかりしていれば、いくらでも相続対策は可能です。

　たとえば、遺言を書いたり、不動産は処分をしたり、海外の銀行預金を日本に送金することで、プロベートを回避することができるからです。

　イギリスに生活の本拠を有されていた日本人が、病気治療のため日本に一時帰国したものの、予想以上に病気の進行が速く、残念ながらイギリスに帰国する間もなくそのまま亡くなってしまったケースがありました。相続人は、日本に居住する高齢のご両親です。病気の進行が予想外に早いことが判明した段階で、私は海外の財産処分について相談いただき、現地の弁護士・イギリスのご友人、日本に居住する弟さんと協働して、生前に不動産を含むイギリスの財産処分はほぼ終えることができ、安心していただいた経験があります。相談者も、イギリスに住む日本人のご友人が相続で大変な経験をされる様子を見て、遺されたご家族の相続手続に関する負担を相当懸念されていたからです。

　様々な制約の中、すべてのご要望に沿うことはもちろんできません。しかし、早めに相談することで、その分、解決の選択肢も多くなります。我々専門家は、現地の専門家と協働して、なるべく円滑に財産処分・エステートプランニングができるよう、ご支援させていただいています。

2. 税務上のポイント

事例Ⅱについて相続税申告のために必要な情報を整理します。

【事実等】

事例Ⅱ（事実等）	
被相続人	アメリカX州在住日本人女性A
法定相続人	日本人の両親（C、D）
相続財産	アメリカX州コンドミニアム 　　時価5,000万円
	アメリカX州銀行預金3,000万円相当
	アメリカX州株式 　　　　　　約2,000万円
	日本の銀行預金 300万円
相続の準拠法：	日本法

【相続税申告に必要な事実等】

事例Ⅱ（納税義務者／相続財産国外）		
納税義務者		相続人父D（日本居住）
		相続人母C（　同上　）
相続財産	国外財産	アメリカ　コンドミニアム 　　時価5,000万円
		アメリカの銀行預金 　　　3,000万円相当
		アメリカX州株式 　　　約2,000万円
	国内財産	日本の銀行預金 　　　300万円
確認すべきポイント ・遺産分割内容 ・被相続人のアメリカでの遺産税の額が確定する時期 ・コンドミニアムに係る小規模宅地の評価減が適用可能か？		

被相続人Aは、病気治療のために日本に帰国し、結果的に日本で亡くなりました。被相続人Aの住所が日本であったかアメリカであったかは、アメリカの遺産税の課税上重要なポイントにはなりますが、日本の相続税では、法定相続人であるAの父Dも母Cも、日本に住所があるという前提ですので、被相続人Aの住所が、相続人である父D及び母Cの日本の相続税の納税義務の範囲に及ぼす影響はありません。

①　小規模宅地の評価の特例

日本の相続税計算における検討課題は、課税遺産額に大きな影響があるAの居住用不動産であるコンドミニアムに小規模宅地の評価減規定が適用できるかどうかです。被相続人に配偶者がなく、生計を一にする親族がいない場合、同居していない相続人が相続した被相続人の居住用宅地には、小規模宅地の評価減が適

用される可能性があります。適用要件は、第1部第2章「7-3）小規模宅地の評価減」を参照ください[2]。小規模宅地の評価減の適用を受けることができるケースであっても、アメリカのプロベート手続に時間を要し、遺産分割手続が相続税の申告期限までに終わらなかった場合には、原則として未分割状況での相続税の申告は、評価減適用前の課税財産価額で申告し（措法69の4④）、確定後に更正の請求を行います。ただし、「相続税の申告書の提出期限から3年以内に分割する旨の届出」を提出することにより、未分割財産でも小規模宅地の評価減を適用した上で、申告納付が可能です（措法69の4④）。実際の分割内容と申告内容が異なる場合にはすぐに修正申告等を行うことが求められています。

②　外国税額控除

　被相続人の遺産についてアメリカ内で遺産税を負担する場合、相続人父D及び母Cの日本での相続税の申告・納付の際には、在外財産に対する相続税額の控除（相法20の2）の適用があります。アメリカで納付した遺産税については、日米相続税条約の適用があり、税額控除の金額の計算については日米での配分調整計算によります（第1部第2章　「12. 在外財産に対する相続税の控除」を参照ください）。注意しなければならないのは、小規模宅地の評価の特例により相続する土地につき、80％の評価減が適用され外国税額控除により取り戻せる金額が減ってしまう可能性があることです。日米における納税額の合計額を勘案の上、80％の評価減の適用を検討する必要があります。

2　ここでは、居住用宅地にかかる小規模宅地の評価減を検討していますが、貸付事業用の小規模宅地については平成30年税制改正によって適用要件に大きな変更がありました。従来までは、亡くなった者がアパートや駐車場として使用していた土地は、200㎡まで相続税が50％引きになるといった特例でした。しかし2018（平成30）年度税制改正により、亡くなる3年以内に貸付を始めた不動産についてはこの特例の適用除外となっています。被相続人Aが、病気療養中コンドミニアムを賃貸していた場合の小規模宅地の評価減については、賃貸開始時に注意が必要です。

③ 所得税法の取得費加算

法務編の解説では、コンドミニアムを遺産プロベート手続中に売却し、換価の上相続人に相続させる場合もあると示唆されています。

相続財産を譲渡した場合には、国外財産であっても、相続人がその譲渡に関する譲渡益を譲渡所得として申告納税する必要があります。この譲渡所得の計算上、下記の計算式で算出した相続税の金額を取得費に加算することができます（措法39）。算式中の「その者の相続税額」は、日本の相続税だけが対象となり、在外財産に対する相続税額の控除（相法20の2）の控除後の金額となります。

また、日本の場合、未分割財産に土地建物の譲渡は相続人が法定相続分で所得税申告を行います。土地建物に係る相続税相当の取得費加算は未分割の場合は加算できず、確定後に更正の請求により所得税の還付を請求します。

$$\text{その者の}_{\text{相続税額}} \times \frac{\text{その者の相続税の課税価格の計算の基礎とされたその譲渡した土地等の価額}}{\text{その者の相続税の課税価格} + \text{その者の債務控除額}} = \text{取得費に加算する相続税の額}$$

事例Ⅲ

外国で作成した遺言書の日本における効力等

　被相続人は、30年以上アメリカのX州に居住する日本人Aである。Aの家族は、妻B及び子Cである。B及びCはいずれも日本国籍のみを有しており、BはX州に居住し、子Cは日本の大学に進学して以来10年以上日本に居住している。子Cは東洋史の研究をしており、今後も日本に居住するつもりである。Aの遺産としては、日本法人の株式（時価約3億円）、X州の銀行にアメリカドル建てで約5億円相当の預金、及びX州にコンドミニアム（時価約3億円相当）がある。Aは、X州でX州の方式に従って、日本にある遺産（日本法人の株式）については子Cに相続させる旨の遺言書（以下、「本遺言書」）を作成し、一方でX州の遺産（預金とコンドミニアム）については、X州法を準拠法とする信託契約（以下「本信託契約」）を締結し、Aが生前中の受益者はAのみ、A死亡後の受益者を妻Bとしていた。子Cは、A名義の株式を管理していた日本の証券会社に本遺言書を持参して相続手続をしようとしたが、証券会社は英語の遺言書を取り扱うのは初めてだとして手続が遅々として進まない状況である。相続税の対象範囲もわからず不安な子Cが相談者である。

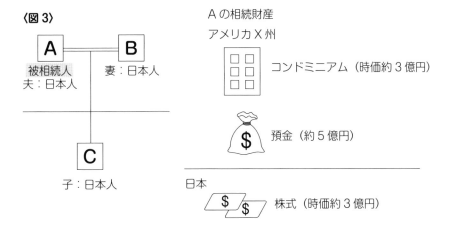

〈図3〉

A　被相続人　夫：日本人

B　妻：日本人

C　子：日本人

Aの相続財産

アメリカX州

コンドミニアム（時価約3億円）

預金（約5億円）

日本

株式（時価約3億円）

1. 法務上のポイント

　被相続人が日本人の場合、日本における相続の準拠法は、日本法です。ただし、外国に相続財産があり、かつその相続財産に投資信託等の金融商品、不動産が含まれていると、厄介な場合があります。

　また、日本人であっても外国に居住していた（いる）ことにより、相続手続が実務的に円滑にいかない場合もある点に留意が必要です。

Q Ⅲ-1　被相続人Aの本遺言書は、アメリカX州で、X州の方式に準拠して作成されています。もちろん、Aの顧問弁護士に助言を受けて作成したもので本遺言書はX州法下で何らの不備はなくX州法下では完全に有効なものです。しかし、Cが日本の証券会社に同遺言書を提出したところ、同証券会社は、日本の民法上の遺言書しかこれまで取り扱った例がないとのことで非常に戸惑っています。本遺言書は日本で有効な遺言書といえるのでしょうか。

A Ⅲ-1　本遺言書は、Aが遺言を作成した場所であるアメリカのX州の方式に従って適式に作成された遺言書である以上、日本でも方式上有効な遺言といえます。

■ 解説

（1）遺言の保護

　国際相続事件において外国の遺言の有効性が問題となった場合、当該遺言が、遺言の方式要件を充足して有効か否かを判断する準拠法を決めるにあたっては、

通則法ではなく、『遺言の方式の準拠法に関する法律』（以下、「遺言方式準拠法」といいます）によることになります（通則法 43 ①）。

　遺言は、もともと死亡者の最終意思を尊重するための制度であることから、方式については各国で厳格な要式性を要求しています。たとえば、民法では「遺言は、この法律に定める方式に従わなければ、することができない。」（民 960）とし、自筆証書遺言の場合は、「全文、日付及び氏名を自書し、これに印を押さなければならない。」（民 968 ①）として、パソコンの文書作成ソフト等で作成した遺言書を方式不備として無効とします [3]。しかしながら、この厳格性を他国で作成した遺言書にそのままあてはめると、国際的生活を送っている人の場合、その遺言の有効性が問題となっている国の方式の遺言書を準備しない限り遺言書が無効になってしまいます。そこで、厳格な要式性を前提とした上で、遺言の方式が単に遺言が問題となった国の方式と合致しないために無効になることを避けようという「遺言保護」の考え方が国際私法の世界において取られるようになりました。それを具体化したのが、1961 年（昭和 37 年）ハーグ国際私法会議において採択された『遺言の方式に関する法律の抵触に関する条約』です。日本も同条約を批准し、国内法整備のために遺言方式準拠法を制定しました。

　遺言方式準拠法によれば、遺言の方式は、次のいずれかに該当すれば有効としています（遺言方式準拠法 2）。

①　行為地法
②　遺言者が遺言の成立又は死亡の当時国籍を有した国の法律
③　遺言者が遺言の成立又は死亡の当時住所を有した地の法律
④　遺言者が遺言の成立又は死亡の当時常居所を有した地の法律
⑤　不動産に関する遺言については、その不動産の所在地法

3　民法改正により、全文自署を要求している自筆証書遺言の方式は緩和され、自筆証書遺言に添付する財産目録については自署でなくてもよいものとされました（民 968 条②）（2019 年（平成 31 年）1 月 13 日施行）。旧新法の適用との関係は遺言日で区分されることに留意が必要です。

　本遺言書は、アメリカのX州にて作成した遺言ですが、Aは同遺言書の成立及び死亡の時点においてX州に住所を有していました。したがって、本件の遺言は、「行為地」又は「遺言者が遺言の成立又は死亡の当時住所を有した地の法律」であるX州法に従ったものとして方式上有効な遺言といえます。

(2)　方式以外の遺言の準拠法

　遺言の成立及び効力といった実質的要件の準拠法は、遺言方式準拠法ではなく、通則法に「その成立当時における遺言者の本国法による」と定められています（通則法37①）。遺言の「成立」の問題としては、具体的には、遺言能力、遺言の意思表示の瑕疵、共同遺言の可否、「効力」の問題としては、遺言の拘束力、遺言の効力発生時期、遺言の条件・期限等があります。なお、方式の問題とするのか成立・効力の問題とするのかかつては争いのあった「遺言者の年齢、国籍その他の人的資格による遺言の方式の制限」及び「遺言が有効であるために必要とされる証人が有すべき資格」については、いずれも方式の範囲に属すると法的に解決されています（遺言方式準拠法5）。

Q Ⅲ-2　証券会社は、とにかく日本の家庭裁判所による検認をしてほしいと要請しています。日本法に基づいて作成された遺言書の場合、公正証書遺言を除き、家庭裁判所での検認が必要だと知人から聞きました。アメリカのX州の方式に従った遺言書にも検認が必要でしょうか。仮に検認が必要な場合、アメリカのX州の裁判所でプロベートをすべきでしょうか。それとも日本の家庭裁判所で遺言書の検認をすることができますか。

A Ⅲ-2

本遺言書が、2 名以上の証人かつ公証人の面前で作成され、遺言書の内容の真実性を宣誓し、かつ署名の真正が担保されているのであれば、公正証書遺言との同一方式性を主張して、家庭裁判所での検認は不要であると証券会社に交渉しましょう。不動産の相続登記については、法務局もこのような外国遺言書を受け入れる可能性は高いと思います。

解説

(1)　遺言書の検認の国際裁判管轄

本遺言書がアメリカの X 州の法律に従って作成され、A の最後の住所地も X 州である場合、X 州にプロベートの管轄があると認められる可能性は高いと思います。

では、X 州で作成した遺言書を日本で検認することができるでしょうか。日本の公正証書遺言を除き、法務局や金融機関は、家庭裁判所での検認を要請することがあります[4]。これは、日本では、公正証書遺言を除く自筆証書遺言や秘密証書遺言の保管者には検認義務があるからです。検認は裁判所の関与する手続ですので、日本の裁判所が本遺言書の検認について国際裁判管轄権を有するかどうかが問題となります。

この点、2018 年（平成 30 年）の人事訴訟法等の改正で、家事事件手続法にこれまでなかった国際裁判管轄規定が新設されたことにより、被相続人の最後の住所地等が日本にある場合は、検認審判の管轄権が日本にあることが明らかにされ

4　民法改正により、遺言書保管法が制定され、自筆証書を作成した者が公的機関である法務局（遺言書保管所）に遺言書の保管を委ねることができる制度が創設されました。自筆証書遺言の保管制度により保管されている自筆証書遺言については、検認は不要となります（遺言書保管法 11 条）。遺言書保管法は、2020 年（令和 2 年）7 月 1 日施行予定です。

ました（改正家事事件手続法3の11①）。

　本件で、被相続人Aの最後の住所地はX州のため、日本には検認の裁判管轄はないことになります。したがって、日本の家裁では検認はできないとされるのが原則です。

　証券会社を説得する一つの解決策は、アメリカのX州のプロベート裁判所の手続内で、裁判所が遺言書の有効性について言及した書類を提出する方法です。アメリカのプロベートの手続の中で、遺言書の有効性も判断するからです。証券会社の法務部も、裁判所の書類が提出されれば納得する可能性も高いと考えます。

　ただし、プロベートは時間がかかる手続ですので、そのような書面が発行されるのを待つ時間的余裕がない場合もあります。たとえば、相続税の納税期限が近づいていて、納税原資として、日本の株式等を売却する必要がある場合等です。その場合は、現地の弁護士等に、同遺言書が適法に有効に成立していること、その他、証券会社での相続手続等に必要な事項を確認する内容の意見書等を作成してもらい、翻訳して提出することが考えられます。大手金融機関では、国際相続事件にもある程度対応しうるマニュアルを持っているようですが、ほとんどの事案では、そのマニュアルだけでは対応しきれず、個別相談となります。なかには困惑してしまう担当者もいます。しかしながら、外国で作成された遺言書といえども、専門家がその有効性を現地の専門家の意見書等、法的根拠をもって説得すれば、相続手続にも積極的になってくれる可能性もあります。

　なお、一度外国の裁判所でプロベートを経た遺言書は、日本の家庭裁判所では検認できないのが実務のようです。過去に担当した案件で、遺言の対象となっている主要な資産が日本にあり、かつ遺言者の最後の住所も日本であったにもかかわらず、外国の裁判所でプロベートを経てしまったがために、日本の家庭裁判所での検認ができず、日本の金融機関の相続手続、不動産の相続登記に非常に手間取りコストがかかったケースがあります。

(2)　検認手続の準拠法

　日本の家庭裁判所に検認の国際裁判管轄がある場合、検認の要否、効果、手続についての準拠法は何かも問題になります。

　この点、検認の準拠法については、①相続の準拠法に従って被相続人の本国法によるべきという説、②検認は手続に関することであるので、「手続は法廷地法による」という国際私法の考え方に従い、法廷地法によるべきという説、③遺言の内容である個別の法律関係を支配する準拠法によるべきという説等諸説ありますが、実務上は、②の法廷地法によっている例が多いようです（最高裁判所事務総局家庭局監修（1992 年）『渉外家事事件執務提要（下）』法曹会 p74）。

　本件の場合、アメリカの X 州で作成した遺言書といえども、日本の家庭裁判所で検認する場合、法廷地法である日本の家事事件手続法に従って検認手続が進められることになります。

(3)　日本の裁判所・法務局等に国際相続事件の関連書類を提出する際の留意事項

①　外国語文書の日本語訳

　家庭裁判所に対する検認の申立てのみならず、各所管庁・民間金融機関等に国際相続事件に関与する書類を提出する場合は日本語訳を添付することが原則となります。

　まず、裁判所に提出する外国語の文書にはすべて日本語の翻訳が必要です（裁判所法 74）。したがって、本件のようなアメリカの X 州の方式に従った英語の遺言書の検認の申立てを行う場合は、英語で記載された遺言書の日本語訳が必要です。日本の遺言書と異なり、欧米諸国の遺言書は、相当のページ数になることもあります。ケースによっては数十ページに及ぶものも珍しくありません。このような遺言書を日本語訳するのは時間もコストもかかることになります。遺言書の対象が不動産で、遺言による相続登記を行う必要がある場合も、法務局に提出するため同遺言書の日本語訳が必要になります。金融機関の相続手続においても、

金融機関は、日本語訳を要請してきますが、交渉により抄訳で代えられる場合もありますし、外資系金融機関の場合は英語の遺言書をそのまま提出することが可能な場合もあります。いずれにしても、国際相続事件は、とにかく手続的な手間がかかるので、できるだけ簡略化する努力を試みることが、実務家として必要といえます。

②　証明を要する事項及びその資料の収集

ア）　当事者に関する事項

被相続人が日本人であれば、戸籍謄本によって氏名、生年月日の特定が可能です。また、相続人全員が日本人であれば、相続関係も戸籍謄本から比較的容易に特定できます。

問題は、相続人に外国人が含まれる場合です。外国人であっても結婚や出生の事実が戸籍に記されている場合はまだよいのですが、一切戸籍に相続関係が記載されていない場合は、関係者から、出生証明書、婚姻証明書、運転免許証、旅券、居住証明書等を提出させて、相続関係を特定していくことになります。EU加盟国のように「相続証明書」という相続関係を立証する書類を発行する国もあるようですので、相続証明書がある場合は、それを利用することが便利でしょう。

なお、外国で日本人が死亡した場合、領事館に死亡届を出した場合でも日本の戸籍に反映されるには、場合によっては1か月以上かかるので、除票がないことを補充する書面等（たとえば、外国での死亡証明書等、領事館が死亡届を受け付けたことを証明する書類）が必要になる点にも留意してください。

イ）　住　　所

日本人の住所は通常住民票で確認します。しかしながら、国外に住所がある場合は、在留証明書、宣誓供述証等で住民票に代替することになります。

⑷　家庭裁判所の検認の外国における効力

本件では、本遺言書の対象が日本の財産に限定されていたため、日本の家庭裁

判所で検認をした遺言は日本で効力を有すればよく、外国での効力は問題となりません。もっとも、遺言書は 1 通で、遺言者の相続財産すべてを対象としていることも多く、仮に本件遺言書が A の日本の遺産だけでなく、アメリカの X 州にある遺産についても言及していた場合、日本の家庭裁判所で検認をした遺言書がアメリカの X 州で効力を有するのか、外国における効力が問題となります。

　この点、遺言の検認に関する諸外国の法制は一様ではありません。日本の家庭裁判所における検認は、一種の証拠保全的手続に過ぎず、遺言の有効性について判断するものではありません。一方、英米法系諸国のように、検認（プロベート）の手続に、遺言の有効性の判断も含めている国もあります。したがって、問題となっている遺言が国内外の財産を含んでいるときは、検認を日本の家庭裁判所で行うべきか、外国の家庭裁判所で行うべきかは、主要な遺産がどこにあるのか、外国で求められている検認（プロベート）が遺言の有効性までを判断することを前提としているのか等、十分に事前調査をして慎重に決定する必要があります。遺言の対象となる財産が、複数の国にまたがり、遺言の内容を実現することが依頼者にとって重要であれば、検認の外国における効力[5] も事前に確認してから、日本の家庭裁判所での検認に踏み切るべきでしょう。

　国際相続の処理にあたっては、想像力を働かせて、発生しうる問題を予測し備えることも大切です。

5　通常、諸外国にも日本の民事訴訟法のように外国の判決の効力に関するルールがあります。ただし、検認審判は、公開の裁判所で行われる判決ではないので、純粋に判決に関する議論があてはまるかという点にも留意が必要です。

2. 税務上のポイント

　事例Ⅲの相続税申告のために必要な情報を整理します。

【事実等】

事例Ⅲ（事実等）		
被相続人	アメリカX州在住 日本人男性A	
相続人	日本人の妻X州在住B	
	日本人の子1人日本在住C	
相続財産	日本株式 時価3億円	→アメリカ株式 遺言でCへ
	アメリカX州銀行預金 5億円相当	→信託契約により妻Bが受益者に
	アメリカX州コンドミニアム 時価3億円相当	

【相続税申告に必要な事実等】

事例Ⅲ				
納税義務者		相続人子C （日本居住）		
		相続人配偶者B （アメリカ居住）		
相続財産	国内財産		日本株	時価3億円
	国外財産	信託受益権	アメリカ銀行預金	5億円
			アメリカコンドミニアム	時価3億円
確認事項	・配偶者Bが非居住無制限納税義務者に該当するか？ ・信託財産となっているコンドミニアムが配偶者の居住用財産であるとした場合に小規模宅地の評価減規定の対象となるか？			

①　配偶者Bの納税義務者の種類の確認

　相続人である子Cの現住所は日本であることは、事例Ⅲの前提から明確ですので、居住無制限納税義務者に該当します。もう一人の相続人である配偶者Bの現住所は、アメリカですが、国籍が日本人です。事例の前提より「被相続人は、30年以上アメリカのX州に居住する日本人Aである」とのことですので被相続人Aは「相続開始10年以内のいずれの時にも日本に住所を有していなかった」と仮定します。配偶者Bの住所についての前提の記載がありません。配偶者Bが「相続開始10年以内に日本に生活の本拠として住んでいた」場合には、非居住無制限納税義務者に該当しますので確認が必要です。

②　課税相続財産の範囲

　配偶者Ｂが「相続開始10年以内に日本に生活の本拠として住んでいなかった」場合には非居住制限納税義務者に該当し[6]、配偶者Ｂの取得する相続財産である国外財産は、日本における相続税の課税財産の価格に算入する必要はありません。したがって、コンドミニアムにつき小規模宅地の評価減の規定の適用も当然ありません（仮に子Ｃがコンドミニアムを取得し、要件を満たす場合には適用が可能となります）。子Ｃの取得する日本の証券会社に預けてある日本株式のみが日本における相続税の課税対象財産となります。配偶者Ｂが「相続開始10年以内に日本に生活の本拠として住んでいた」場合には非居住無制限納税義務者に該当しますので、配偶者の取得するすべての相続財産も課税対象財産となり、子Ｃの取得する国外財産と合わせて子Ｃと配偶者Ｂの相続税を計算します。

　基礎控除の計算に当たっては配偶者Ｂが非居住制限納税義務者に該当する場合であっても、法定相続人の数（2人）で計算します。

③　信託財産の取扱い

　上記①の確認により、配偶者Ｂが非居住無制限納税義務者に該当する場合には、次に、被相続人Ａの死亡により取得する信託受益権について日本の相続税の計算上、遺贈により取得したものとして取り扱うか、信託設定時に贈与を受けたものかを確認する必要があります。

　当該信託が、相続税法上受益者課税である場合には、信託はなかったものとして課税されます。信託財産とされている銀行預金及びコンドミニアムについて受益権の種類に応じて信託財産を直接所有した場合と同様の課税が受益者に生じます[7]。

　したがって、配偶者Ｂが非居住無制限納税義務者であり、信託受益権を「遺贈」により配偶者Ｂが取得したとされたと整理する場合には、相続税法では、

6　第1部第2章Ⅰ. 総論　「5.納税義務者」　p.85参照
7　相続税法9条の2

信託財産であるコンドミニアムについて、どのような受益権が設定されているか
をさらに確認する必要があります。2018 年（平成 30 年）民法改正[8]で導入され
た配偶者居住権のような、財産の所有権は他の相続人が相続し、配偶者 B は存
命中居住できるという権利を遺贈により相続したのかにより、コンドミニアムを
直接有していたときと同様、コンドミニアムにかかる課税関係を整理しますの
で、子 C が財産を相続したとされる場合も考えられます。また、コンドミニアム
が被相続人 A 及び配偶者 B の居住用財産であれば、小規模宅地の評価減の規定
の適用が可能です。

④　納　税　地

　相続税の申告書の提出先は、原則として、財産を取得した人（相続人 C）の住
所地を所轄する税務署に申告します（相法 62 ①）。また、配偶者 B が非居住無制
限納税義務者に該当する場合には、国税通則法に従って納税管理人をおき、納税
地を定めて申告します（相法 62 ②）。

　ただし、被相続人が、死亡の時に日本国内に生活の本拠である住所があった場
合には、被相続人の住所地を納税地として、その所轄する税務署へ共同で申告書
を提出することができます（相法附則 3、相法 27 ⑤）。事例Ⅲでは、被相続人 A
は日本に住所がないので、この適用はありません。相続人の住所地の所轄税務署
に申告することになります。

8　2020 年（令和 2 年）4 月 1 日施行

事例Ⅳ

死亡保険契約の準拠法等

　被相続人は、35 歳で死亡した日本人 A であり、死亡時、日本人妻 B ととも
に日本に住所を有していた。B は A の死亡時、A の子を妊娠中であった。
A はイギリスで勤務したことがあり、イギリス滞在中に妻 B を受取人とし
て死亡保険金をイギリスポンド建てで約 6,000 万円相当とする保険契約を締
結し、同保険契約は A の死亡時も有効に存続していた。A の死亡後、生命
保険証書らしいものを見つけた B は、死亡保険金を受け取りたいと考えて
いるが、生命保険会社の本社はイギリス王室属領のガーンジー島にあり、
日本に支店はない。英語が不自由な B はなす術がなく法律事務所に相談に
やってきた。A は、死亡前、都内にローンは組まずに中古マンション（時
価約 3,000 万円）を購入したばかりで、同マンションと上記生命保険以外のめ
ぼしい財産はなかった。B は、相続税の申告義務についても懸念している。

〈図 4〉

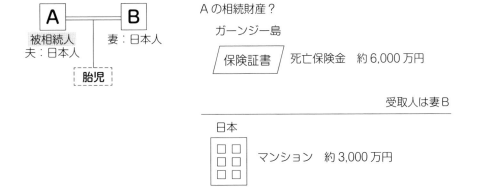

1.　法務上のポイント

　死亡による生命保険金は相続税の対象となる可能性はありますが、原則として保険金は指定受取人のものとされ、遺産に含まれません。しかし、外国会社の生命保険の場合は、保険金の請求にあたり、提出する書類等で日本の弁護士による法律意見書を請求される場合もあります。

Q IV-1　被相続人が外国会社と生命保険契約を締結しており、死亡保険金の受取人として日本に居住する妻が指定されています。日本から、死亡保険金の請求をすることができますか。生命保険契約の準拠法はどのように決められるのでしょうか。

A IV-1　保険契約については、相続といった身分法の問題ではなく契約に関する準拠法の定めによることになります。保険約款に準拠法の定めがあればそれにより、準拠法の定めがなければ保険契約の当時において最も密接な関係がある国の法律によることになります。外国会社の保険約款には大抵準拠法の規定が含まれており、準拠法としては同会社の設立準拠法——ここでいうとガーンジー法が指定されていることが多いと考えられます。

▌解説

(1)　外国の生命保険契約の準拠法

　通則法上、契約の準拠法は、当事者が「当該法律行為の当時選択した地の法」により（通則法7）、当事者による準拠法の選択がない場合は、「当該法律行為の

当時において当該法律行為に最も密接な関係がある地の法による」と定められています（通則法 8 ①）。生命保険契約は死亡を保険事故としているため、人の死亡を機に財産が移転する点で相続と類似の効力を有するものの、身分法の問題ではなく、財産契約です。ですから、相続の準拠法によるのではなく、あくまでも契約の準拠法によることになります。

　本件では、まず、ガーンジー島の生命保険会社に連絡をして、保険約款を取り寄せる必要があります。もっとも、日本の生命保険会社であればともかく、外国の生命保険会社、それもガーンジー島の生命保険会社であれば、約款に準拠法の規定がないことはまずないと思われます。ガーンジー島は、タックスヘイブン又はオフショア金融センターとして、多くの外国会社が節税対策も兼ねて本社を設置していることから、私法の抵触が生じる可能性が十分にあるからです。なお、実際は、保険約款である以上、契約条件が解釈の余地もないほど保険条件が細かく定められており、病気による死亡等、通常の死亡事故の場合、約款の解釈を現地の弁護士に確認しなければならないような法律問題は生じにくいと考えます。

Q
Ⅳ-2
　　　　ガーンジー島の生命保険会社からは、死亡保険金の請求書を記入した上、Aの死亡を証明した死亡証明書（certificate of death）及びBがAのドミサイル法上の妻であることの証明書を送付するよう言われました。何を準備すればよいのでしょうか。ドミサイルの意味もわかりません。

A
Ⅳ-2
　　　　現地の弁護士に準拠法下におけるドミサイルの意味を確認した上で、ドミサイルが日本にあるとしたら、日本の弁護士に依頼して生命保険会社の質問に回答する形で宣誓供述書（公証及

びアポスティーユ付）を作成してもらうべきでしょう。

▌解説

(1)　ドミサイル

　ガーンジー島は、イギリス王室属領ですので、英米法系諸国に属しますが、英米法系諸国では、住所に代えて「ドミサイル（domicile）」という日本にはない概念をよく使います。このドミサイルの定義は、国、地域によって異なるため、問題となった際は、必ず現地の専門家にその法的な定義を確認する必要がありますが、一般的には、「人が固定的な生活の本拠を持ち、そこを離れても帰来する意思を持っている場所、単なる residence（居所）——日本民法上の住所——より厳格な概念で、人は1つしかこれを持てない」とされています（田中英夫編集（1991年）『英米法辞典』東京大学出版会 p272）。

　Aの死亡時、Aの固定的な生活の本拠は日本にあり、Aとしても日本に帰来意思があることが強く推認されるので、ドミサイルは日本にあることになります。

　なお、本件のような保険金の請求については、保険会社の法務部に専門家（弁護士）がいることが通常ですので、ガーンジー法上のドミサイルの定義は、当該保険会社に説明させるとよいでしょう。コストをかけないように、国際相続事案については、とにかく効率的にそして確実に手続を進めることがコツです。

(2)　宣誓供述書

　Aの死亡、BがAの妻であることを示す法的書類としては、Aの除籍謄本にすべて記載があるので、その旨を英訳すれば十分なように思われます。しかしながら、ただ除籍謄本とその英訳を送付しただけでは、なかなか生命保険会社は納得してくれないと思います。外国ですと、死亡証明書とは、死亡時刻、死亡場所、死亡の原因、死因の種類（病死、自然死、外因死、その他不詳の死等を示したもの）等を医師が証明したものを指すからです。

　このような案件について、Bから我々が相談を受けた場合、保険金の請求に関する書類と共に、Aの死亡、AとBの関係を示す書類として、

① 　Aの死亡時のドミサイル（このドミサイルの定義については、保険会社の法務部の弁護士等の意見を参考にします）が、依頼者Bから聴取及び確認した公的情報（住民票等）により日本にあったこと

② 　Aが死亡したことを、Aの死亡届（場合によってはAの死亡届の翻訳及びコピー等も添付）により確認したこと、除籍謄本にもAの死亡が確認できること

③ 　Bが戸籍上、Aの妻として登録されていること

等の意見書を作成し、除籍謄本原本及びその英訳、死亡届のコピーとその英訳を添付して保険会社に提出し、保険金請求の手続を行います。

　なお、このような意見書の作成は、費用はかかりますが、公証役場で宣誓供述書にし、できればアポスティーユを付した方が、手続が円滑に進むと思われます。実際、死亡保険金の受取についてガーンジー島の現地弁護士に照会したところ、公証のみならずアポスティーユも付すことを勧められました。ガーンジー島もハーグ条約（認証不要条約）の締結地域です。駐日外国領事の認証があるものと同等に扱われるアポスティーユがあった方が、保険会社としても安心して手続を進められると思います。

(3)　その他

　私が経験したケースでは、受取人が指定されているにもかかわらず、相続証明書を求められました。国際相続事件に関与すると、この相続証明書を求められることがあります。保険金の受取権限が依頼者のBにあり、依頼者が受取人に間違いないことを立証すれば十分だとして争えば何とかなったのかもしれませんが、そのときは、ガーンジー島の現地弁護士の指示に従い、法定相続人が誰になるのか（本件の場合、胎児もいるので相続については既に生まれたものとみなされる日本の法制度についても説明する必要があるでしょう（民886））、法定相続

人が他にいる場合は、受取人以外の法定相続人が保険金を受領することについて何ら異議を述べていないことまで宣誓供述書に含めた記憶があります。

　なお、2017年（平成29年）5月より、法定相続情報証明制度が導入され、被相続人・相続人全員が戸除籍謄抄本に掲載されている場合は、登記官から法定相続情報という被相続人と相続人の全員とその関係を記載した証明書を入手することできるようになりましたので、相続証明書を要請された場合は、この法定相続情報証明とその翻訳を外国の相続手続に利用するとよいでしょう。もっとも、法定相続情報証明制度は、外国人が相続人に含まれる場合等、被相続人・相続人の全員が戸除籍謄抄本に掲載されていない場合は、利用できません。

2.　税務上のポイント

　外国生命会社との生命保険契約については、第1部第2章「6-2）みなし相続財産」で説明したとおり、日本の生命保険と同様に取り扱われます。また、法定相続人の数によって計算される非課税金額も日本の生命保険会社との契約と同様です。なお、相続人になる可能性がある胎児は相続税の申請書を提出する日までに出生していない場合には、基礎控除の計算上の相続人の数には算入されません（相基通13-5）。民法上の取扱いと異なりますので注意が必要です。

事例Ⅴ

遺産分割調停事件の国際裁判管轄等

　被相続人は、日本に居住していた日本人Ａ（元中国人であったが、渡米し同時期にアメリカ国籍を取得。その後約30年前に来日した上で、帰化。同じく元中国人でアメリカ国籍を取得した後、約30年前に来日し日本人に帰化した妻Ｂは既に死亡）。相続人は、Ｂとの間に生まれた子3名。長女のＣは、Ａ及びＢのアメリカ滞在中に生まれ、現在アメリカ国籍のみ有し独身であるが、日本に居住し、体調が悪くなったＡの自宅に同居してＡの介護を10年程度続けてきた。二女Ｄ及び三女Ｅは日本人で日本に居住しているが、Ａとは仲が悪く10年近く音信不通である。Ａは現役時代、日本で総合病院を開業して成功していた。Ａの遺産は、アメリカのＸ州にコンドミニアム（時価約2億円相当）、日本に自宅、別荘等の不動産（時価約5億円相当）、その他預金（約2億円相当）がある。また、香港には、約1億円相当の金融資産（投資信託）もある。Ａは遺言を作成していない。Ｃ、Ｄ、Ｅの仲は悪く、Ａの葬儀の際に一同に会したものの、葬儀後は、遺産分割に向けた話合いが一向に進まない状況である。Ｃは、Ａの自宅に思い入れがあるが、その他の相続人は、特定の遺産に思い入れがあるわけではない。Ｃは、日本語が不自由な状況で、姉妹間で疎外感を感じている。姉妹間の交渉に行き詰まったＣが相談者である。

〈図5〉

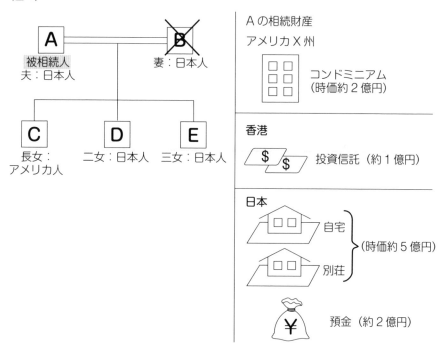

1.　法務上のポイント

　被相続人が日本人の場合、日本における相続の準拠法は、日本法です。相続人間で遺産分割に関する協議がまとまらない場合は、調停や審判等の法的手続を利用する必要がありますが、日本の裁判所を利用できるかは、日本に国際裁判管轄権があるか否かで決まります。アメリカの不動産、香港の投資信託については、現地のプロベートの対象になるものと考えます。

妹たちとはこれまで遺産分割協議ができていない状態ですが、私は、父Aとの思い出の残る自宅を相続したいと考えています。私はアメリカ人ですが、日本の家庭裁判所に遺産分割の調停を申し立てることができるでしょうか。

当事者全員の同意があれば可能です。また、法文上の規定はありませんが、緊急管轄的に日本の裁判所に国際裁判管轄が認められることも、一律に否定できないと考えます。

▋解説

(1)　遺産分割調停事件の国際裁判管轄

通常の民事訴訟事件については、国際裁判管轄に関する規定が2011年（平成23年）の民事訴訟法改正において新設されましたが、家事事件に関する国際裁判管轄の規定の明文化の議論もされていたものの、2013年（平成25年）1月1日に施行された家事事件手続法では、結局、明文化は見送られました。したがって、遺産分割調停事件等、調停事件の国際裁判管轄については、それまでと同様、裁判機能の国際的分配という観点から条理によって決定されており、諸説ありますが、一般的に、遺産分割調停事件については、被相続人の最後の住所地又は相続財産の所在地国に国際裁判管轄があるとするのが多数説と言われていました。

しかしながら、2018年（平成30年）4月[9]、人事訴訟法等の一部を改正する法律が成立し、家事事件についても、国際裁判管轄に関する明文の規定ができま

9　2019年（平成31年）4月1日施行

した。

　改正家事事件手続法3条の11第4項及び3条の13によると、遺産分割調停に
ついては、当事者の合意管轄が認められていますが、それ以外の規定はありませ
ん。もっとも、合意できなければ遺産の大半が日本にあるにもかかわらず日本で
調停ができないという事態は、法制審でも想定されていて、その場合は緊急管轄
で当然にできるという意見が大勢のようなので、文献・判例で明確なものはあり
ませんが、日本での遺産分割調停・審判を試みるべきだと考えます。

　とはいえ、本件では遺産が日本国内のみならず、アメリカのX州及び香港に
もあることから、アメリカのX州及び香港の財産も含めて遺産分割調停とすべ
きかは、慎重に検討すべきでしょう。

(2)　調停手続の準拠法と遺産分割の準拠法

　日本の家庭裁判所に国際裁判管轄が認められる場合、調停手続は国内事件と同
様、家事事件手続法に従って行われることになります。国際私法及び国際民事訴
訟法に関する学説並びに実務で、「手続は法廷地法による」という原則が認めら
れているからです。

　一方、遺産分割は、相続の問題として相続準拠法に従うことになるので、被相
続人の死亡時の本国法によることになります（通則法36）。本件において、被相
続人Aは、元中国人であったものの、30年前に帰化して死亡時は日本人ですの
で、Aの死亡時の本国法である日本法が準拠法となります。

　　　　　　　日本の遺産分割調停において、アメリカのX州、香港にある国
外資産についても遺産分割の対象に含めるべきでしょうか。ア
メリカのX州及び香港の財産は、所有者が死亡すると日本の検認
とは異なるプロベートという裁判所が関与する手続に入るとも
聞いています。外国の裁判所が監督すべき財産を日本の裁判所

の遺産分割の対象にできるのか心配です。

A
V-2　まずは、アメリカのX州、香港の現地弁護士に対し、現地の相続手続の概要、プロベートの要否及び日本で行った遺産分割調停・審判の承認、執行の可否について照会しましょう。仮に、現地で容易に換価処分や相続手続が可能であれば、まずは現金化した上で日本に送金して、遺産分割対象にすることもできます。

▌解説

(1) 外国にある遺産

日本国内の遺産のほかに外国にも遺産がある場合であっても、理論的には日本の家庭裁判所に申し立てた遺産分割調停手続内で協議し分割対象とすることは可能です。日本法下において、外国の財産を遺産分割対象に含めることを禁じる法令はないからです。しかし、実務上は、外国にある遺産も含めて遺産分割の対象とするかについては、

① 当該外国において日本で行った遺産分割調停・審判が承認され執行することが可能なのか

② 当該外国にある遺産の性質（不動産か動産か）

③ 当該遺産の換価処分性

④ 日本の遺産と外国の遺産のどちらが多いのか

⑤ 依頼者が重きをおく遺産はどちらにあるのか

等の事情を考慮し、依頼者の意向、外国の現地弁護士と日本の遺産分割調停・審判の実効性について協議しながら進めることが必要となります。

　日本で遺産分割調停を申し立てた場合、外国にある遺産の取扱いとしては、以下のような方法が考えられます。

① 日本の調停・審判が外国でも承認されるのかを事前に確認した上で、外国の遺産についても日本の遺産分割調停の中で、日本の遺産と同様に遺産分割の対象とする方法

② 外国の遺産を処分した上で、その代金を日本に送金し、日本の遺産分割調停の中で分割する方法

③ 外国の遺産については、外国で遺産分割を行い、その結果を日本の遺産分割調停に反映する方法

④ 日本の遺産については独自に遺産分割調停を行い、その結果、相続人間の調整は、外国の遺産の相続手続の中で図る方法

　日本の弁護士としては確実な最終的解決を目指したいので、日本の家庭裁判所内で終局的な解決が可能な②又は③の方法を選択したいところです。①の方法は、やはり執行してみるまでわからないといわざるを得ませんし、④の方法は、外国の遺産の相続手続の中で日本の家庭裁判所で行った遺産分割調停の紛争が蒸し返しになる可能性も否定しきれないからです。

　本件では、遺産の大半が日本にありますが、アメリカのＸ州や香港にも資産があります。ハワイ州の場合は、日本の遺産分割協議書もプロベートの手続の中で考慮してもらえる可能性があるとのことですが、ハワイ州のような地域ばかりではありません。香港は、プロベートが必要とされています。また、香港のプロベートは、経験上、柔軟さはなく、大変苦労します。したがって、香港の金融資産口座の相続手続をするためには、原則として香港の裁判所にプロベートを申し立て、裁判所から遺産管理の許可を得る必要があります。私がこのようなケースを担当する場合、アメリカのＸ州や香港のプロベート、遺産の換価処分が円滑に進む等の見通しがつくのであれば、外国の遺産については現金化を早急に行い、現金を日本に送金する②の方法を選択すると思います。仲の悪い3姉妹の遺産分割調停の解決に相当な時間がかかることは目に見えていますし、また交渉上、換価処分、

送金といった小さな事柄の合意を重ねていくことは、紛争解決の基本といえるからです。

2.　税務上のポイント

事例Ⅴの相続税申告のために必要な情報を整理します。

【事実等】

事例Ⅴ	
被相続人	日本在住日本人男性Ａ（30年前に帰化。元中国人）
相続人	妻Ｂはすでに死亡（30年前に帰化。元中国人）
	長女Ｃ：アメリカ国籍で日本在住
	次女Ｄ：日本在住日本人
	三女Ｅ：日本在住日本人
相続財産	アメリカＸ州コンドミニアム　時価２億円
	日本の自宅や別荘　時価５億円
	日本預貯金　２億円
	香港の投資信託　１億円
相続の準拠法	日本法

【相続税申告に必要な事実等】

事例Ⅴ			
納税義務者		相続人子Ｃ（日本に居住）無制限納税義務者	
		相続人子Ｄ（日本に居住）無制限納税義務者	
		相続人子Ｅ（日本に居住）無制限納税義務者	
相続財産	国内財産	自宅	時価５億円
		別荘	
		預貯金　２億円	
	国外財産	米国コンドミニアム　２億円	
		香港投資信託　時価１億円	
確認事項	・未分割の場合の３年以内に分割が確定するか？・生前贈与財産に関する情報・国外財産に関する情報は、十分か？		

事例Ⅴのポイントは、相続財産の分割に相当時間を要すると見込まれる点にあります。相続人は、すべて日本に生活の本拠を置いているので、居住無制限納税義務者になります。未分割の場合の相続税申告書の作成については第１部第２章「13．相続財産が未分割の場合の取扱い」を参照ください。小規模宅地の評価減の適用の手続については第１部第２章「7-3）小規模宅地の評価減」をご参照ください。米国財産である米国コンドミニアムについて、所在地がアメリカであるためにアメリカで課税された遺産税は、外国税額控除の規定により納付税額の規

定により控除できます[10]。なお、本件に関する税務上の困難さは、日本の相続財産の確定以上に、国外の相続財産の確定作業にあると思われます。

第2章 被相続人が外国人の場合

事例 Ⅵ

相続の準拠法と反致等（基本的な考え方）

　日本に居住していたアメリカ人Ａが無遺言で日本で亡くなった。相続人は、妻Ｂ及び未成年の子Ｃである。妻Ｂは日本国籍、子Ｃは日本国籍とアメリカ国籍を有しており、双方とも日本に居住している。相続財産は、不動産と金融資産等の動産が、アメリカと日本にそれぞれある。Ｂが税理士の友人に相談したところ、日本では、外国人の相続はどこの国の法律が適用されるかという点から何かと面倒なので、早めに国際相続が対応可能な弁護士・税理士に相談すべきとアドバイスされた。相談者は妻Ｂである。

〈図6〉

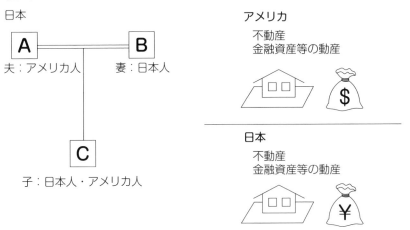

1. 法務上のポイント

　被相続人が外国人の場合は、本国法が外国法となるので、外国法が準拠法になるように見えます。しかし、当該本国の国際私法上の規定によっては反致により、日本法が適用されることがある点に留意が必要です。準拠法が何になるか、その準拠法決定のプロセスがキーポイントとなります。

Ⅵ-1
　亡くなった者が日本に居住する以上、相続に関して適用される法律は、日本法になるのではないのでしょうか。先日、主人の友人のアメリカ人が日本で亡くなって、彼が所有していた不動産に関して裁判所でもめたときも、日本の民法が適用されたと聴きました。主人の相続については、どこの国の法律が適用されるでしょう。

Ⅵ-1
　亡くなった方が外国籍を保有する場合の相続は複雑になる可能性が高いです。日本では、一般的に、相続は亡くなった方が国籍を有する国の法律に準拠すると決められていますが、ご主人がアメリカのような英米法系諸国の国籍を保有されている場合や不動産を所有されていた場合は、反致により、最終的に日本法になる可能性も十分にあります。いずれにしても、外国法・日本法のいずれが適用されるかという問題を解決するには、法律の専門家の支援が不可欠ですので、早めに国際相続に精通する弁護士に相談されることをお勧めします。

▌解説

(1)　準拠法決定のプロセス

①　被相続人が外国人の場合

外国人が被相続人の場合、準拠法の決定の段階から厄介な場合も少なくありません。しかしながら、どこの国の法律に従って相続が決まっていくのかは重要な問題です。まず、この外国人が被相続人の場合の国際相続事案を処理するための思考、この「準拠法決定のプロセス」——思考過程について習得していただきたいと思います。

国際相続事件を処理する上で、まず考えなければならないことは国際裁判管轄が日本にあるのかという問題です（これまで説明した事例は、日本人の当事者が多く、かつ日本に居住している者が多かったので、国際裁判管轄が当然日本にあるケースが多く、国際裁判管轄の問題は省きましたが、厳密には最初に検討すべきは国際裁判管轄の問題です）。

国際裁判管轄が日本にある場合（もっとも国際裁判管轄があったとしても、日本を法廷地として紛争解決を目指すのか、外国で目指すのか、相続案件の一部の

図7　準拠法決定のプロセス

国際案件が絡む事件の処理

↓

法性決定の問題→通則法のルールを探す（相続・婚姻・遺言・離婚・親子関係）

↓

（国際）相続は、被相続人の本国法による（通則法36）

↓

本国法決定（場所的不統一法国、人的不統一法国、二重国籍等）

↓

その他調整（反致、適応問題、公序）

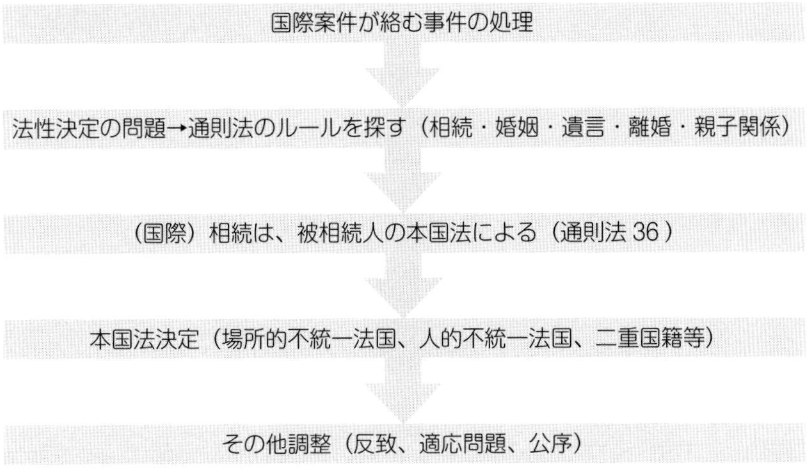

問題を日本で解決するのかという点は、実務的な検討が必要となります）、次の問題は、相続案件に適用される法律は、日本の法律なのか、それとも外国法なのかという問題——すなわち、事件に適用される準拠法は何かという問題です。この問題は、国際相続案件の最も大切な肝となる問題ですが、私は「準拠法決定のプロセス」と呼んでいます。

　国際私法関係に適用される準拠法を決める法律は、各国の国際私法で、日本の場合は、法の適用に関する通則法となります。通則法には、あらゆるテーマに関する準拠法のルールが定められています。外国が絡む事件である場合に関しては、まず問題となっているテーマは何かを探すことが第一歩です。この作業を専門用語で、「法性決定」といいます。

　離婚が問題となっているのであれば通則法の 27 条、養子縁組の有効性が問題となっているのであれば、通則法 31 条という具合です。相続の問題で、妻と主張する人の相続人性が問題となっている場合は、婚姻の有効性がまず問題になるので、通則法の中で婚姻の成立について定めたルール探し、準拠法を決定することになります。通則法で婚姻について定めた規定は、24 条です。

　今回は、相続がテーマとなっているので、「相続」と法性決定し、通則法のルールを探します。相続については、通則法 36 条に、「相続は、被相続人の本国法による」と定められているので、日本では海外が絡む国際相続の準拠法は、被相続人が国籍を有していた国の法律で決まるということがわかります。

　本件で死亡した A は、アメリカ国籍を保有していました。したがって、相続の準拠法は、被相続人 A が国籍を有していた国の法律——アメリカ法といえそうです。

　しかし、アメリカは連邦制で、州ごとに適用される法律が異なる、場所的不統一法国です。したがって、通則法に従って、アメリカ内で、被相続人が最も密接な関係の法律といえる場所はどこかを検討することになります（通則法 38 ③）。この点、事例に詳細は記載されていませんが、被相続人 A は、ニューヨーク州に生まれ、日本に居住する前は、ずっとニューヨーク州に居住していたとしま

しょう。そうなると A の本国アメリカの中で最密接関係地は、ニューヨーク州といえるので、A の本国法は、通則法上はニューヨーク州法ということになります。

(2)　反致の罠

では、A の相続の準拠法は、ニューヨーク州法といってもよいのでしょうか。被相続人が外国人の場合、外国法が本国法とはなりますが、一方で、反致の適用の可能性があることに留意が必要です。

反致とは、「当事者の本国法によるべき場合において、その国の法に従えば日本法による」という、国際私法独特の制度であることは前述しました。被相続人の本国法がアメリカ・イギリスといった英米法系諸国にある場合、英米法系諸国の国際私法では、不動産の相続については不動産所在地法を準拠法とするため、被相続人が日本国内に不動産を有している場合は、この反致が生じやすく、最終的に日本法が準拠法とされる可能性も十分にあります。この点、実務上は、この反致の問題を検討することなく、国際相続事件を処理していたり、反致の問題を担当の代理人弁護士に指摘しても理解してもらえないことすらあったりして、反致の問題が浸透していないことがわかります。適用する法律が間違っていたら、職務上の過誤にもなりかねないので、ご留意ください。このように、準拠法を定める仮定においても、外国法の検討が必要であることが、国際相続事案をより複雑にしているものと考えます。

本件において、A の本国法のニューヨーク州法上の国際私法（conflict of law）のルールは、遺言により処分されていない場合、不動産は所在地法により、それ以外の財産は、死亡時のドミサイル地法に基づき、相続されると定められています[11]。

したがって、日本の不動産については、民法に従って、ニューヨーク州の不動

11　N.Y. Estates, Power & Trust Law §3-5.1(b)

産は、ニューヨーク州法に従って相続が行われることになります。

　では、不動産以外の財産、たとえば金融資産はどうでしょうか。これはドミサイル地法によりますが、ドミサイルの概念もニューヨーク州法上の概念ですので、現地の弁護士にその法律的定義を聴く必要があります。

　ニューヨーク州法上、ドミサイルとは、「人が固定的、恒久的な生活の本拠を持ち、そこに一時的に離れても常に帰来する意思を持っている場所」[12] と定義されています。この点、被相続人 A がニューヨーク州に帰来する意思を保有していた場合、A がニューヨーク州に帰来する意思を保有していた場合は、A のドミサイルはニューヨーク州といえるので、アメリカのみならず、日本にある動産もニューヨーク州法が相続の準拠法となります。一方、A が日本を生活の本拠とし、ニューヨーク州に帰来する意思を有していない場合は、A のニューヨーク州・日本の動産の相続の準拠法は、日本法となります。

　国際私法関係を処理する場合の、準拠法決定のプロセス及び準拠法を決定してからの調整の問題をフローチャートにしてまとめました。国際相続案件を処理す

図 7　準拠法決定のプロセス（再掲）

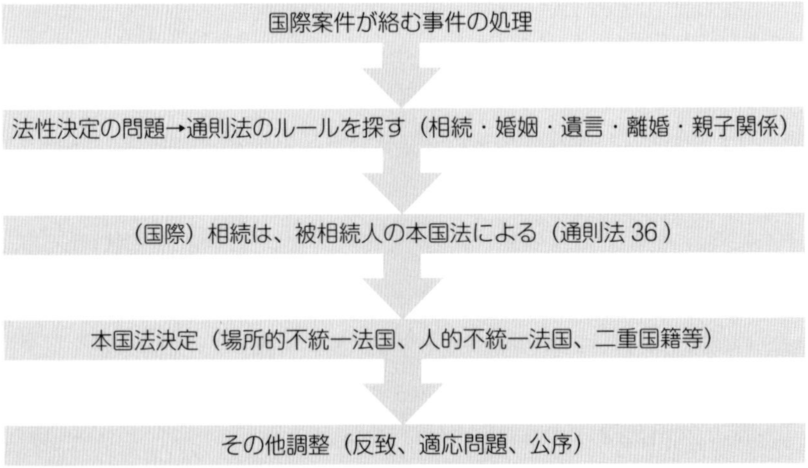

国際案件が絡む事件の処理

法性決定の問題→通則法のルールを探す（相続・婚姻・遺言・離婚・親子関係）

（国際）相続は、被相続人の本国法による（通則法 36）

本国法決定（場所的不統一法国、人的不統一法国、二重国籍等）

その他調整（反致、適応問題、公序）

12　N.Y. Surrogate's Court Procedures Act §103[15]

る場合、処理すべき問題が多く、どの段階の話をしているのか混乱される方もいらっしゃいますので、このフローチャートを利用して、何をしなければいけないのか整理しながら、処理をしていくことをお勧めします。

(3)　外国の財産についてはプロベートの可能性

　日本で相続を考える場合、どこの国の法律を準拠法として適用すべきかという問題のほか、被相続人 A のニューヨーク州にある遺産は、プロベートの対象となることにも留意する必要があります。被相続人がプロベートを回避する対策を取っている場合は、そもそも相続税や遺産税の対象となるかは別として、遺産に含まれずにプロベートの対象にならない可能性もありますが、その当否を検討する必要もあるので、早めに現地の弁護士に相談することをお勧めします。

(4)　相続手続での問題点

　当事者に外国人が含まれる場合、実務的に問題になるのは、不動産の相続登記や金融機関に提出すべき相続手続に必要な身分関係書類がそろわないという問題です。外国人には、戸籍がないからです。

　被相続人 A は、アメリカ人ですので戸籍はありません。しかしながら、日本人の妻と結婚しているので、戸籍に結婚の事実等が参考情報として記載されている可能性もあります。しかし、不十分な内容が多いので、被相続人 A の出生証明書・結婚証明書がある場合はそれらを取り寄せ、相続人全員それぞれが、被相続人との関係及び被相続人の法定相続人を確認し合う内容の宣誓供述書を作成する等して、被相続人との身分関係を証明する必要があるでしょう。

2. 税務上のポイント

①　納税義務者の確認

日本の相続税は、基本的には被相続人・相続人の住所と財産の所在によって課税範囲が決まります。

被相続人が日本国内に住所（生活の本拠）を有する限り、その国籍を問わず、国内外すべての資産を対象として、相続人には相続税の納税義務が生じます。

②　外国税額控除

被相続人がアメリカ非居住者の場合でも、アメリカに所在する財産に対しアメリカの遺産税が課税される可能性があります。この場合、日本に住所がある相続人は、相続税からアメリカの遺産税の一定額を控除する外国税額控除が適用されます。

③　未成年者控除

日本に住所がある相続人が未成年者であって被相続人から財産を相続する場合、未成年者控除の適用により相続税が一部控除されます。

外国税額控除及び未成年者にかかる控除額の計算は、条約優先の原則より、相続税法に優先して日米相続税条約が適用されます。第1部第2章「12. 在外財産に対する相続税の控除」[13] 及び「未成年者控除」[14] をご参照ください。

13　p.116
14　p.130

事例Ⅶ

相続の準拠法と反致等（応用編）

　被相続人Aは、アメリカ系の投資銀行の日本法人で勤務したことのあるアメリカ人で、死亡時はアメリカのX州に居住していた。Aの妻B（アメリカ人）は既に死亡し、相続人は、Bとの間の子2名C及びDのみである。C及びDともアメリカ国籍を保有し、X州に居住している。Aの遺産は、X州のコンドミニアム（時価約2億円相当）、X州の銀行のアメリカドル建て預金（約1億円相当）のほか、日本に不動産（時価約2億円）がある。Aには遺言書はない。C及びDの関係は良好で、両相続人は日本の不動産は利用予定がないため換価処分とし、売却代金を半々に分けて相続したいと考えている。世界的にも高いことで有名な日本の相続税のことも心配した長男Cが相談者である。

〈図7〉

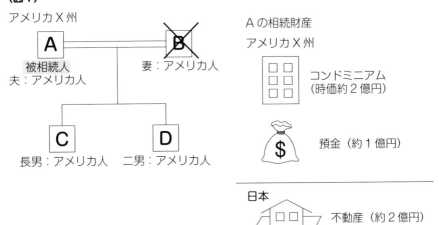

1. 法務上のポイント

被相続人が外国人の場合は、準拠法決定のプロセスにより、準拠法を決定することが必要です。反致により日本法が準拠法となったとしても、外国人で戸籍といった身分証明書類がないこと等により相続手続が滞るといった実務的な問題もあります。

Q VII-1

父AのアメリカのX州にある遺産については、アメリカのX州の裁判所においてプロベートの手続中で、同裁判所の監督下に入っています。一方、日本の遺産については、アメリカのX州の裁判所は管轄がないとのことで、日本で独自に相続手続を行うように言われました。日本でどのように相続手続を進めるべきでしょうか。

A VII-1

日本の遺産の相続は、Aの本国法であるアメリカのX州法が準拠法となるように思われますが、不動産については反致が成立し、不動産所在地である日本法が準拠法となります。したがって、日本での国内相続と同様に遺産分割協議書を作成する等の手続が必要になります。

解説

(1) 相続の準拠法

被相続人が外国人ですので、相続についていずれの国の法律を適用して処理を

するのか——相続の準拠法がまず大きな問題となります。

　被相続人 A はアメリカ人ですので、相続の準拠法は、被相続人の本国法であるアメリカ法（通則法 36）ということになりそうですが、アメリカは地域ごとに適用される法律が異なる場所的不統一法国です。また、アメリカは準国際私法がないといわれているので、密接関係地を当事者の本国法とします（通則法 38）。この点、A は、アメリカの X 州で出生し、日本で勤務した数年間以外は、生活の本拠をアメリカの X 州においていたので、X 州法が本国法となるはずです。

　しかし、X 州がアメリカという英米法系に属することから、ここでは反致の適用が問題となります。

(2)　反　　致

　反致とは、当事者の本国法によるべき場合において、その国の法に従えば日本法によるべきときは、本国法ではなく日本法を準拠法とするという国際私法上の特則です（通則法 41）。英米法系諸国の国際私法は、相続について、遺産が不動産の場合は、不動産所在地法を準拠法とし、動産については、被相続人の本国法又は住所地（ドミサイル）法といった属人法を準拠法とする相続分割主義を採用しています。そこで、被相続人の本国が英米法系諸国で、遺産に日本の不動産が含まれる場合は、相続については、単純に被相続人の本国法によるのではなく、反致によって日本法が準拠法となる可能性があることに注意が必要なのも前述のとおりです。

　本件では、アメリカの X 州の裁判所にて X 州に所在する遺産に関するプロベートの手続が進んでいるため、日本ではアメリカの X 州でのプロベートの範囲外である日本にある不動産の相続のみ問題になります。X 州の国際私法にあたる抵触法（conflict of law）については、X 州の現地弁護士への事前確認は必須ですが、英米法系の相続の準拠法の定め方は、不動産は不動産所在地法、動産は被相続人のドミサイル（domicile）とする規定が一般的で、X 州もそうだと仮定します。となると、不動産の所在地である日本法が反致により準拠法となり、被

相続人も相続人もアメリカ人ですが、日本にある不動産については、日本法に従って遺産分割を行えばよいことになります。ドミサイルが日本及びX州のいずれにあるかについては、X州現地の弁護士から意見を取得する必要があるでしょう。

(3)　外国人が当事者の遺産分割協議書

外国人であっても、日本人と同様、遺産分割協議書を作成することは可能です。本件は、換価処分の関係でも相続登記を行う必要がありますから、遺産分割協議書は、日本語又は日本語と英語の併記で行うことが必要となるでしょう。

Q VII-2　日本にある不動産については、遺産分割協議書を作成し、換価処分をすることになりました。不動産会社には相続した不動産を売却するためには、相続登記をする必要があるが、外国人の相続登記は大変だと言われています。手続や注意することについて教えてください。

A VII-2　相続登記は、相続を証する書面、住所証明書を準備することになります。国内相続事件においては、上記の書面の内容を証する書類として戸籍謄本、除籍謄本、住民票、印鑑登録証明書等を準備することになりますが、外国人が当事者の場合は、これらに代替する書面を準備する必要があります。

▌解説

(1)　不動産登記法の適用

日本国内にある不動産についての登記手続は、日本の不動産登記法が適用されます。添付書類も不動産登記法に従って、以下の書類が必要です。

① 申請書副本

② 相続を証する書面

③ 申請人の住所証明書

④ 評価証明書

⑤ 代理人による申請の場合は、代理権を証する書面

国際相続事件においては、特に「相続を証する書面」の入手が困難といわれています。なぜなら、同書面によって証明する事実とは、

a) 被相続人の死亡という事実

b) 申請人が相続人であるという事実

c) 他に相続人がいない事実

とされていますが、b) 及び c) については日本のような戸籍制度がないとなかなか洗出しが困難であるからです。これは、相続人の確定と共通する問題です。

出生証明書、死亡証明書だと直系尊属程度しか明らかにならないことも多く、法定相続人を確認する公的記録がない場合も少なくありません。そのようなときは、当事者からのヒアリングをもとにして、b) 及び c) をカバーする事実を記載した宣誓供述書を作成し、権威のある機関（日本駐在の大使館、公館、領事等）から認証を受けて代替することが一般的です。

本件の場合は、反致により不動産については相続準拠法が日本法になるケースですが、仮に、外国法が相続準拠法となる場合は、法務局に対し、まずその外国法の内容を明らかにした上で、外国法の定める相続証明書（certificate of inheritance）及びそれに類する書面の提出が可能な場合はそれらを提出することとし、それすらも不可能な場合は、必要事実を記載した宣誓供述書を提出することになると思います。

　なお、法務局も実際に受付を行う当局ごとにその対応が異なる場合もあります。特に国際相続登記の場合は、国内相続登記と比較して登記官も不慣れな場合も多いので、事前相談をしても同じ法務局内で登記官によって回答が異なる場合も少なくありません。したがって、登記を行う場合は、管轄のある法務局で担当官を決めて事前に何度か相談をした上で必要な書類を確定していくことが不可欠といえます。

(2)　反致がある場合の留意点

　被相続人が外国人であっても、反致が適用されると相続の準拠法は、被相続人の本国法ではなく日本法が適用されることになります（通則法41）。なお相続人を決める前提として、ある者が配偶者としての地位を有するか否か等の先決問題については、本問題とされる相続の準拠法とは別個独立に、法廷地の国際私法に従って準拠法を決定することが通説とされており、本問題と先決問題の準拠法が異なる可能性があることにも留意が必要です。

　過去に扱ったアメリカ人の相続の事案では、相続の準拠法は、その方に最も密接関係のあるハワイ州とされましたが、婚姻歴の調査の中で、前婚が有効に解消している証明として、ハワイ州の離婚判決書謄本を、法務局を含む関係機関に対し提出したこともありました。離婚判決書自体は数十ページのボリュームでしたが、最初は、各関係機関から離婚判決をすべて日本語訳することをなぜか求められました。もっとも、プライバシーの問題、費用の問題もあるので、判決書については関係部分の抄訳に留め、判決が有効に確定した事実について現地の弁護士に意見書を書いてもらい、前婚が既に離婚判決によって消滅しており、前妻に相続権がないことを証明して関係機関を説得しました。戸籍がないと、身分関係の証明が想像以上に厄介で、身分関係証明書類を要請する機関との間で交渉が必要となり、実務上の弊害となる場合があります。

2. 税務上のポイント

事例Ⅶについて相続税申告のために必要な情報を整理します。

【事実等】

事例Ⅶ		
被相続人	A：アメリカＸ州在住 アメリカ人男性	
相続人	B：妻はすでに死亡 （アメリカ人）	
	C、Ｄ子２人、アメリカ 国籍Ｘ州在住	
相続財産	Ｘ州コンドミニアム 　２億円	
	Ｘ州銀行預金　１億円	
	日本不動産　２億円	
相続の準拠法 と反致	Ｘ州法 （不動産は所在地法）	
	被相続人が英米法系諸国 籍の場合の反致	

【相続税申告に必要な事実等】

事例Ⅶ		
納税義務者		相続人子Ｃ（米国居住） 非居住制限納税義務者
		相続人子Ｄ（米国居住） 非居住制限納税義務者
相続財産	国内財産	別荘　時価２億円
	国外財産	米国コンドミニアム 　２億円
		預金　１億円
確認事項		・資産処分をして、譲渡所得が生 じた場合、取得費加算が適用で きるか？
		・相続税の外税控除

①　納税義務者の種類の確認

　1）被相続人・相続人とも、日本国籍ではなく、2）被相続人も日本国外で亡く
なっている、3）すべての相続人が、日本に生活の本拠である住所を持っていた
ことがない、この３点により、相続人は非居住制限納税義務者にあたると判断さ
れます。

　相続税の申告・納付については、相続人Ｃ及びＤが相続により取得する日本
不動産のみが課税相続財産となります。

②　外国税額控除

　非居住制限納税義務者は、日本国内にある財産だけに課税されます。制限納税
義務者（居住・非居住を問わない）が在外財産について日本以外の国で納付した
相続税に相当するものは、日本の相続税の申告納付額から控除する外国税額控除

（相法20の2）の対象となる外国税額にはなりません。

　日本で納付した相続税額は、相続人がアメリカで負担する遺産税の額から控除することになります。第1部第2章「12. 在外財産に対する相続税の控除」を参照ください。

③　不動産処分に係る取得費加算の特例について

　相続した日本にある不動産を処分した場合には、日本の国内源泉所得として、日本に住所を有しない者でも、その譲渡益を譲渡所得として申告納税する義務があります（所法161①三、164①一ロ）。この譲渡所得の計算上、相続税を納付した場合の取得費加算の特例に関する規定（措法39）は、居住者に限定されていませんので、相続人C及びDが納付した日本の相続税は、取得費加算の特例の対象になります。取得費加算の計算式については、事例Ⅱをご参照ください（p.180）。

事例Ⅷ

先決問題・適応問題等

　被相続人は、日本で事業を行い、死亡時も日本に住所を有していたアメリカ人Aである。相続人は前妻との間に生まれたB（アメリカ国籍。アメリカのX州に居住）及び現在の妻C及びCとの間に生まれた未成年者の子Dである（いずれもアメリカ人。いずれもAの死亡時、アメリカのY州に仕事の関係で居住）。Aの資産は、アメリカのX州の銀行にアメリカドル建ての預金（約1億円相当）、日本に自宅として使用していた不動産（時価約1億円）、日本の証券会社管理の日本法人の株式（時価約1億円）、日本の銀行にアメリカドル建ての外貨預金（約5,000万円相当）、日本円貨建ての預金（約5,000万円）がある。被相続人Aは、遺言を作成していない。なお、X州の抵触法では、相続の準拠法について、不動産については不動産所在地法、動産については被相続人のドミサイルのある地域の法律によると定められている。B、C及びDの関係は良好であり、日本の遺産については、法定相続分とは異なるが、頭数で均等に分割することに相続人全員で合意済みである。しかし、B、C及びDとも日本でのAの暮らしぶり、様子等を知らず、日本の知人もなく、どのように相続手続を進めるべきか見当がつかない状況である。とりあえず死後の様々な事務手続を行うために来日したCが相談者である。

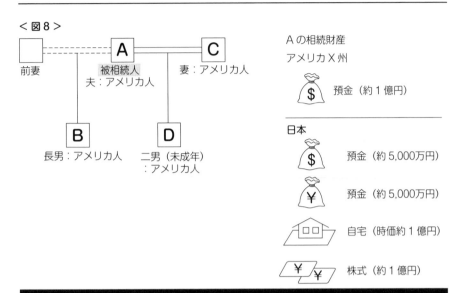

＜図8＞

Aの相続財産
アメリカX州
預金（約1億円）

日本
預金（約5,000万円）
預金（約5,000万円）
自宅（時価約1億円）
株式（約1億円）

前妻／被相続人 夫：アメリカ人 A／妻：アメリカ人 C
長男：アメリカ人 B／二男（未成年）：アメリカ人 D

1. 法務上のポイント

　被相続人が外国人であっても、反致により日本法が準拠法となる場合もあります。被相続人が外国人の場合は、まず準拠法の決定のプロセスにより適用される準拠法を決めることが大切です。相続人同士に争いがなく、法律上は障害がなくても、有価証券のような財産については、金融機関の社内規程等で思うような相続方法が取れない場合もあります。外国の財産についても同様です。

Q Ⅷ-1

　アメリカのX州にある財産については、既にX州の裁判所でプロベートの手続に入っていますが、X州の裁判所からは、日本の財産については、管轄がないと言われました。Aの遺産のほとんどは、日本にありますが、そもそも日本の遺産についてはいずれの地域の法律に従って解決すればよいのでしょうか。

Ⅷ-1　　まずは日本にある遺産について相続の準拠法を決定する必要があります。

　　この点、被相続人はアメリカ人です。アメリカは場所的不統一法国かつ準国際私法がないので、その密接関係地がX州にあれば、本国法はX州法となります。しかし、反致により不動産については日本法、動産についてはドミサイルのある地域の法律が適用されることになる点に留意が必要です。ここでいうドミサイルについては、各州ごとにその定義も異なるので、現地の弁護士に確認の上、確定する必要があります。

解説

(1)　相続の準拠法と反致

　アメリカは場所的不統一法国ですので、被相続人がアメリカ国籍を有する場合、被相続人の密接関係地法を本国法とします（通則法38③）。本件で、AはアメリカのX州で出生し、来日までずっとX州にて居住していたと仮定しましょう。ドミサイルオブオリジンもX州で、かつX州以外で特に住所、居所を有した州はないとなれば、密接関係地はX州、本国法もX州法ということになるでしょう。

　しかし、Aは日本国内に不動産及び金融資産を所有しており、しかも死亡時の住所は日本国内にありました。Aの本国法のアメリカX州は英米法系諸国に属していますので、反致の適用を検討する必要があります。

　この点、必ず本国であるアメリカのX州で実務を行っている現地弁護士に同地域の国際私法にあたる抵触法（conflict of law）の内容を確認する必要はありますが、X州は、相続分割主義を採用する英米法系諸国に属するので、反致の適用により、不動産については、不動産所在地国である日本法が準拠法として適用

されることになるでしょう。問題は、日本にある金融資産の準拠法です。英米法系諸国においては、抵触法上、動産の準拠法は、被相続人の本国法、住所地法又はドミサイル法と法制がまちまちです。ドミサイルについても、その概念が地域により異なります。したがって、動産の相続についての準拠法が被相続人のドミサイルのある地の法とされたとしても、現地の弁護士にドミサイルの概念と当該事件においてドミサイルがどこにあるのかを確認することは必須です。

　外国人が日本に住所を有していたケースで、本国法の抵触法が「動産については被相続人がドミサイルを有する地の法による」と定めていることから、ドミサイルがどこにあるのか、本国法の現地弁護士に照会したところ、日本にあるとしたケースもあれば、ドミサイルオブオリジンがアメリカ国内の W 州にあること、かつその後日本で長年仕事で居住しているとしても W 州以外に最終的に帰来する意思を有していたことが明らかではないことから、ドミサイルを W 州とする説、両方ありました。外国の法律に関することですので、やはり現地の弁護士に確認することが一番確実だと考えます。

(2)　先決問題

　現妻 C が配偶者として相続人の地位を有するか、すなわち A と C との結婚関係が現在有効に成立しているかが相続の前提として問題になる可能性があります。これまでの経験でも、被相続人が後婚の存在を親族に話していなかったことから、相続において後婚の成立が問題となったこともあります。また、妻に重婚状態が形式上生じている中で、前婚の夫が死亡した場合、同人の妻が死亡した夫の相続人の地位を有するかが問題とされた事案もありました。外国人が当事者に含まれたり、日本人が海外で婚姻をした場合等は、戸籍がなかったり、当事者として日本人しかいなくても戸籍に必要な事項が反映されないこともあることから、当事者の人間関係がこじれている場合、身分関係の問題が紛争化する場合は、よくあります。

　先決問題については、相続の準拠法とは別に独立して法廷地の国際私法に従っ

て準拠法を決めることになります。したがって、日本で婚姻の有効性が相続の先決問題として問題となった場合は、婚姻が有効に成立しているか否かは、各当事者の本国法を重畳的に適用して決めることになります（通則法 24）。

本件では C が配偶者であることは特に相続人間で争点とされていませんが、仮に争点とされる場合は、相続人確定のため、C の本国法を通則法 38 条 3 項に照らして決定し、A の本国法であるアメリカの X 州法及び C の本国法を重畳的に適用して婚姻の有効性を判断することになります。

(3)　適応問題

A のドミサイルが日本にある場合、日本にある金融資産の相続の準拠法は日本法となり、日本にある不動産・動産間で準拠法は日本法ということになります。

一方、A のドミサイルがアメリカの X 州とされれば、日本にある金融資産の相続の準拠法はドミサイルのあるアメリカの X 州の法律によることになり、日本の不動産・動産との間で準拠法が異なるという問題が生じます（問題①）。また、X 州は、英米法系諸国に属するため、相続については管理清算主義を採用し、遺産管理手続の中で裁判所が人格代表者（personal representative）を任命する法制度を採用しています。日本には、遺産管理手続の制度自体がないため、果たして日本の裁判所がかかる人格代表者を任命できるのかという点も問題になります。

遺産ごとに適用される準拠法が異なれば、両者の関係をどのように調整すればよいのかという点が問題となりますし、適用される準拠法に見合う法制度が法廷地に存在しない場合、これをどのように調整すればよいのかという問題も国際相続事件を扱う中でよく生じます。このように、法律上の矛盾・抵触関係をどのように調整すべきかという問題が適応問題です。

この点、遺産ごとに適用される準拠法が異なる場合、両法律の整合性がつかないところは、それが法廷地法を適切に適用した結果であることから仕方がないと

割り切るしかありません。ただし、相続分に相違がある場合等は、この法制度の違いが遺産分割協議における当事者間の心理的な妨げになる場合があります。

　一方、適用される準拠法の法制度がないという場合、制度がなければ相続手続自体が進められないことから大きな問題になります。この対応策としては、日本法の相続財産管理人選任の手続を修正・調整して適用するという説が多数説といわれていますが、第1部でも述べたとおり、実例の集積がない点が実務家として非常にやりにくいところです。相続財産管理人を選任して日本の裁判所の管理下で遺産管理手続を開始するとなると6か月から1年程度は最低でもみておく必要があります。裁判手続は費用がかかりますし、管理人の費用もかかります。これまでの経験として、遺産分割を早期に行う必要性が大きかったことから、やむを得ず遺産管理手続を相続人全員の同意を得て日本の裁判所を介さず私的な手続として行ったこともありますが、特段の事情がなければ費用及び時間がかかっても、日本の裁判所に対し、相続財産管理人の選任の申立てを行うことがトラブル回避の観点からは適当かつ安全なように考えます。このあたりについては、論文、判例や実務の集積を待ちたいところです。

　　　　X州の現地弁護士に確認したところ、X州の抵触法（conflict of law）によれば、Aのドミサイルは、Aの死亡までの様々な客観的事情・主観的事情を考慮すると、日本にあるとのことでしたので、日本にある遺産すべてについて日本法が準拠法となることが判明しました。遺産分割協議書を作成したいと思いますが、内容は、日本の不動産は換価した上で、売却代金はそれぞれ1/3ずつ、さらにその他の遺産についてもそれぞれ1/3ずつ現物分割することを考えています。ただし、未成年者のDに代わって親権者のCが遺産分割協議をすることが可能でしょうか。

遺産分割協議については、未成年者のDと親権者のCの利益が
理論的に相反する以上、親権者Cが未成年者Dを代理できるか
――すなわち遺産分割協議における代理資格が問題となりま
す。かかる代理資格に関する準拠法の定め方については諸説あ
りますが、親子関係の問題として、通則法32条で決定するのが
通説です。

▌解説

(1)　特別代理人の選任

　遺産分割協議で相続人に親子が含まれる場合、本件のC及びDのように、実
質的な利害対立がない場合も多くあります。しかしながら、法律的には共同相続
人相互に利害が対立するため、親子双方が共同相続人である場合、利益相反関係
にあるといえます。

　そこで、遺産分割協議における親権者の未成年者の子の代理資格の準拠法が問
題となります。これについては、相続の準拠法を定める通則法36条に従い、被
相続人の本国法を準拠法とする説もありますが、親子の法律関係に関する利益相
反行為の準拠法については、通則法32条に基づき、

　　・子の本国法が父又は母と同一の本国法（父母の一方が死亡し、又は知れない
　　　場合にあっては、他の一方の本国法）と同一である場合はその子の本国法

　　・その他の場合には、その子の常居所地法

とするのが通説といわれています（東京家審昭40・12・20家月18・8・13）。

　本件では、CとDの共通本国法又はDの常居所地法に準拠して、特別代理人
選任の要否を検討することになります。

(2)　特別代理人選任の国際裁判管轄

　特別代理人選任の国際裁判管轄についても、明文の規定がなく、諸説あります
が、そもそも特別代理人の選任が、親子間の利益相反行為等について、未成年者
の利益を保護することを目的とする制度のため、子の住所地国に国際裁判管轄が
あるとするのが通説といわれています[15]。

　本件で、親子関係の準拠法に基づくと、遺産分割協議の代理には親権者ではな
く特別代理人の選任が必要だとしましょう。Dの住所地に特別代理人選任の国際
裁判管轄があるとされるため、Dの住所の管轄権を有する裁判所にて特別代理人
の選任の申立てを行い、遺産分割協議は、選任されたDの特別代理人及びB並
びにCとの間で行うことになります。本件では、B及びCの関係もよく、B・C
間で日本の遺産については相続人の頭数で分割することに合意が取れていました
が、仮に特別代理人がDの利益を形式的に追求するタイプだと、法定相続分を
下回る内容の遺産分割協議は難しいように思います。

Q
Ⅷ-3

　Dの特別代理人には、幸いAの家族の事情をよく理解する弁護
士（現在B、Cらと委任関係なし）がアメリカの手続に従って選
任され、日本の遺産に関する遺産分割は、不動産については換
価処分の上、その他の財産については、すべて現物分割するこ
とが決まりました。全相続人とも、証券会社管理の株式（日本
の株式については、3分割が問題なく可能なように、すべての
銘柄につき300株ずつあったものとします）については、日本の
株式市場が安定しないので、しばらくそのまま保有して様子を
みたいと思います。証券会社に相続手続を依頼したところ、手
続が進みません。何が問題なのでしょうか。

15　山田鐐一著（2003年）『国際私法（新版）』有斐閣 p.528

非居住者は、居住者のように、日本の証券会社の口座開設を
して、日本の証券会社を通じた株の取引を行うことが容易では
ありません。本件では、株のまま相続をすることができず、換
価して分割せざるを得ない可能性が高いです。

解説

(1)　非居住者の銀行預金口座開設の可否

　非居住者も預金口座の開設をすることができるとする銀行も多いのですが、非居住者用の預金口座は居住者預金と利用条件が大分異なります。たとえば、非居住者用の預金は、取引支店以外の本支店での取扱いや ATM の取扱いをしていない場合が多いです。また、オンライン取引、キャッシュカード、自動送金サービス等の各種サービスは行えない銀行も多いです。振込みがすべて外国為替送金扱いとなる場合もあります。手数料については各銀行により異なりますが、特に送金が煩雑といえます。

　被居住者である相続人が円貨建てで遺産を保持することを希望する場合は、その相続人の居住国で円貨建ての預金口座の開設が可能であれば、日本の銀行でわざわざ非居住者用の円貨建て預金口座を開設することはお勧めしません。

(2)　非居住者の証券口座開設

非居住者による日本国内株式や投資信託の保有を禁止する法令はありません。
しかしながら、

・日本の証券会社等が金融商品取引を行う認可等を外国の監督官庁から受けていないこと

・非居住者には、金融商品取引法上の重要事項説明を対面で行うことができないこと

・非居住者の居住する国の法制度について不明確な点が多いこと

等の理由から、証券会社は非居住者の証券口座開設及び取引は扱わず、実務上非居住者が日本の証券会社等に口座を開設し相続した株式の名義書換を行うことは不可能な状況となっています（もっとも、非居住者が日本人である場合は、別途取扱いをする証券会社もあります）。したがって、非居住者である相続人が日本株式等の有価証券を相続する場合は、日本で換価処分した上で分割することになります。

　このように、換価処分を事実上強制されるのは、依頼者である相続人にとって大変な不利益になることがあります。過去に扱った事案では、依頼者が株を相続後にリーマンショックが起きて株価が大幅に下落したことで、納付する相続税は相続時のリーマンショック前の高い株価を前提に算定されるにもかかわらず、相続した株式についてはリーマンショック後の下落した株価での売却を強いられました。この件では、リーマンショック前の株式評価額が数億円に上ったため、かなりの損失が生じてしまいました。

　外国人であっても居住者でありさえすれば証券口座を開設することができ、証券会社は口座開設に意欲的でさえあります。一方で、契約者が外国人である以上、同契約者が死亡して相続が発生する場合、非居住者が相続人となる可能性が高いのは、証券会社としても十分に予想がつくように思われますが、そのリスク告知については十分なケアもなされず、法制度も整備ができていないのが実情です。

(3)　グローバルカストディ

　例外的に非居住者も日本の有価証券口座を保有することができる場合があります。グローバルカストディ制度を利用する場合です。グローバルカストディとは、主として機関投資家に対し提供されるサービスで、世界各国に保有する資産を一括して保管するとともに各種の代理人業務を行うものです。このグローバルカストディは、クロスボーダーの証券保管・決済の必要性がある中で、

・各国の証券の保管・決済機関には居住者しか参加できないこと

・時差が存在する

・現地の法制度をカバーするのは、現地の証券会社が最も適切で効率的である等の事情を背景に発展した制度です。このグローバルカストディ制度を利用すれば、非居住者であっても複数国の有価証券の保管業務等の取扱いを総括的に行うグローバルカストディアンを通じて日本の株式を実質的に保管・決済することが可能になります。

　グローバルカストディの基本的な枠組みとしては、投資家、グローバルカストディアン、証券所在地国の証券会社等であるサブカストディアンの三者によって構成されます。投資家がグローバルカストディアンに対し、自己が保有する証券の保管管理を委託し、グローバルカストディアンが自己の代理人として当該証券の保管管理を証券所在地国のサブカストディアンに再委託するという関係にあります。

　グローバルカストディ業務を提供している金融機関としては、外資系のプライベートバンクで行っていた金融機関があったと聞いています。しかし、かかるグローバルカストディ制度を利用するためには、保有資産額としても数億円単位ではその手数料に見合わないということで、なかなか気軽に利用できる制度ではなさそうです。私自身も、これまで扱った案件では同制度を利用したことはありません（いくつか外資系のプライベートバンクに照会をかけましたが現在はやっていないと断られました）。ただ、株・投資信託等の金融資産がたとえば十億円以上で、相続後も同金融資産を運用し続けることを希望する場合は、このようなグローバルカストディ制度の利用も検討の余地があると思います。現実的には、このような相続によるトラブルを回避するため、富裕層は、プライベートバンクを信託受託者にして、証券等を運用させるスキームを利用した資産管理をするのかもしれません。もっともその際は、関係各国の法務・税務チェックが不可欠です。

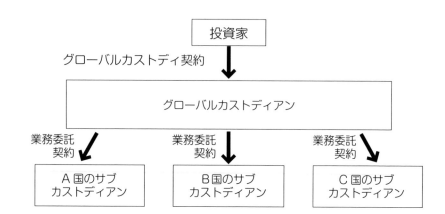

2. 税務上のポイント

事例Ⅷの相続税申告のために必要な情報を整理します。

【事実等】

事例Ⅷ（事実等）		
被相続人	日本居住　アメリカ人A	
相続人	前妻の子B（アメリカ国籍アメリカX州居住） 妻C（アメリカ国籍　アメリカY州居住）	
	妻Cとの子D（未成年者、アメリカ国籍アメリカY州居住）	
相続財産	アメリカX州 銀行預金 1億円相当	遺言なし。相続人3人で3等分することを合意。
	日本の自宅 時価1億円	
	日本法人株式 1億円	
	日本の銀行 外貨建預金 0.5億円	
	日本の銀行 円建預金 0.5億円	

【相続税申告に必要な事実等】

事例Ⅷ			
納税義務者		相続人子B（アメリカ居住）	
		相続人配偶者C（アメリカ居住）	
		相続人子D（アメリカ居住）	
相続財産	国外財産	アメリカX州銀行預金	1億円
	国内財産	居住用不動産（自宅）	1億円
		日本法人株式	時価1億円
		日本　銀行預金（円）	0.5憶円
		日本　銀行預金（外貨）	0.5億円
確認事項	・被相続人が、一時居住被相続人か？ ・相続人が制限納税義務者か？ ・小規模宅地の評価減の適用 ・未成年者控除の適用 ・相続税の外税控除 ・国外転出（相続）時課税 ・株式の資産処分を行って、譲渡所得が生じた場合、相続人に申告義務があるか？		

① 納税義務者

事例Ⅷの相続人3人は、相続開始の時には、すべてアメリカ内に住所がありました。事例Ⅷの前提より相続人は、過去に日本に居住したことがないので、被相続人が一時居住被相続人に該当すれば、相続人は非居住制限納税義務者に該当します。

（非居住者である相続人の納税義務の判定）

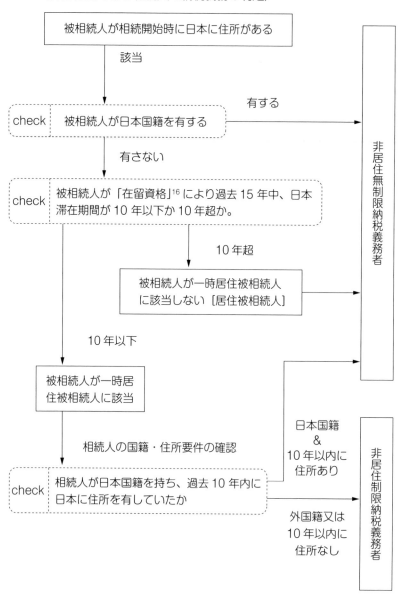

　一時居住被相続人とは、相続開始時に日本に住所を有していた被相続人ですが、日本の国籍を有さず、在留資格が「出入国管理及び難民認定法別表第一の上欄（経営・管理、法律・会計業務、企業内転勤等）（以下、出入管理法別表一上欄在留資格）」であり、かつ、その相続の開始前 15 年以内に日本国内に住所を有していた期間の合計が 10 年以下であるものをいいます[17]。

　被相続人 A が一時居住被相続人に該当する場合には、事例Ⅷの前提である相続人は日本国籍を有さず、日本に住所をもったことがないということにより（相続人は皆日本国籍者ではないので）相続人 B、C、D いずれも非居住制限納税義務者に該当し、一時居住被相続人に該当しない場合には非居住無制限納税義務者に該当します。

②　国外転出（相続）時課税

　国外転出（相続）時課税は、相続開始の時点で 1 億円以上の有価証券や未決済の信用取引などの資産を所有している居住者が亡くなり、非居住者である相続人等がその相続又は遺贈（限定承認に係るものを除く）により当該資産を取得した場合は、その相続又は遺贈の時に取得した当該資産について譲渡等があったものとみなして、その有価証券等の資産の含み益に対して被相続人に所得税が課税される制度です[18]。被相続人が居住外国人の場合でも過去 10 年以内の国内在住期間が合計 5 年を超える場合は、このみなし譲渡益課税の適用がありますが、被相続人が「在留資格」で日本に住所を有していた期間は、この国内在住期間には含まれません。したがって、被相続人の「在留資格」には十分な確認が必要です。

　仮に、被相続人が「在留資格」とは異なる資格で日本に住所を有していたため国外転出時課税の要件に該当した場合には、非居住相続人の株式の相続による取得に際し、譲渡があったものとみなし、被相続人の相続があった年の各種所得に

17　相続税法 1 条の 3 第 3 項 2 号。一時居住被相続人については、第 1 部第 2 章「5. 納税義務者」をご参照ください。
18　所得税法 60 条の 3。第 1 部第 2 章「16. 国外転出時課税制度（出国税）」をご参照ください。

国外転出（相続）時課税の適用による所得を含めて準確定申告及び納税をする必要があります。

　国外転出（相続）時課税の対象となったみなし譲渡益について、当該資産を相続した非居住相続人が5年以内に居住者となる等、一定の場合には譲渡はなかったものとする規定もありますが、本件事例については換価が予定されていますので、当該規定の適用はないものと考えられます。

　なお、この国外転出時課税（みなし譲渡所得課税）の申告は相続人らが行いますが、日本に居住していた被相続人の譲渡所得が課税対象ですので、下記④の非居住者である相続人の免税規定にかかる所得とは異なるものです。

③　相　続　財　産

　国内財産である自宅は、被相続人の居住用でしたので、相続人である<u>配偶者が取得した場合</u>には、配偶者が同居していない場合であっても、申告期限前に譲渡したとしても、小規模宅地の評価減の規定の適用があります[19]。

④　相続財産の換価処分に係る所得税

　自宅を換価処分した場合には、譲渡所得が生じます。土地建物にかかる譲渡所得は、アメリカ居住者であっても、日本で所得税の申告納税義務があります。相続税の取得費加算の特例も適用可能です。

　一方、日本の証券会社に預けている日本株式を換価処分した際の所得税については、事業譲渡類似株式等に該当しなければ、非居住者は免税です（所令281①四）。

⑤　相続税の計算

　相続人が非居住制限納税義務者又は非居住無制限納税義務者であっても、第1部第2章「18　ケーススタディ　2）スミス家の場合」で検討したとおり、基礎

19　租税特別措置法69の4

控除等については、日本の民法規定による法定相続人の数を基に計算します。事例Ⅷの場合は、民法上の法定相続人は 3 人です。配偶者控除の適用も、非居住無制限納税義務者と同様に適用されます。

　非居住制限納税義務者に該当する場合、債務控除の対象債務の範囲、未成年者控除、外国税額控除の適用は、非居住無制限納税義務者とは異なります。上記スミス家の例をご参照ください。

⑥　遺産分割方法について

　事例Ⅷの前提より「日本の遺産については、法定相続分とは異なるが、頭数で均等に分割することに相続人全員で合意済み」とあります。また、事例Ⅷの法務上の検討をみると、自宅は換価処分が予定されていますので、「相続人の合意」が、「手取り金額均等」である可能性があります。

　日本では、遺産分割協議書で確定させた財産を換価処分する場合、遺産分割協議後に個別に相続した財産に個々の相続人が負担すべき相続税額と換価に係る所得税は、それぞれの財産取得者が負担します。合理的な理由がなく、遺産分割協議書と異なる相続財産の取得が行われた場合には、遺産分割協議書の内容と実際の承継財産の内容との差額は、相続人間で贈与があったものとして取り扱われる可能性があるので注意が必要です。

　換価後の手取り金額をもとに相続財産を分割する場合には、一人の相続人が換価対象相続財産をまとめて相続し、所得税負担後の金額を他の相続人へ代償金を支払うという代償分割の方法によれば、贈与税の問題は解消されます。しかし、この代償分割の方法による場合、資産の換価終了まで、遺産分割協議が確定せず、相続税の法定申告期限では未分割として申告する可能性があります。

　実際の本事例に関する税務上の困難さは、換価処分を前提とした遺産分割を行うとした場合の相続税額の計算と同時に、被相続人の準確定申告にかかる所得税、換価処分にかかる相続人の日本における所得税、国外財産にかかる米国の遺産税額も併せて必要となり、そのシミュレーション作業にあると考えられます。

第3章｜エステートプランニング

事例Ⅸ

遺言者の財産が各国に存在する場合の遺言書の作成の留意点等

　相談者Ａ（65歳）は、日本に住所を有している日本人であるが、日本の
ほかに国外にもかなりの資産を保有している。妻は既に死亡し、現在の推
定相続人は、娘3人のみ（全員日本人。日本居住）。娘3人は、今の関係は
良好だが、それぞれ最近結婚し、家庭を持ち、今後3人の仲が悪くならな
いとも限らない。そこで遺言書等を作成し、無用な紛争は予防したいと考
えている。しかし、外国に資産を有していると相続手続が大変だと知人か
ら聞き、相談にやってきた。

1.　法務上のポイント

　遺言者の財産が各国に存在する場合の遺言の作成の留意点としては、財
産所在地ごとのエステートプランニングを行うことが肝要です。なお、外
国に財産が散在している場合は、相続人の管理能力等も検討して、外国の
財産を維持すべき価値が本当にあるのかも含めて検討することをお勧めし
ます。

Q IX-1　推定相続人は全員日本人で日本に居住しています。日本の公正証書遺言を作成した場合、その遺言書に基づき外国にある財産についても相続手続は可能ですか。

A IX-1　理論的には、財産が所在する国が、『遺言の方式に関する法律の抵触に関する条約』を批准していたら日本の方式に従って作成した遺言書も執行可能といえます。さらに、同条約の批准国でなくとも、同国の国際私法が、日本法の方式に従った遺言書の効力を有効と認めるのであれば執行が可能です。しかしながら、実務的には、外国にある財産については、日本の方式に従った遺言書では、相続手続がスムーズに進まないおそれがあるため、財産所在地国法に基づく遺言をそれぞれ作成しておくことをお勧めします。

■解説

(1)　遺言の方式に関する準拠法

　日本の方式に従った遺言書が、財産の所在する外国において有効とされるか否かは、まず当該外国もハーグ条約のうち『遺言の方式に関する法律の抵触に関する条約』（以下、「ハーグ遺言条約」）を批准しているかを調査する必要があります。日本国外の財産であっても、当該財産の所在地国がハーグ遺言条約の批准国であれば、同条約による一定の要件を満たすことを条件として、日本の方式に従って作成した遺言も当該財産の所在地国において有効とされるからです。

　遺言は、死者の最終意思を尊重する制度であるから、日本・外国を問わず各国とも厳格な要式性を要求するのが一般的です。もっとも、ハーグ遺言条約を批准していなくても、一方で、遺言保護の立場をとり自国の国際私法にて単なる方式の不備のために遺言が無効になることを避けようとする制度を採用している国もあります。実際のところ、理論的に日本の方式に従った遺言書が方式の不備を理由に無効となることは少ないと思います。

(2)　財産所在地国における遺言の作成

　しかしながら、実務上、日本の方式に従って作成された遺言書に基づき、当該財産の所在地国でスムーズに相続手続ができるかは別問題です。

　同じ問題は、外国で作成された遺言書に基づき日本の財産の相続手続を行う場合、その遺言書が日本の遺言方式準拠法に基づき有効とされた場合であっても発生します（前述事例Ⅲ参照）。

　すなわち、自国の遺言書とは異なる外国の遺言書を提示されても、当該国の金融機関や登記所としては対応のマニュアルを持ち合わせていないことから、結局手続が滞ってしまうのです。

　たとえば、日本では自筆の遺言も、全文、日付、署名を自書して押印すれば、自筆証書遺言として、証人の立会もなく有効とされます[20]。しかしながら、アメリカでは自筆証書遺言（holographic will）は珍しく、しかも証人の立会いもなく有効とされるのは信じ難いようです。アメリカの金融機関、登記所及びアメリカにいる利害関係人等に対し、日本の自筆証書遺言の制度を一から説明しても、先方には、「証人の立会いもない自筆証書遺言（holographic will）なんて怪しい！」という固定観念があることから埒があかず、時間と費用ばかりがかさむことになりかねません。

20　民法改正により、全文自署を要求している自筆証書遺言の方式は緩和され、自筆証書遺言に添付する財産目録については自署でなくてもよいものとされました（民968 条②）（2019 年（平成 31 年）1 月 13 日施行）。旧新法の適用との関係は遺言日で区分されることに留意が必要です。

　一方、財産所在地国の方式に従った遺言書であれば、登記所や金融機関も慣れていますので、相続手続は円滑に進みます。確かに、財産の所在地国ごとに別途遺言書を作成するのは、日本の遺言書のみを作成する場合に比べて数倍の費用と時間がかかります。しかしながら、日本の遺言書に基づいて外国での相続手続を行う場合にかかる時間と費用を考えると、相当効率的といえます。

　円滑な財産承継という観点からエステートプランニングにそれなりの費用をかけなくてはならないことは、外国人には比較的受け入れられているように思われるのですが、日本人の依頼者にはまだ浸透していないように思います。「まだ相続も開始していないのに、どうしてそんなにお金をかけるのか」というのが、どちらかというと日本人の感覚です。外国にある資産のエステートプランニングについて相談を受けたこれまでの事案の中にも、見積もりを出したところそれなりの金額になることから躊躇されているうちにうやむやになってしまい、結局何らエステートプランニングをしないまま亡くなってしまった事案をいくつも見てきました。外国にある財産の相続手続は、エステートプランニングで周到に準備をした場合と比較して数倍以上の時間・費用がかかるのが通例です。外国に資産を有する理由の一つには、資産の効率的な運用にもあると推察しますが、その出口の部分のケアなしには、結局それを承継する相続人に膨大な法律費用という物理的負担のみならず、精神的負担をかけることになりかねません。外国に資産分散を検討されている方は特に資産の取得時に、自分に万が一のことがあって相続が生じた場合、外国の資産の相続手続には事前の手当をしていないと残された方々が大変な思いをされる可能性が高いことを念頭に入れてほしいと思います。また、それをアシストする実務家もかかる将来的なリスクも見据えた適切なアドバイスをしてほしいと思います。

(3)　財産の所在地ごとに遺言を作成するときの留意事項

　財産の所在地ごとに同地域の方式に従った遺言書を作成する場合、同一人について複数の遺言書が存在することになるため、遺言書間での矛盾・抵触を防止す

る必要があります。遺言書の内容に矛盾・抵触がある場合、原則として新しい遺言書が古い遺言書に優先されることになりますが、新しい遺言書が別の国で作成した遺言書に優先してしまい、各国ごとに行ったエステートプランニングが無意味なものになってしまう場合もあるからです。

　このような矛盾・抵触を予防するためには、各財産の所在地国の専門家同士で連携をとりつつ双方の遺言書の内容も把握しながら、外国・日本の財産も含めて同時にエステートプランニングをすることが最も理想的です。しかしながら、財産のある国が複数に及ぶ場合、かかる作業はなかなか難しく、各国異時進行で遺言書を作成することのほうがむしろ多いといえます。したがって、日本の財産について日本の方式に従って遺言書を作成する場合は、少なくとも以下の点に留意してください。

　①　日本の方式に従った遺言は日本所在の財産に対してのみ効力を有することを明記する

　②　外国所在の遺産については、当該財産所在地国の遺言によることを明記する

　遺言作成者の気持ちは、その遺言を作成する時により異なります。したがって、実務家としては、遺言者から遺言を作成する意思・背景事情を慎重に聴き取り、仮に遺言作成者が以前に作成した外国の遺言書を含めてすべての遺言を撤回する意思を有する場合は、そのような効力が発生するよう、俯瞰的に、かつ柔軟に遺言書の作成にあたることが必要になります。遺言者が高齢の場合は、作成した遺言書の効力が意思能力を理由に争われないような手当が必要です。

Q IX-2　日本の財産については、日本の方式に従った遺言書を作成すべきという点は、よく理解できました。早速、日本の財産については公正証書遺言を作成したいと思います。ただ、私は、明日から外国のA国にしばらく赴任することになっており、日本の公証役場で公正証書遺言を作成することができません。日本にはかなりの財産があり、遺言書はすぐに作りたいのですが、自筆証書遺言の作成は、方式には誤りがないか、将来に無用な紛争を生じさせないか心配です。外国で日本の方式に従って公正証書遺言を作成することは可能でしょうか。

A IX-2　赴任先に日本の大使館、領事館があるのであれば、領事を公証人の代わりとして公正証書遺言を作成することが可能です。ただし、財産所在地ごとの遺言書作成のみで整理をしないで、エステートプランニングとして、後述のように、プロベートが不要な形で財産を保有したり、海外に資産を保有する強い理由がなければ、今回を機に日本に資産を移転することも選択肢の一つです。

■解説

（1）　在外日本人の遺言

　日本の公証人の職務執行区域は、日本国内に限定されます（公証人法 17）。これでは、公証人が必要な公正証書遺言及び秘密証書遺言は外国では作成できないということになってしまうので、民法で、領事に公証人の代わりをさせて、秘密

証書又は公正証書による遺言を外国でも作成できる手当をしています。

これまでに、カリフォルニア州及びニューヨーク州の領事館にて同地に長年居住する日本人の高齢者の日本に所在する財産に関する公正証書遺言の作成のサポートに携わったことがあります。領事によっては、公証人としての経験が少ないことから、領事館で作成するのではなく、日本への帰国を機に公正証書遺言を作成することを勧める方もいるようです。本事例のように外国に赴任しているという事情があれば、日本へ帰国してから公正証書遺言を作成することも合理的と思いますが、万が一のことがいつ生じるかもわかりません。緊急度については依頼者と相談をして検討すべきでしょう。私が担当した案件では、時差の関係もあったので、領事館との事務連絡は、主に e-mail で行っています。ただし、各領事館においてその運用は異なると思われるので、事前の確認をお勧めします。

⑵ 外国で領事を公証人として公正証書遺言を作成する場合の留意点

① 言　語

公正証書遺言は必ず日本語で作成される必要があります。もっとも、遺言者が日本語を理解できない場合は通事（通訳）を立ち会わせれば、外国語での口授も可能です。私が担当したケースでは、遺言者の海外居住期間が長期に及びかつ日本語が不自由であったため、英語で口授をし、通事を立ち会わせました。

② 証　人

日本語で口授する場合、外国では日本語の理解できる証人2名を手配することがネックとなることがあります。

証人の欠格要件としては、

　ア）未成年者

　イ）推定相続人及び受遺者並びにこれらの配偶者及び直系血族

　ウ）公証人の配偶者、四親等内の親族、書記及び使用人

とあるのみで、日本国籍を有しないことは欠格要件ではありません。したがっ

て、外国人も証人になることは可能です。通事を介すれば公証人が筆記した遺言者の口授を英語で証人に読み聞かせることもできるので、日本語を読み理解できる証人2名を手配する必要はありません。

(3)　外国人が日本で遺言書を作成する場合の留意点

本事例では、日本以外の外国にも資産を有している日本人が、遺言書という形でエステートプランニングをする場合のポイントを説明してきました。一方、最近増加しているのは、日本に居住している外国人からの、日本にある財産について公正証書遺言を作成したいという相談です。

私が所属する事務所には、本国の顧問弁護士等にアドバイスされて、財産の所在地国ごとに遺言書を作成するエステートプランニングの一環で相談に来る方も多いのですが、概して、外国人の作成する遺言書は日本人の作成する遺言書と比較して、次のような特徴があります。

① 様々な将来の事情を想定した遺言書を依頼することが多い

② 受遺者が複数の場合が多い

③ 相続財産の細かなリストを作成することが多い

④ 複雑な内容ゆえに公証人との事前の打ち合わせが必要

⑤ 遺言書の内容が詳細なゆえに、法律費用が膨らむ可能性がある

日本に相当額のあらゆる種類の資産がある場合、外国人は日本人と比較して相続人以外にも広く第三者も含めて資産分配をする傾向が見られます。法人に対し相続財産を寄附するということもよくあります。大量のコレクション（骨董品、価値のある楽器、クラシックカー等）を相続人以外の数十人に対し遺贈したいと希望された方等もいます（ただし、数十人に対する遺贈は別個の法律行為とされ、法律費用のほか、公証手数料がかさむ点に注意が必要です。公証手数料の点は、依頼者には最初の段階でよく説明することをお勧めします）。

相続人、受遺者を指定しても、遺言者が死亡した時点で、既に指定した相続人又は受遺者が死亡していた場合、次順位として誰が当該財産を承継するのか、次

順位者が死亡していた場合は、次々順位者として誰が当該財産を承継するのか、将来に生じうるあらゆる事態を想定して、詳細な遺言書を作成するのも遺言者が外国人である場合の特徴といえます。未成年者の子がいる場合は、後見人の指定、子がいない方から自分の亡き後のペットのためにペットの世話をするための信託の設定を遺言で行うことを依頼され驚いたこともありました（最近は、ペットブームでこのペットのための信託を商品として販売する業者もあるようです）。遺言者が若いということも特徴の一つです。日本人の場合、遺言書作成の依頼は、70歳以上の方からの依頼がほとんどですが、外国人の場合は、遺言者が30代・40代のことも多く見られます。だからこそ、将来のあらゆる事情に備えた規定を設けるのですが、書き直さないわけでもなく、身分上の変化、周囲の環境の変化（結婚、離婚、病気の発症、子の出生、転勤、転職）等に応じて頻繁に書き直しをすることも特徴といえるように思います。

　いずれにしても、外国人は、日本人と比較して、ボリュームのある内容の遺言書を残す傾向にあります。公証人との事前相談のため、公正証書遺言案は、弁護士が実質作成することになりますが、遺言者となる外国人が日本語を理解しない場合、日本語の遺言書だけでなく、遺言者の口授用及び記録用に英語版も作成する必要があるので、倍の手間がかかることになります。遺言書の作成については、報酬を定額としている実務家が多いように思います。しかしながら、外国人が遺言者の場合は、通常の日本人とは異なる内容及びボリュームの遺言書の作成を要請される場合が多く、日本人と比較して手間がかかるため、報酬見積もりは慎重になることをお勧めします。

2.　税務上のポイント

　事例Ⅸでは、相続開始前の遺言に関する法務上の検討を行っています。

　推定相続人は、すべて日本に生活の本拠を持つ日本人で、被相続人も日本に住所を有する日本人ですので、将来の相続税の申告に当たっては居住無制限納税義務者に該当します。

　いわゆる相続対策を検討する場合、①生前贈与を利用するケース、②将来の相続税の納税資金を手当てするケースがあります。ここでは、国際相続事案としての視点から、相続時精算課税制度を国外財産についても利用できるか、相続税の物納・延納をする場合、国外財産を利用することできるか等を検討することにします。

①　相続時精算課税制度した場合

　相続時精算課税制度は、生前贈与により財産を取得した際、1）贈与者が60歳以上の父母又は祖父母であり、2）受贈者が贈与者の推定相続人である20歳以上の子又は孫である場合には、贈与税の納付については、毎年暦年単位で贈与財産を合計して贈与税の申告を行う「暦年課税」と、贈与時には財産の20%の定率で計算した贈与税を納付し、その贈与者が亡くなった時にその贈与財産の贈与時の価額と相続財産の価額とを合計した金額を基に計算した相続税額から、既に納めたその贈与税相当額を控除するという「相続時精算課税制度」による方法のいずれかを選択できます（相法21の9〜21の13）。

　相続時精算課税制度を一旦選択した場合、それ以降の贈与者から受けるすべての贈与についてこの制度の適用をすることが求められます。

　国外財産についてのポイントは下記のとおりです。

■　国外財産の贈与についても相続時精算課税の適用を受けることができます。

■　この贈与について、贈与財産が所在する国で、納付したその国の贈与税に相当する税金は、外国税額として控除することができます（贈与者に相続が発生

した場合に相続税額から控除する贈与税額は、外国税額を控除する前の税額です）。

■　贈与者の相続発生時には、受贈者は特定納税義務者として、贈与を受けた財産を相続税の課税価格に算入し、申告納付することが求められます。

■　相続時精算課税制度のメリットとして、相続財産の課税価格に算入する金額が、贈与時の価格であることが挙げられます。国外財産については、為替の変動又はその国の物価上昇率等から、将来の相続税の試算が困難な場合がありますが、この制度を利用することにより、相続財産の価格が確定可能です。

■　デメリットとしては、贈与財産として取得した後、運用上の失敗、予期しなかった事態の発生等により、財産が贈与時よりも目減りした場合でも、相続財産の課税価格に算入する金額が、贈与時の価額であることです。

② 物納・延納

相続税の現金納付が困難である場合に、納税者の申請により現金納付に代えて物納も認められます（相法41）。しかし、物納財産は、相続税の課税価格の基礎となった財産のうち、日本にある特定の財産に限られています（相法41②）。

また、相続税を分割納付する延納は、納税者の申請により、税務署長が許可した場合に、可能となります。納付をすることが困難な金額、課税相続財産の価額のうちに不動産等の占める割合に応じて、5年から20年の延納期間が認められます。延納を行うと、利子税を合わせて毎年分割納付するほか、延納金額が50万円未満でかつ延納期間が3年未満である場合を除き、延納相当額の担保を提供しなければなりません（相法38、39、48の2、52）。

国外にある不動産を相続又は遺贈により取得した場合でも、延納期間の基準となる不動産割合にその国外不動産を含めて計算されますが、延納の担保として適当でない資産については、税務署長は、担保の変更を求めることができます。一般に担保として受け入れられるものは、①国債、②地方債、③上場有価証券（「社債、株式等の振替に関する法律」の規定に係る株式その他の有価証券等で振替機

関が取り扱うもの)、④③以外の有価証券（供託に提供されるもの)、⑤土地等、⑥建物、⑦船舶・航空機等です。担保資産については、抵当権の設定がされますので、担保の設定ができない資産については、税務署は、物的保証にかえ、人的保証として納税保証人を求める場合があります。

事例X

信託制度の活用等

　日本人A（80歳）は日本人の妻B（75歳）と現在日本国外のX国に居住している。AとBの間には、日本に居住している子C（55歳）、D（50歳）、E（45歳）がいるが、Eは知的障害を有し意思能力はなく長年施設に入所している。Aは、戦後自動車部品の製造会社を創業し、株を100％所有していた。C及びDは、大学卒業後、Aの事業を手伝っていたが、Aと折り合いが合わず大ゲンカの末、独立した。C及びDは、それぞれ事業を営んでいるが、A及びBとは15年以上音信不通である。なお、C及びDは、独立してAの会社を退職した際、独立資金として、Aからそれぞれ1億円を受領している。Aは75歳のとき、社内の後継者に株を100％すべて譲渡し、事業承継は終了している。

　Bはこの数年で認知症の症状が出始めているが、日常生活に支障はない。最近心臓の手術をしたAの心配事は、自分に万が一のことがあった場合のBとEの将来である。Aの財産は、日本に不動産（時価約3億円）、金融資産2億円及びX国に金融資産が現地通貨で、約5億円相当の預金及び投資信託がある。Aは子のC及びDはどうしても信頼できず、自分に万が一のことがあった場合は、Aの事業を長年手伝っていて現在事業を承継した甥Fに、B及びEのことを頼みたいと思っている。来日を機会にエステートプランニングについて方針を決めたいAが相談者である。

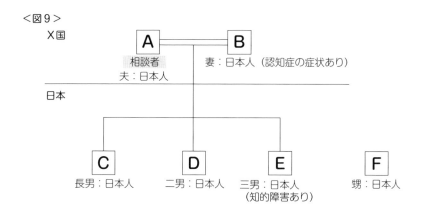

<図9>

X国

A　相談者　夫：日本人

B　妻：日本人（認知症の症状あり）

日本

C　長男：日本人

D　二男：日本人

E　三男：日本人（知的障害あり）

F　甥：日本人

1. 法務上のポイント

　信託は、遺言及び任意後見契約に代替する機能を有している優れたツールです。特に、外国の信託は、日本の信託とも異なり、信託受託者となる受け皿も充実しており、柔軟にカスタマイズしてくれるところがメリットともいえます。

　ただし、信託を利用する場合は、税務のチェックは不可欠です。

Q X-1

　Aは、自分に万が一のことがあった場合、BとEができるだけ不自由のない生活を営んでほしいと考えています。Aの資産は合計で約10億円ありますが、子のCとDは、金遣いが荒く、事業もしているので、遺産をすぐに使い果たし、BとEが路頭に迷うのではないかと心配しています。BとEの生活を守る方策としてはどのようなものが考えられるでしょうか。

X-1　財産面に着目すると、B及びEに対し円滑に財産を承継する方策としては、

① 遺贈

② 遺言による信託

③ 遺言代用信託（生前信託）

等が考えられます。しかし、BとEの生活資金について、Fに確実に管理させるとすると、遺言代用信託（生前信託）が適切でしょう。なお、C及びDには遺留分がありますので、遺留分侵害額請求権対策も必要です。

▌解説

(1) 遺　贈

　Aは、遺贈により、B及びEのみに全財産を相続させることが可能です。もっとも、Eは意思能力もなく、さらにBも認知症の症状が進行しつつあるとのことでしたので、両人とも相続した財産を適切に管理運用することが不可能でしょう。Aが遺言書を作成したとしても、Fが遺言書の存在について何ら知らない場合は、BとEの状況につけこんで、CとDが自分たちに都合のよい遺産分割協議書を作成して相続財産を操作することも否定できません。したがって、本件の場合、B及びEの生活を保護する手段として遺贈はお勧めできません。遺言だけでは、財産の行先を指定するだけなので、本件のように財産を受領する者が自ら遺産を管理運用する能力がない場合、有用であるとはいえません。

(2) 遺言による信託

　遺言による信託とは、財産の行先を指定して直接承継させるのではなく、遺言で財産管理能力に長けた者を受託者と指定して、遺言の効力が生じた時点で、相

続財産を信託財産として受託者に移転し、受託者をもって信託財産から生じる受益を目的に応じて本来財産を承継させたかった者に受益権という形で与える制度です。本件において信託を用いれば、受託者 F によって A の遺産は信託財産として管理されるので、C や D により徒らに財産が浪費されてしまう等の心配もなく、A の財産は、確実にかつ適切に B 及び E に承継され B 及び E のために支弁することが可能となります（信託法 3 二）。

　近年、銀行、信託銀行等の金融機関がさかんに「遺言信託」と称する商品を販売していますが、これは信託法に規定されている「遺言による信託」ではなく、一般的には公正証書遺言の作成をサポートし、遺言者が死亡した際に、遺言書に記載されたとおりに遺言の執行を行うというものに過ぎません。信託の本来の意味は、財産を信頼できる人に託し、その人に当該信託財産を管理してもらうことです。この点、銀行等が行っている「遺言信託」は、財産を預かりその預かる目的に従って管理するという側面がないことから、本来の信託とはいえません。

　本件では、A を委託者、A が信頼する F を受託者と指定し、受益者を B 及び E とする遺言による信託を行うことが理論的には考えられます。信託目的は、受益者 B 及び E のこれまでの生活環境を維持し、B 及び E が幸福で文化的生活を追求できるようにする目的といったところになるでしょう。しかしながら、遺言信託の場合、遺言は単独行為です。受託者として指定された者が受託者としての地位を引き受けるかは受託者の自由意思によることになります。そして F が受託者となることを拒絶した場合は、利害関係人が受託者を選任する申立てを行うことになりますが（信託法 6 ①）、遺言執行者がいない場合等、結局受託者選任の申立て等がなされず、B と E が A の望む満足な保護を受けられない可能性も否定できません。したがって、本件では遺言による信託も適切な方策とはいえません。

(3)　遺言代用信託（生前信託）

　遺言代用信託とは、自己の財産について、生前に信託を設定し、生前は自らが

受益者となるが、自己の死亡を始期として、その配偶者や子その他の者を受益者とする等死後の財産承継を信託によって行おうとするものです。遺言代用信託は、その機能は遺言による信託と同一ですが、委託者が生前に信託契約により受託者に財産を信託するので、遺言による信託のように受託者に指定された者が受託者としての地位を引き受けないという事態が回避できます。

　本件でAの信頼できる者というのは、Aの事業を長年支え、Aの家族の事情・悩みをよく知るFしかいません。FはCとDのこともよく知っています。信頼できるFに、B及びEのための財産の管理・運用を任せる確実な方法としては、改正信託法により導入された遺言代用信託が適切だといえるでしょう。

⑷　遺留分及び特別受益への配慮

　遺贈、遺言による信託、遺言代用信託をエステートプランニングとして利用する際忘れてはならないのが、遺留分及び特別受益への配慮です。遺留分とは、被相続人の相続財産の一定割合を一定の範囲の相続人に留保する民法上の制度であり、特別受益とは、生前贈与や遺贈を受けた相続人がいる場合にその受益を相続分の精算の際に考慮する制度で、いずれも相続人間の公平を図ろうという制度です。

　遺言による信託、遺言代用信託のいずれも、実質的には被相続人の財産を特定の者に承継させる財産承継の側面を有している点では遺言による被相続人の財産移転と同様です。したがって、相続人間の公平に基づく遺留分制度及び特別受益制度の潜脱を許さないためにも、遺言による信託及び遺言代用信託においても、遺留分及び特別受益の規定が適用されると考えられます。

　本件において、子CとDは、Aが死亡した場合、それぞれAの相続財産の12分の1につき遺留分を有することになります。子C及びDの遺留分、さらにAがB又は特にEに対し特別受益を付与していたと争われる可能性がある場合は、それらの受益分をも考慮してB及びEを受益者とした信託を設定する必要があります。C及びDに対し独立資金として与えた1億円については特別受益

であることを前提に遺留分を検討する余地もあります。ただし、C 及び D が特別受益性を争う可能性がある場合は、F の信託財産管理に過度の負担が生じぬよう A としても何らかの配慮をする必要があると思います。

　　C及びDのそれぞれの遺留分を侵害しない内容の遺言代用信託を作成することに決めました。私の財産のほとんどは日本にありますが、約5億円はX国にあります。日本で作成する遺言代用信託では、X国にある財産もカバーするべきでしょうか。それともX国の財産については、別途X国でのエステートプランニングを検討すべきでしょうか。

　　日本の弁護士を通じて、X国の専門家にAの意思を実現する内容のエステートプランニングを依頼することをお勧めします。通則法によれば、Aの相続の準拠法は日本法となりますが、将来の紛争予防の観点からは、X国の専門家に対し、日本法下の相続制度、懸念する点（特にC及びDの遺留分）について説明した上で、日本及びX国でのエステートプランニングについて矛盾を生じさせないケアも必要だと考えます。なお、外国信託は、プライベートバンクがカスタマイズされた信託を引き受けてくれる等の利点もあります。もっとも信託を利用する場合日本の税務上どのような課税リスクがあるか事前に検討することは不可欠です。

▌解説

(1)　外国の財産に関するエステートプランニング

　遺言以外の信託等の方法でエステートプランニングする場合も、複数国に財産が分散する場合、エステートプランニングは財産の所在地国ごとに行うことをお勧めします。なぜなら、遺言書同様、日本の方式及び日本の法律に従ったエステートプランニングを作成したとしても、それが財産所在地国において実行できるかはあまりにも不確定であるからです。財産の所在地ごとに各国の方式、法律に従ったエステートプランニングを事前に行っていた方が、トータルの法律費用は相対的に安くあがる可能性が高いと考えます。

　なお、各国ごとにエステートプランニングを行う際は、内容に矛盾が生じないよう留意することが必要です。各国間で矛盾・抵触が生じてしまうと、いずれの信託契約が優先するのかという紛争が生じる可能性があります。かかる紛争を予防するためには、遺言と同様、契約の対象物があくまでもそれぞれの国内の財産に限定されることを明記することをお勧めします。

(2)　アメリカでのエステートプランニング

　アメリカにおけるエステートプランニングは、遺産相続の対策又は相続税（遺産税）対策のみならず、生前中に意思能力に問題が生じた場合の財産管理、離婚のための財産プランニング等、将来に起こる様々な事態を想定し対策をしておくという大変広いものです。

　しかし、アメリカでは相続が発生すると、原則として裁判所の監督下にあるプロベートの手続に入ってしまうため、このプロベートを回避するための方策としてエステートプランニングが利用されることも多いといえます。プロベートの手続を軽減するための代表的な方策としては、以下のようなものがあります。

　①　遺言書の作成

　②　共有名義化

　③　Payable-on-death account 等の特殊な口座の利用

④　信託契約の作成

(3)　アメリカにおける遺言書の作成

　州による違いはあるものの、アメリカでは遺言書を作成している場合は、遺言書を作成していない場合（intestacy）と比較して、一般的にかなりの部分でプロベートの手続を簡素化することが可能なようです。したがって、アメリカに財産を有する場合は、とりあえずのエステートプランニングとしてでも、万が一に備えて簡単な遺言書を財産のある州の方式、法律に従い作成することをお勧めします。とはいえ、遺言書が作成されているとしてもプロベート自体は回避することができない点に注意が必要です。

(4)　財産の共有名義化

　共有名義化とは、財産を複数の人で共有化することです。外国では、日本と異なる共有形態があります。たとえば、アメリカでは、前述のように、大きく分けて以下の共有形態があります。

①　ジョイント・テナンシー　joint tenancy（合有財産権）
②　テナンシー・イン・コモン tenancy in common（共有財産権）
③　tenancy by entirety（夫婦合有財産制）
④　コミュニティ・プロパティ（community property）（夫婦共有財産制）

　このうち、①のジョイント・テナンシー、③夫婦合有財産制の tenancy by entirety 及び④のコミュニティ・プロパティのうち生存者受取権（right of survivorship）が付されたものについては、プロベートの手続は不要であるといわれています。

　生存者受取権が付いている共有形態は、共有者の一方が死亡したとき当該財産に関する権利が自動的に残された共有者に移転するとされています。なかには、遺言や信託を上回る強い効力を有する joint tenancy といった共有形態もあります。いずれにしても、共有の考え方は財産所在地により異なる可能性があるの

で、エステートプランニングとして共有形態を利用するためには、現地の専門家
に相談することが不可欠です。

(5)　Payable-on-death（POD）account 等

アメリカの銀行口座や証券会社で管理することが可能な金融資産の中には、名
義人が死亡した際の口座を承継する者を指定することができる商品があります。
死亡時の受取人指定が可能な口座を、payable-on-death（POD）account、死亡時
の証券口座の承継人指定が可能な口座を transfer-on-death（TOD）account とい
います。いずれも、契約者の死後の財産の受取人を指定するという意味で生命保
険と同様、裁判所監督下のプロベートの手続を回避することが可能になるので、
エステートプランニングの選択肢の一つとしてよく利用されています。

なお、日本では生命保険金は、指定された受取人の固有の財産であり、相続財
産ではないという考え方が通説です（最決平 16・10・29 民集 58・7・1979）。財産
の受取人指定という生命保険との類似性に着目して、死亡時の受取人を指定した
POD account や TOD account 内の財産について、持ち戻しの対象となる特別受
益といえるかが争いになった事件を複数担当したこともあります。しかし、これ
まで同口座の性質について説明した取引約款を見る限り、POD account や TOD
account の対象財産は、口座の所有者である名義人が死亡した時に、同名義人か
ら指定した受益者に対し対象財産の利益を享受させる、いわゆる第三者のための
契約について名義人の死亡を条件にしたものにすぎないと考えます。

(6)　生前信託（living trust）の利用

信託制度の沿革については争いがあるものの、いまある信託制度の起源は 11
世紀から 13 世紀の封建制度時代のイギリスにあるとされています。日本におい
ては、信託を利用したエステートプランニングは、まさに開拓期の状況にあると
言わざるを得ませんが、外国、特に英米法系諸国では、遺言書に加えて生前信託
がエステートプランニングとして利用されることが浸透しています。これは生前

信託により、対象財産についてはプロベートの手続が回避できることと税務上の
優遇が認められることが大きな要因といわれています。

　最近増加しているのが、外国に居住している日本にゆかりのある方（日本人や
日本に財産を有する外国人）からのエステートプランニングの内容をチェックし
てほしいという相談です。税務対策になるからと、信託財産の対象として、アメ
リカのみならず日本の財産を含めた信託契約を作成したもののよく理解できない
ので説明してほしい、また、実効性があるか検証してほしいというアメリカの専
門家からの依頼です。日本人が関わるものでよく出てくるものが、配偶者が外国
籍の場合、遺産税の繰り延べを可能にする特殊な信託（qualified domestic trust
（QDOT））を利用した生前信託等です。なかには優遇税制を受けるために、国
籍の変更まで検討される方もいます。

　これらの生前信託は非常に複雑でボリュームも多く、レビューにかなりの費用
がかかります。その上、アメリカの専門家がアドバイスして作成された場合、ア
メリカの法制度、税制度についてのみ配慮したもので、日本の法制度、相続税・
贈与税についてまで配慮されたものは、ほとんどないといっても過言ではありま
せん。

　QDOT の利用にしても、確かに遺産税の繰り延べという点では利益があるの
かもしれません。しかし、将来日本に帰国する予定の方のエステートプランニン
グとしてどの程度の利益になるかはかなり疑問な部分があります。またその点を
委託者、受益者が理解できていないことが多いです。複数の国にまたがるエス
テートプランニングにおいては、国内のエステートプランニング以上に不確実な
要素が多いので、専門家としては慎重な対応が必要です。

2.　税務上のポイント

事例Ｘは、国外に住む高齢の日本人Ａが、同じく国外に住む認知症の配偶者Ｂと、日本に住んでいる障害をもつ子Ｅに日本及びＸ国にある相続財産を相続させる際に信託制度を利用することを検討しています。

①　日本の信託の検討

日本在住のＥ（知的障害者）について、日本の信託会社等を受託者とする特定障害者扶養信託契約を利用することが可能です。特定障害者扶養信託契約とは、個人が受託者と締結した金銭、有価証券その他の財産で政令で定めるものの信託に関する契約で、当該個人以外の一人の特定障害者を信託の利益の全部について受益者のものとするもののうち、当該契約に基づく信託が当該特定障害者の死亡の日に終了することとされていることその他の政令で定める要件を備えたものをいいます（相法21の4②）。この信託契約に係る委託財産は、扶養者から被扶養者への贈与に該当しますが、委託財産が3,000万円又は6,000万円までは、贈与税が非課税とされる特例があります。また、Ｘ国に居住している配偶者Ｂを受益者とするトラスト（信託）をＸ国で設定した場合、注意すべき点は、相談者Ａ又はその配偶者Ｂが、Ｂを受益者とする信託の効力が発生する時以前10年以内に日本に住所を持っていたか、信託の効力の開始後、日本に帰国する予定があるかなどです。

相談者Ａ又はその配偶者Ｂが、Ｂを受益者とする信託の効力が発生する時以前10年以内に日本に住所を持っていた場合には、Ｂが日本の贈与税又は相続税の非居住者無制限納税義務者に該当しますので、日本の贈与税・相続税の申告納税義務が生じます。配偶者Ｂに相続税・贈与税の申告納税義務があるのに、そのことに気が付かないケースもあります。ただし、このような納税義務があることを認識しないまま、日本に帰国した場合、国税通則法の相続税・贈与税の更正の期間制限は、その申告期限の到来後5年ですので、注意が必要です（国税通則法70）。

事例 XI

外国の信託

　相談者は、日本人 A で香港に居住している（50 代後半）。20 代前半で、香港で行ったスタートアップが成功し、IPO にて莫大な資金（約 25 億円）を得た。10 年前、同資金については、香港を拠点とするプライベートバンク B の助言に従いとある香港法を準拠法とする A Family Trust に入れた。A Family Trust の委託者は A、受託者は香港の B 銀行、受益者は A、A の妻及び子である。A Family Trust の信託財産を元に、B 銀行は、同財産をファンドとして運用し、毎年 5,000 万円から 1 億円相当の運用益を出している。この度、香港から日本に拠点を移して新たなビジネスをすることとなった。その前に、同信託の日本での取扱いが気になるところである。

\<図10\>

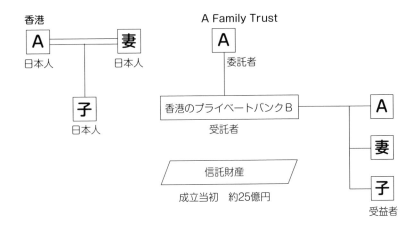

1.　法務上のポイント

　日本人で相当程度の財産を保有されている方が、外国駐在中に外国の専門家に勧められて外国の遺言や外国の信託を組成したものの、日本に帰国することになって、その外国の遺言や信託の法務・税務上の効果を正確に把握されたいというご相談が増加しています。信託の内容次第では、外国の財産は外国にいるうちに処分したほうがよい場合もあります。外国が絡む国際事案の場合は、居住地を変更し又は財産を処分する前が、専門家に助言を求める適切なタイミングともいえます。

XI - 1　本件信託は、香港で組成されています。そもそも外国で組成された信託が日本法上有効に扱われるのでしょうか。

XI - 1　信託契約書（trust agreement）や信託証書（trust deed）において指定した準拠法に基づき有効とされた外国信託は、日本でも有効と解されます。

▌解説

（1）　信託の準拠法

　日本は、信託の準拠法について定めた1985年の信託の準拠法及び承認に関するハーグ条約を批准していません。また、通則法には、信託に関する明文の規定はなく、信託の準拠法は解釈に委ねられています。

　この点、判例及び学説並びに通則法の立法担当者によれば、信託行為をした当

事者が信託行為当時に選択した法が準拠法とされています。

　本件のようなプライベートバンクが受託者となる信託は、クロスボーダーの信託資産を扱うことも少なくないことから、準拠法条項があることが通例です。信託契約書や信託証書等に「本信託の準拠法を〇〇法とする」という定めがあれば、〇〇法に基づき有効に成立した外国信託は、日本でも有効ということになります。また、仮に準拠法の指定が明示・黙示にもない場合は、当該信託に最も密接な関係を有する地の法律によることになります。

　本件では、信託スキーム・信託契約は、香港のプライベートバンクが作成していると思われるので、香港法を準拠法としている場合が多いと考えられます。このような明文の香港法を準拠法とする準拠法条項がある場合は、争いがありません。しかし、仮に明文の規定がなくても、本件は当事者がすべて香港に居住し、かつ財産も香港にあるので、香港が密接関係地として香港法が準拠法になるものと考えます。

　そこで、信託が日本法上有効といえるか否かは、香港の弁護士に確認した上で、香港法上有効とされれば、日本法上も有効と扱われることになります。

　なお、このような外国信託を組成することがある場合、日本の法務・税務の効果については、外国信託を組成する前に確認しておくことをお勧めします。

Q XI-2　外国の信託が、日本の通則法に照らして有効である場合、日本の税法上は、どのように扱われるのでしょうか。香港法に基づいて組成された信託法が、日本の租税法の概念にそもそも馴染むのでしょうか。

外国信託の準拠法が外国法で、同外国法に基づき、日本法上、当該信託が有効とされたとしても、日本の信託税制においてどのように扱うかは、別問題であることに注意が必要です。信託について租税法には格別の定義はなく、信託税制上、信託法からの借用概念を用いています。外国法に基づく法律行為について、日本の信託税制上、どのように扱うかを正面から判断したものはありません。しかし、外国法に準拠して組成された信託についても、その課税関係については、国際協調の観点から外国法を基準としつつも、租税の公平性の観点から、日本法に基づく行為と同様の性質を有するか否かによって、その課税関係を決定するものと考えられます。いずれにしても、現地の専門家と日本の専門家同士で、外国法に基づく法律行為を日本法上どのように解釈すべきか法的な分析が必要不可欠だと考えます。

┃ 解説

（1）　借用概念

　租税法固有の概念を除いては、租税法が用いる概念は、私法において用いられる意味と同一に解すべきという統一説が、判例・通説・実務といわれています。もっとも、本件のような外国法に基づく信託において、外国法上の概念が日本の租税法上どのように扱われるかは、判例も事案ごとの個別的事例判断に留まっており、学説においても結論は分かれ、かつ議論も尽されていない状況です。そこで、日本の租税法上、外国法上の概念をどのように取り扱えばよいのかがまず問題となります。

　この点、アメリカのLLCに対する税務上の取扱いに関する当局の質疑応答事

例及びデラウェア州 Limited Partnership（LPS）の法人該当性に係る最高裁判決等を考慮すると、当局及び裁判所は、外国法に基づく行為については、外国法を一定程度尊重しつつも、日本の法律に基づく行為と同様の法的性質を有するか否か又は日本の租税法の目的に照らして合目的に概念の意味を理解する等、日本法の概念に引き付けて判断しているようにも思われます。このような判例・実務の立場を考慮すると、外国法に基づく法律行為の租税法上の解釈は、当該外国法上の概念を理解した上で、日本法上同一・類似の行為があるか否かという観点から、日本法上の概念に引き付けて考えることが最も無難といえます。

かかる無難なアプローチによると、本件においては、香港法上の信託行為等の法律概念が、日本の信託法上の信託行為と同一・類似性があるかといった観点から検討していくことになるでしょう。いずれにしても、香港現地の弁護士と日本の弁護士による協働の検討が必要となります。

2. 税務上のポイント

A ファミリートラスト

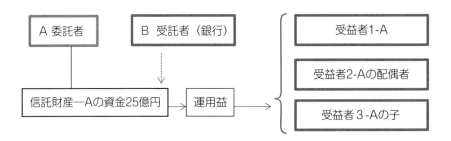

事例XIでは、日本国籍 A 氏が、香港法を準拠法として、B 銀行を受託者とするファミリートラストに A 氏の資金 25 億円を信託財産とし、受益者は A 氏、A 氏の配偶者及び子となっているという情報のみが与えられています。

このようなファミリートラストの場合、運用益にかかる所得税課税は、所得税法 13 条の規定により判断します。所得税法 13 条では、集団投資信託・退職年金

等信託、法人課税信託を除き、信託財産に帰せられる収益及び費用は、受益者の収益及び費用とみなして、所得税法の規定を適用すると規定しています。信託の受益者には、信託財産の給付を受けるものや、信託の変更をする権限を有するものもみなし信託の受益者とされており、受益者が複数ある場合には、その受益者のその財産にかかる収益及び費用についての権利に応じて所得の帰属を判断するように求めています。したがって、上記の情報において、運用益にかかる所得が誰に帰属するかを、その信託契約を日本の信託法に照らして検討する必要があります。

　事例Ⅲ（2.税務上のポイント③信託財産の取扱い）で述べたとおり、外国信託であっても、その信託財産にかかる権利を対価を支払わずに個人が取得したときには当該個人に対して、贈与又は遺贈があったものとして贈与税又は相続税課税が生じます[21]。本事例の受益者が、信託財産にかかる権利をいつ、どのようなタイミングで取得するかについても、信託契約を日本の信託法に照らして、検討する必要があります。

　過去の判例で、生命保険への投資を内容とする信託契約において、信託上の受益者といっても、当該受益者は保険事故発生又は満期時まで分配は行われないことから、「本件信託の設定時において、本件信託による利益を現に有する地位にあるとは認められないので、相続税法4条1項の「受益者」に当たるとは認められない」という納税者の主張を認めた地裁判決[22]が、高裁では「本件信託の設定時において、信託受給権及び信託監督的権能を有していたと認められるので、相続税法4条1項にいう「受益者」に当たると認められる」と判示し、税務署長の行った贈与税に関する更正処分を適法であるとされたものがあります[23]。

　この裁判では、高裁も地裁判決の「相続税法4条1項の『信託行為』について

21　相続税法9条の2ほか
22　名古屋地方裁判所平成20年（行ウ）第114号贈与税決定処分取消等請求事件（認容）
23　名古屋高等裁判所平成23年（行コ）第36号贈与税決定処分取消等請求控訴事件（控訴人国）（原判決取消し、認容）（上告棄却・不受理）

は、同法にはこれを定義する規定は置かれていない。このような場合、納税者の予測可能性や法的安定性を守る見地から、税法上の用語は、特段の事情のない限り、通常用いられる用法により解釈するのが相当である。本件においても、信託行為は、<u>信託法により規定されている概念</u>であるので、相続税法 4 条 1 項の『信託行為』は、信託法による信託行為を意味するものと解するのが相当である」という判示内容を引用し判断の基礎においています。このことから、外国の信託における権利関係等を相続税法その他の税法に照らして判断する場合には、日本の信託法に照らして整理し、その上で課税関係を検討することになります。

参考資料

法の適用に関する通則法

（平成 18 年 6 月 21 日法律第 78 号）

法例（明治 31 年法律第 10 号）の全部を改正する。

第 1 章 総則

（趣旨）
第 1 条 この法律は、法の適用に関する通則について定めるものとする。

第 2 章 法律に関する通則

（法律の施行期日）
第 2 条 法律は、公布の日から起算して 20 日を経過した日から施行する。ただし、法律でこれと異なる施行期日を定めたときは、その定めによる。

（法律と同一の効力を有する慣習）
第 3 条 公の秩序又は善良の風俗に反しない慣習は、法令の規定により認められたもの又は法令に規定されていない事項に関するものに限り、法律と同一の効力を有する。

第 3 章 準拠法に関する通則

第 1 節 人

（人の行為能力）
第 4 条 人の行為能力は、その本国法によって定める。
2 法律行為をした者がその本国法によれば行為能力の制限を受けた者となるときであっても行為地法によれば行為能力者となるべきときは、当該法律行為の当時そのすべての当事者が法を同じくする地に在った場合に限り、当該法律行為をした者は、前項の規定にかかわらず、行為能力者とみなす。
3 前項の規定は、親族法又は相続法の規定によるべき法律行為及び行為地と法を異にする地に在る不動産に関する法律行為については、適用しない。

（後見開始の審判等）
第 5 条 裁判所は、成年被後見人、被保佐人又は被補助人となるべき者が日本に住所若しくは居所を有するとき又は日本の国籍を有するときは、日本法により、後見開始、保佐開始又は補助開始の審判（以下「後見開始の審判等」と総称する。）をすることができる。

（失踪の宣告）
第 6 条 裁判所は、不在者が生存していたと認められる最後の時点において、不在者が日本に住所を有していたとき又は日本の国籍を有していたときは、日本法により、失踪の宣告をすることができる。

2　前項に規定する場合に該当しないときであっても、裁判所は、不在者の財産が日本に在るときはその財産についてのみ、不在者に関する法律関係が日本法によるべきときその他法律関係の性質、当事者の住所又は国籍その他の事情に照らして日本に関係があるときはその法律関係についてのみ、日本法により、失踪の宣告をすることができる。

第2節　法律行為

（当事者による準拠法の選択）
第7条　法律行為の成立及び効力は、当事者が当該法律行為の当時に選択した地の法による。

（当事者による準拠法の選択がない場合）
第8条　前条の規定による選択がないときは、法律行為の成立及び効力は、当該法律行為の当時において当該法律行為に最も密接な関係がある地の法による。
2　前項の場合において、法律行為において特徴的な給付を当事者の一方のみが行うものであるときは、その給付を行う当事者の常居所地法（その当事者が当該法律行為に関係する事業所を有する場合にあっては当該事業所の所在地の法、その当事者が当該法律行為に関係する2以上の事業所で法を異にする地に所在するものを有する場合にあってはその主たる事業所の所在地の法）を当該法律行為に最も密接な関係がある地の法と推定する。
3　第1項の場合において、不動産を目的物とする法律行為については、前項の規定にかかわらず、その不動産の所在地法を当該法律行為に最も密接な関係がある地の法と推定する。

（当事者による準拠法の変更）
第9条　当事者は、法律行為の成立及び効力について適用すべき法を変更することができる。ただし、第三者の権利を害することとなるときは、その変更をその第三者に対抗することができない。

（法律行為の方式）
第10条　法律行為の方式は、当該法律行為の成立について適用すべき法（当該法律行為の後に前条の規定による変更がされた場合にあっては、その変更前の法）による。
2　前項の規定にかかわらず、行為地法に適合する方式は、有効とする。
3　法を異にする地に在る者に対してされた意思表示については、前項の規定の適用に当たっては、その通知を発した地を行為地とみなす。
4　法を異にする地に在る者の間で締結された契約の方式については、前二項の規定は、適用しない。この場合においては、第1項の規定にかかわらず、申込みの通知を発した地の法又は承諾の通知を発した地の法のいずれかに適合する契約の方式は、有効とする。
5　前三項の規定は、動産又は不動産に関する物権及びその他の登記をすべき権利を設定し又は処分する法律行為の方式については、適用しない。

（消費者契約の特例）

第 11 条　消費者（個人（事業として又は事業のために契約の当事者となる場合におけるものを除く。）をいう。以下この条において同じ。）と事業者（法人その他の社団又は財団及び事業として又は事業のために契約の当事者となる場合における個人をいう。以下この条において同じ。）との間で締結される契約（労働契約を除く。以下この条において「消費者契約」という。）の成立及び効力について第 7 条又は第 9 条の規定による選択又は変更により適用すべき法が消費者の常居所地法以外の法である場合であっても、消費者がその常居所地法中の特定の強行規定を適用すべき旨の意思を事業者に対し表示したときは、当該消費者契約の成立及び効力に関しその強行規定の定める事項については、その強行規定をも適用する。

2　消費者契約の成立及び効力について第 7 条の規定による選択がないときは、第 8 条の規定にかかわらず、当該消費者契約の成立及び効力は、消費者の常居所地法による。

3　消費者契約の成立について第 7 条の規定により消費者の常居所地法以外の法が選択された場合であっても、当該消費者契約の方式について消費者がその常居所地法中の特定の強行規定を適用すべき旨の意思を事業者に対し表示したときは、前条第 1 項、第 2 項及び第 4 項の規定にかかわらず、当該消費者契約の方式に関しその強行規定の定める事項については、専らその強行規定を適用する。

4　消費者契約の成立について第 7 条の規定により消費者の常居所地法が選択された場合において、当該消費者契約の方式について消費者が専らその常居所地法によるべき旨の意思を事業者に対し表示したときは、前条第 2 項及び第 4 項の規定にかかわらず、当該消費者契約の方式は、専ら消費者の常居所地法による。

5　消費者契約の成立について第七条の規定による選択がないときは、前条第 1 項、第 2 項及び第 4 項の規定にかかわらず、当該消費者契約の方式は、消費者の常居所地法による。

6　前各項の規定は、次のいずれかに該当する場合には、適用しない。

　一　事業者の事業所で消費者契約に関係するものが消費者の常居所地と法を異にする地に所在した場合であって、消費者が当該事業所の所在地と法を同じくする地に赴いて当該消費者契約を締結したとき。ただし、消費者が、当該事業者から、当該事業所の所在地と法を同じくする地において消費者契約を締結することについての勧誘をその常居所地において受けていたときを除く。

　二　事業者の事業所で消費者契約に関係するものが消費者の常居所地と法を異にする地に所在した場合であって、消費者が当該事業所の所在地と法を同じくする地において当該消費者契約に基づく債務の全部の履行を受けたとき、又は受けることとされていたとき。ただし、消費者が、当該事業者から、当該事業所の所在地と法を同じくする地において債務の全部の履行を受けることについての勧誘をその常居所地において受けていたときを除く。

　三　消費者契約の締結の当時、事業者が、消費者の常居所を知らず、かつ、知らなかったことについて相当の理由があるとき。

　四　消費者契約の締結の当時、事業者が、その相手方が消費者でないと誤認し、かつ、誤認したことについて相当の理由があるとき。

（労働契約の特例）

第12条　労働契約の成立及び効力について第7条又は第9条の規定による選択又は変更により適用すべき法が当該労働契約に最も密接な関係がある地の法以外の法である場合であっても、労働者が当該労働契約に最も密接な関係がある地の法中の特定の強行規定を適用すべき旨の意思を使用者に対し表示したときは、当該労働契約の成立及び効力に関しその強行規定の定める事項については、その強行規定をも適用する。

2　前項の規定の適用に当たっては、当該労働契約において労務を提供すべき地の法（その労務を提供すべき地を特定することができない場合にあっては、当該労働者を雇い入れた事業所の所在地の法。次項において同じ。）を当該労働契約に最も密接な関係がある地の法と推定する。

3　労働契約の成立及び効力について第7条の規定による選択がないときは、当該労働契約の成立及び効力については、第8条第2項の規定にかかわらず、当該労働契約において労務を提供すべき地の法を当該労働契約に最も密接な関係がある地の法と推定する。

第3節　物権等

（物権及びその他の登記をすべき権利）

第13条　動産又は不動産に関する物権及びその他の登記をすべき権利は、その目的物の所在地法による。

2　前項の規定にかかわらず、同項に規定する権利の得喪は、その原因となる事実が完成した当時におけるその目的物の所在地法による。

第4節　債権

（事務管理及び不当利得）

第14条　事務管理又は不当利得によって生ずる債権の成立及び効力は、その原因となる事実が発生した地の法による。

（明らかにより密接な関係がある地がある場合の例外）

第15条　前条の規定にかかわらず、事務管理又は不当利得によって生ずる債権の成立及び効力は、その原因となる事実が発生した当時において当事者が法を同じくする地に常居所を有していたこと、当事者間の契約に関連して事務管理が行われ又は不当利得が生じたことその他の事情に照らして、明らかに同条の規定により適用すべき法の属する地よりも密接な関係がある他の地があるときは、当該他の地の法による。

（当事者による準拠法の変更）

第16条　事務管理又は不当利得の当事者は、その原因となる事実が発生した後において、事務管理又は不当利得によって生ずる債権の成立及び効力について適用すべき法を変更することができる。ただし、第三者の権利を害することとなるときは、その変更をその第三者に対抗することができない。

(不法行為)

第17条 不法行為によって生ずる債権の成立及び効力は、加害行為の結果が発生した地の法による。ただし、その地における結果の発生が通常予見することのできないものであったときは、加害行為が行われた地の法による。

(生産物責任の特例)

第18条 前条の規定にかかわらず、生産物（生産され又は加工された物をいう。以下この条において同じ。）で引渡しがされたものの瑕疵により他人の生命、身体又は財産を侵害する不法行為によって生ずる生産業者（生産物を業として生産し、加工し、輸入し、輸出し、流通させ、又は販売した者をいう。以下この条において同じ。）又は生産物にその生産業者と認めることができる表示をした者（以下この条において「生産業者等」と総称する。）に対する債権の成立及び効力は、被害者が生産物の引渡しを受けた地の法による。ただし、その地における生産物の引渡しが通常予見することのできないものであったときは、生産業者等の主たる事業所の所在地の法（生産業者等が事業所を有しない場合にあっては、その常居所地法）による。

(名誉又は信用の毀損の特例)

第19条 第17条の規定にかかわらず、他人の名誉又は信用を毀損する不法行為によって生ずる債権の成立及び効力は、被害者の常居所地法（被害者が法人その他の社団又は財団である場合にあっては、その主たる事業所の所在地の法）による。

(明らかにより密接な関係がある地がある場合の例外)

第20条 前三条の規定にかかわらず、不法行為によって生ずる債権の成立及び効力は、不法行為の当時において当事者が法を同じくする地に常居所を有していたこと、当事者間の契約に基づく義務に違反して不法行為が行われたことその他の事情に照らして、明らかに前三条の規定により適用すべき法の属する地よりも密接な関係がある他の地があるときは、当該他の地の法による。

(当事者による準拠法の変更)

第21条 不法行為の当事者は、不法行為の後において、不法行為によって生ずる債権の成立及び効力について適用すべき法を変更することができる。ただし、第三者の権利を害することとなるときは、その変更をその第三者に対抗することができない。

(不法行為についての公序による制限)

第22条 不法行為について外国法によるべき場合において、当該外国法を適用すべき事実が日本法によれば不法とならないときは、当該外国法に基づく損害賠償その他の処分の請求は、することができない。

2　不法行為について外国法によるべき場合において、当該外国法を適用すべき事実が当該外国法及び日本法により不法となるときであっても、被害者は、日本法により認められる損害賠償その他の処分でなければ請求することができない。

(債権の譲渡)

第23条 債権の譲渡の債務者その他の第三者に対する効力は、譲渡に係る債権につい

て適用すべき法による。

第5節　親族

（婚姻の成立及び方式）
第24条　婚姻の成立は、各当事者につき、その本国法による。
2　婚姻の方式は、婚姻挙行地の法による。
3　前項の規定にかかわらず、当事者の一方の本国法に適合する方式は、有効とする。ただし、日本において婚姻が挙行された場合において、当事者の一方が日本人であるときは、この限りでない。

（婚姻の効力）
第25条　婚姻の効力は、夫婦の本国法が同一であるときはその法により、その法がない場合において夫婦の常居所地法が同一であるときはその法により、そのいずれの法もないときは夫婦に最も密接な関係がある地の法による。

（夫婦財産制）
第26条　前条の規定は、夫婦財産制について準用する。
2　前項の規定にかかわらず、夫婦が、その署名した書面で日付を記載したものにより、次に掲げる法のうちいずれの法によるべきかを定めたときは、夫婦財産制は、その法による。この場合において、その定めは、将来に向かってのみその効力を生ずる。
　一　夫婦の一方が国籍を有する国の法
　二　夫婦の一方の常居所地法
　三　不動産に関する夫婦財産制については、その不動産の所在地法
3　前二項の規定により外国法を適用すべき夫婦財産制は、日本においてされた法律行為及び日本に在る財産については、善意の第三者に対抗することができない。この場合において、その第三者との間の関係については、夫婦財産制は、日本法による。
4　前項の規定にかかわらず、第1項又は第2項の規定により適用すべき外国法に基づいてされた夫婦財産契約は、日本においてこれを登記したときは、第三者に対抗することができる。

（離婚）
第27条　第25条の規定は、離婚について準用する。ただし、夫婦の一方が日本に常居所を有する日本人であるときは、離婚は、日本法による。

（嫡出である子の親子関係の成立）
第28条　夫婦の一方の本国法で子の出生の当時におけるものにより子が嫡出となるべきときは、その子は、嫡出である子とする。
2　夫が子の出生前に死亡したときは、その死亡の当時における夫の本国法を前項の夫の本国法とみなす。

（嫡出でない子の親子関係の成立）
第29条　嫡出でない子の親子関係の成立は、父との間の親子関係については子の出生

の当時における父の本国法により、母との間の親子関係についてはその当時における母の本国法による。この場合において、子の認知による親子関係の成立については、認知の当時における子の本国法によればその子又は第三者の承諾又は同意があることが認知の要件であるときは、その要件をも備えなければならない。

2　子の認知は、前項前段の規定により適用すべき法によるほか、認知の当時における認知する者又は子の本国法による。この場合において、認知する者の本国法によるときは、同項後段の規定を準用する。

3　父が子の出生前に死亡したときは、その死亡の当時における父の本国法を第1項の父の本国法とみなす。前項に規定する者が認知前に死亡したときは、その死亡の当時におけるその者の本国法を同項のその者の本国法とみなす。

（準正）
第30条　子は、準正の要件である事実が完成した当時における父若しくは母又は子の本国法により準正が成立するときは、嫡出子の身分を取得する。

2　前項に規定する者が準正の要件である事実の完成前に死亡したときは、その死亡の当時におけるその者の本国法を同項のその者の本国法とみなす。

（養子縁組）
第31条　養子縁組は、縁組の当時における養親となるべき者の本国法による。この場合において、養子となるべき者の本国法によればその者若しくは第三者の承諾若しくは同意又は公的機関の許可その他の処分があることが養子縁組の成立の要件であるときは、その要件をも備えなければならない。

2　養子とその実方の血族との親族関係の終了及び離縁は、前項前段の規定により適用すべき法による。

（親子間の法律関係）
第32条　親子間の法律関係は、子の本国法が父又は母の本国法（父母の一方が死亡し、又は知れない場合にあっては、他の一方の本国法）と同一である場合には子の本国法により、その他の場合には子の常居所地法による。

（その他の親族関係等）
第33条　第24条から前条までに規定するもののほか、親族関係及びこれによって生ずる権利義務は、当事者の本国法によって定める。

（親族関係についての法律行為の方式）
第34条　第25条から前条までに規定する親族関係についての法律行為の方式は、当該法律行為の成立について適用すべき法による。

2　前項の規定にかかわらず、行為地法に適合する方式は、有効とする。

（後見等）
第35条　後見、保佐又は補助（以下「後見等」と総称する。）は、被後見人、被保佐人又は被補助人（次項において「被後見人等」と総称する。）の本国法による。

2　前項の規定にかかわらず、外国人が被後見人等である場合であって、次に掲げると

きは、後見人、保佐人又は補助人の選任の審判その他の後見等に関する審判については、日本法による。
　一　当該外国人の本国法によればその者について後見等が開始する原因がある場合であって、日本における後見等の事務を行う者がないとき。
　二　日本において当該外国人について後見開始の審判等があったとき。

第6節　相続

（相続）
第36条　相続は、被相続人の本国法による。

（遺言）
第37条　遺言の成立及び効力は、その成立の当時における遺言者の本国法による。
2　遺言の取消しは、その当時における遺言者の本国法による。

第7節　補則

（本国法）
第38条　当事者が2以上の国籍を有する場合には、その国籍を有する国のうちに当事者が常居所を有する国があるときはその国の法を、その国籍を有する国のうちに当事者が常居所を有する国がないときは当事者に最も密接な関係がある国の法を当事者の本国法とする。ただし、その国籍のうちのいずれかが日本の国籍であるときは、日本法を当事者の本国法とする。
2　当事者の本国法によるべき場合において、当事者が国籍を有しないときは、その常居所地法による。ただし、第25条（第26条第1項及び第27条において準用する場合を含む。）及び第32条の規定の適用については、この限りでない。
3　当事者が地域により法を異にする国の国籍を有する場合には、その国の規則に従い指定される法（そのような規則がない場合にあっては、当事者に最も密接な関係がある地域の法）を当事者の本国法とする。

（常居所地法）
第39条　当事者の常居所地法によるべき場合において、その常居所が知れないときは、その居所地法による。ただし、第25条（第26条第1項及び第27条において準用する場合を含む。）の規定の適用については、この限りでない。

（人的に法を異にする国又は地の法）
第40条　当事者が人的に法を異にする国の国籍を有する場合には、その国の規則に従い指定される法（そのような規則がない場合にあっては、当事者に最も密接な関係がある法）を当事者の本国法とする。
2　前項の規定は、当事者の常居所地が人的に法を異にする場合における当事者の常居所地法で第25条（第26条第1項及び第27条において準用する場合を含む。）、第26条第2項第2号、第32条又は第38条第2項の規定により適用されるもの及び夫婦に最も密接な関係がある地が人的に法を異にする場合における夫婦に最も密接な関係がある地の法について準用する。

(反致)

第41条 当事者の本国法によるべき場合において、その国の法に従えば日本法による
べきときは、日本法による。ただし、第25条（第26条第1項及び第27条において
準用する場合を含む。）又は第32条の規定により当事者の本国法によるべき場合は、
この限りでない。

(公序)

第42条 外国法によるべき場合において、その規定の適用が公の秩序又は善良の風俗
に反するときは、これを適用しない。

(適用除外)

第43条 この章の規定は、夫婦、親子その他の親族関係から生ずる扶養の義務につい
ては、適用しない。ただし、第39条本文の規定の適用については、この限りでない。
2 この章の規定は、遺言の方式については、適用しない。ただし、第38条第2項本
文、第39条本文及び第40条の規定の適用については、この限りでない。

附　則

(施行期日)

第1条 この法律は、公布の日から起算して1年を超えない範囲内において政令で定
める日から施行する。

(経過措置)

第2条 改正後の法の適用に関する通則法（以下「新法」という。）の規定は、次条の
規定による場合を除き、この法律の施行の日（以下「施行日」という。）前に生じた
事項にも適用する。

第3条 施行日前にされた法律行為の当事者の能力については、新法第4条の規定に
かかわらず、なお従前の例による。
2 施行日前にされた申立てに係る後見開始の審判等及び失踪の宣告については、新法
第5条及び第6条の規定にかかわらず、なお従前の例による。
3 施行日前にされた法律行為の成立及び効力並びに方式については、新法第8条から
第12条までの規定にかかわらず、なお従前の例による。
4 施行日前にその原因となる事実が発生した事務管理及び不当利得並びに施行日前に
加害行為の結果が発生した不法行為によって生ずる債権の成立及び効力については、
新法第15条から第21条までの規定にかかわらず、なお従前の例による。
5 施行日前にされた債権の譲渡の債務者その他の第三者に対する効力については、新
法第23条の規定にかかわらず、なお従前の例による。
6 施行日前にされた親族関係（改正前の法例第14条から第21条までに規定する親族
関係を除く。）についての法律行為の方式については、新法第34条の規定にかかわら
ず、なお従前の例による。
7 施行日前にされた申立てに係る後見人、保佐人又は補助人の選任の審判その他の後
見等に関する審判については、新法第35条第2項の規定にかかわらず、なお従前の
例による。

遺言の方式の準拠法に関する法律

（昭和 39 年 6 月 10 日法律第 100 号）
最終改正：平成 18 年 6 月 21 日法律第 78 号

（趣旨）
第 1 条　この法律は、遺言の方式の準拠法に関し必要な事項を定めるものとする。

（準拠法）
第 2 条　遺言は、その方式が次に掲げる法のいずれかに適合するときは、方式に関し有効とする。
　一　行為地法
　二　遺言者が遺言の成立又は死亡の当時国籍を有した国の法
　三　遺言者が遺言の成立又は死亡の当時住所を有した地の法
　四　遺言者が遺言の成立又は死亡の当時常居所を有した地の法
　五　不動産に関する遺言について、その不動産の所在地法
第 3 条　遺言を取り消す遺言については、前条の規定によるほか、その方式が、従前の遺言を同条の規定により有効とする法のいずれかに適合するときも、方式に関し有効とする。

（共同遺言）
第 4 条　前二条の規定は、2 人以上の者が同一の証書でした遺言の方式についても、適用する。

（方式の範囲）
第 5 条　遺言者の年齢、国籍その他の人的資格による遺言の方式の制限は、方式の範囲に属するものとする。遺言が有効であるために必要とされる証人が有すべき資格についても、同様とする。

（本国法）
第 6 条　遺言者が地域により法を異にする国の国籍を有した場合には、第 2 条第 2 号の規定の適用については、その国の規則に従い遺言者が属した地域の法を、そのような規則がないときは遺言者が最も密接な関係を有した地域の法を、遺言者が国籍を有した国の法とする。

（住所地法）
第 7 条　第 2 条第 3 号の規定の適用については、遺言者が特定の地に住所を有したかどうかは、その地の法によつて定める。
2　第 2 条第 3 号の規定の適用については、遺言の成立又は死亡の当時における遺言者の住所が知れないときは、遺言者がその当時居所を有した地の法を遺言者がその当時住所を有した地の法とする。

（公序）
第8条 外国法によるべき場合において、その規定の適用が明らかに公の秩序に反するときは、これを適用しない。

附　則　抄

（施行期日）
1 この法律は、遺言の方式に関する法律の抵触に関する条約が日本国について効力を生ずる日から施行する。
（経過規定）
2 この法律は、この法律の施行前に成立した遺言についても、適用する。ただし、遺言者がこの法律の施行前に死亡した場合には、その遺言については、なお従前の例による。

附　則 （平成18年6月21日法律第78号）　抄
（施行期日）
第1条 この法律は、公布の日から起算して1年を超えない範囲内において政令で定める日から施行する。

遺産、相続及び贈与に対する租税に関する二重課税の回避及び脱税の防止のための日本国とアメリカ合衆国との間の条約（抄）

昭和 29 年 4 月 16 日ワシントンで署名
昭和 30 年 3 月 25 日批　准
昭和 30 年 4 月 1 日東京で批准書交換
昭和 30 年 4 月 1 日効力発生
昭和 30 年 4 月 1 日公布（条約第 2 号）

第1条（本条約にいう租税）
⑴　この条約にいう租税は、次のものとする。
　⒜　アメリカ合衆国については、連邦遺産税及び連邦贈与税
　⒝　日本国については、相続税（贈与税を含む。）
⑵　この条約は、遺産、相続又は贈与に対する他の租税で、本条⑴に掲げる租税と実質的に同様の性質を有し、且つ、この条約の署名の日の後にいずれの一方の締約国によつて課せられるものについても、また、適用する。

第2条（定義）
⑴　この条約において、
　⒜　「合衆国」とは、アメリカ合衆国をいい、地理的意味で用いる場合には、アメリカ合衆国の諸州、アラスカ準州、ハワイ準州及びディストリクト・オヴ・コロンビアをいう。
　⒝　「日本国」とは、地理的意味で用いる場合には、第 1 条⑴⒝に掲げる租税に関する法令が施行されるすべての領域をいう。
　⒞　「租税」とは、文脈により、第 1 条⑴⒜又は⒝に掲げる租税をいう。
　⒟　「権限のある当局」とは、日本国については大蔵大臣【編注：財務大臣】又は大蔵大臣が権限を与えた代理者をいい、合衆国については財務長官が権限を与えた内国歳入局長官をいう。
⑵　いずれの一方の締約国がこの条約の規定を適用する場合にも、特に定義されていない用語の意義は、文脈により別に解釈すべき場合を除く外、自国の租税に関する法令における解釈によるものとする。
⑶　この条約の適用上、各締約国は、被相続人若しくは被相続人の遺産の受益者が被相続人の死亡の時に又は贈与者若しくは贈与の受益者がその贈与の時に自国内に住所を有していたかどうか又は自国の国籍を有していたかどうかを、自国の法令に従つて決定することができる。

第3条（各種財産の課税上の所在地）
⑴　被相続人がその死亡の時に若しくは贈与者がその贈与の時に合衆国の国籍を有し若しくは合衆国内に住所を有していた場合、又は被相続人の遺産の受益者がその被相続人の死亡の時に若しくは贈与の受益者がその贈与の時に日本国内に住所を有していた場合には、これらの時における次に掲げる財産又は財産権の所在地は、租税の賦課及

び第5条によつて認められる税額控除については、もつぱら次に定めるところに従つて決定されるものとする。

(a) 不動産又は不動産に関する権利（本条において他に特別の規定があるものを除く。）は、その不動産に係る土地の所在地にあるものとする。

(b) 有体動産（通貨及び発行地で法貨として認められているすべての種類の貨幣を含み、本条において他に特別の規定がある財産を除く。）は、それが現実にある場所にあるものとし、運送中である場合には、目的地にあるものとする。

(c) 債権（債券、約束手形、為替手形、銀行預金及び保険証券を含み、債券その他の流通証券で持参人払式のもの及び本条において他に特別の規定がある債権を除く。）は、債務者が居住する場所にあるものとする。

(d) 法人の株式又は法人に対する出資は、その法人が設立され、又は組織された準拠法が施行されている場所にあるものとする。

(e) 船舶及び航空機は、それらが登録されている場所にあるものとする。

(f) 営業上、事業上又は専門職業上の資産としてののれんは、その営業、事業又は専門職業が営まれている場所にあるものとする。

(g) 特許権、商標権、実用新案権及び意匠権は、それらが登録されている場所（登録されていない場合には、それらが行使される場所）にあるものとする。

(h) 著作権、地域的独占権（フランチャイズ）、芸術上又は学術上の著作物に対する権利及び著作権のある著作物、芸術上若しくは学術上の著作物、特許発明、商標、実用新案若しくは意匠を使用する権利又はこれらの使用を許諾された地位は、それらを行使することができる場所にあるものとする。

(i) 鉱業権若しくは租鉱権又は採石権は、採鉱又は採石が行われる場所にあるものとする。

(j) 漁業権は、その権利の行使について管轄権を有する国にあるものとする。

(k) 前各号に規定されていない財産は、いずれか一方の締約国が自国内に財産があることのみを理由として租税を課する場合には、その締約国の法令で定めている場所にあるものとし、また、いずれの締約国も自国内に財産があることのみを理由として租税を課するのではない場合には、各締約国の法令で定めている場所にあるものとする。

(2) 本条(1)の規定は、特定の財産及びその一部分で同項の規定がなければ両締約国によつて租税が課せられるもの（諸控除がなければ租税が課せられることとなるものを含む。）についてのみ、適用する。

第4条（一方国の無制限納税義務者に対し他方国が制限納税義務者として課税する場合）

被相続人がその死亡の時に若しくは贈与者がその贈与の時に合衆国の国籍を有し若しくは合衆国内に住所を有していた場合、又は被相続人の遺産の受益者がその被相続人の死亡の時に若しくは贈与の受益者がその贈与の時に日本国内に住所を有していた場合において、一方の締約国が自国内に財産があることのみを理由として租税を課するときは、その租税を課する締約国は、

(a) 当該被相続人、贈与者又は受益者に対し、その者が自国の国籍を有していたとするか又は自国内に住所を有していたとすれば自国の法令に基いて認められることとなる特定の控除を、当該控除の額に

　(A)　第3条の規定により自国内にあるとされる財産で両締約国によつて租税を課せられるもの（諸控除がなければ租税を課せられることとなるものを含む。）の価格の

　(B)　その被相続人、贈与者又は受益者が自国の国籍を有していたとするか又は自国内に住所を有していたとすれば自国の租税を課することとなる財産の全部の価格

に対する割合を乗じて得た額を下らない額により、行うものとし、また、

　(b)　租税の額を決定するに際しては、本条(a)の規定を適用する場合及び別に定められている他の比例控除を行う場合を除く外、第3条の規定により自国外にあるとされる財産については、課税価格の計算上考慮しないものとする。

第5条（二重課税回避のための税額控除）

(1)　いずれの一方の締約国も、被相続人、贈与者、被相続人の遺産の受益者又は贈与の受益者が自国の国籍を有し、又は自国内に住所を有していることを理由として租税を課する場合には、自国の租税（本条の規定を適用しないで計算したもの）から、相続又は贈与の時に他方の締約国内にある財産で両締約国によつて租税の対象とされるものについて当該他方の締約国が課する租税を控除するものとする。但し、その税額控除の額は、控除を行う締約国が課する租税のうち前記の財産に帰せられる部分をこえないものとする。本項の規定は、本条(2)に掲げる財産については適用しない。

(2)　相続又は贈与の時に両締約国外にある財産（又は各締約国が自国の領域内にあるとする財産、一締約国がいずれか一方の締約国内にあるとし、且つ、他方の締約国が両締約国外にあるとする財産若しくは各締約国が他方の締約国内にあるとする財産）について各締約国が被相続人、贈与者又は受益者が自国の国籍を有し、又は自国内に住所を有していることを理由として租税を課する場合には、各締約国は、自国の租税（本条の規定を適用しないで計算したもの）から、他方の締約国が課する租税で当該財産に帰せられるものの一部を控除するものとする。本項の規定によつて各締約国が行う税額控除の額の合計額は、各締約国が当該財産について課する租税の額のうちいずれか少い方の額に等しいものとし、且つ、当該財産について各締約国が課する租税の額に比例して両締約国間に配分されるものとする。

(3)　本条の規定によつて認められる税額控除を行う場合には、その控除は、控除を行う締約国の法令によつて認められる同一の租税の税額控除に代るものとし、個個の場合に行う税額控除は、本条の規定によつて認められる税額控除又はその締約国の法令によつて認められる税額控除のうちいずれか多額のものとする。本条の規定の適用上、特定の財産に帰せられる各締約国の租税の額は、その財産につき課せられる租税に関して行うすべての軽減又は控除（本条(1)及び(2)の規定による税額控除を除く。）を計算に入れた後に確定されるものとする。なお、この条約に基いて税額控除を行う締約国といずれかの第三国との間の他の条約又は税額控除を行う締約国の法令によつて同一の財産についてその第三国の租税の税額控除が別に認められる場合には、これらの税額控除の額の合計額は、控除を行う締約国の租税でこれらの税額控除を行わないで計算したもののうちその財産に帰せられるものの額をこえてはならない。

(4)　本条の規定による一方の締約国の租税からの他方の締約国の租税の控除は、両締約国の租税が被相続人の死亡の時又は贈与の時に同時に課せられる場合にのみ行うものとする。

(5)　本条の規定の適用による税額控除は、控除を行う締約国の租税の申告期限から5年

を経過した後においては行わない。但し、その税額控除の請求が前記の５年の期間内に行われた場合は、この限りでない。本条の規定の適用によつて還付する租税には、税額控除を行う締約国が別に認めている場合を除く外、利子を付けない。

(6)　一方の締約国の租税からの他方の締約国の租税の控除は、当該他方の締約国の租税（本条の規定によつて認められる税額控除があるときは、その控除後の額）が納付されるまでは、最終的には認められない。

第６条（脱税等防止のための情報交換、徴税上の共助）

(1)　両締約国の権限のある当局は、この条約の規定を実施するため、租税に関して詐欺を防止するため、又は脱税に対処することを目的とする法規を実施するために必要な情報で両締約国のそれぞれの税法に基いて入手することができるものを交換するものとする。交換された情報は、秘密として取り扱わなければならず、租税の賦課及び徴収に関与し、又はこれらに関する異議についての決定に関与する者（裁判所を含む。）以外のいかなる者にも漏らしてはならない。営業上、事業上、産業上若しくは専門職業上の秘密又は取引の過程を明らかにするような情報は、交換してはならない。

(2)　各締約国は、この条約に基いて他方の締約国の与える控除その他の特典がそれを受ける権利のない者によつて享有されることのないようにするため、当該他方の締約国が課する租税を、自国の租税と同様に、徴収することができる。

第７条（二重課税についての納税者の異議申立）

被相続人の遺産の代表者若しくは受益者又は贈与者若しくは贈与の受益者は、いずれか一方の締約国の税務当局の行為によりこの条約の規定に反して二重課税の結果が生じたこと又は生ずるに至ることを立証するときは、被相続人が死亡の時に国籍を有していた締約国又は贈与者若しくは受益者が国籍を有する締約国（被相続人がその死亡の時にいずれの締約国の国籍を有しなかつた場合又は贈与者若しくは受益者がいずれの締約国の国籍をも有しない場合には、被相続人がその死亡の時に住所若しくは居所を有していた締約国又は贈与者若しくは受益者が住所若しくは居所を有する締約国）の権限のある当局に対し、事実の申立を行うことができる。この申立に理由があると認められるときは、申立を受けた締約国の権限のある当局は、当該二重課税を衡平に回避するため、他方の締約国の権限のある当局と合意に達するように努めるものとする。

第８条（本条約の解釈及び適用並びに疑義の解決）

(1)　この条約の規定は、いかなる形においても、外交官及び領事官に対して現在与えられているか若しくは将来与えられる他の若しくは新たな免除を受ける権利を否定し、又はこれに影響を及ぼすものと解してはならない。

(2)　この条約の規定は、いずれの一方の締約国が課する租税をも増額するように解してはならない。

(3)　この条約の解釈若しくは適用に関し、又は一方の締約国といずれかの第三国との間の条約に対するこの条約の関係に関して困難又は疑義が生じた場合には、両締約国の権限のある当局は、合意によつて問題を解決することができる。もつとも、この規定は、この条約に関して生ずる紛争を両締約国間の交渉によつて解決することを妨げるものと解してはならない。

(4)　両締約国の権限のある当局は、この条約の規定の解釈及び実施のために必要な定を

設けることができ、また、この条約の規定を実施するため直接相互に通信することができる。

第9条（批准、発効、有効期間）
(1)　この条約は、批准されなければならない。批准書は、できるだけすみやかに東京で交換されるものとする。
(2)　この条約は、批准書の交換の日に効力を生じ、その交換の日以後に死亡した者に係る遺産又は相続及び同日以後に行われた贈与について適用する。
(3)　いずれの一方の締約国も、この条約の効力発生の日から5年の期間を経過した後はいつでも、他方の締約国に対して終了の予告を与えることによつてこの条約を終了させることができる。その予告は、6月30日以前に与えなければならず、その場合には、この条約は、予告が与えられた年の翌年の1月1日以後に開始する各課税年度につき効力を失うものとする。

【著 者 紹 介】

酒井 ひとみ（さかい　ひとみ）

弁護士（第二東京弁護士会）・ニューヨーク州弁護士。シティユーワ法律事務所在籍。中央大学法学部卒業、Vanderbilt Law School 修士課程（LL.M）修了。専門は、相続・エステート・プランニング・事業承継、労働・労務管理のほか企業法務一般。Chambers の HNW（High Net Worth）2018・2019 では、Private Wealth Law 部門で 高い 評価（Band1）を受賞。信託法学会、STEP（Society of Trust and Estate Practitioners）に 所 属。2019 年 1 月、The International Academy of Estate and Trust Law（TIAETL）（世界の相続・信託専門の法律家団体）の Academician に就任。公職としては、2019 年 12 月現在、国土交通省中央建設工事紛争審査会特別委員。主要な著書・論文として、「販売代理店契約の実務」（中央経済社 2018 年共著）、「国別でわかる！海外信託による相続の税務＆法務」（第一法規 2018 年共著）、「Private Client Law in Japan」（Thomson Reuters2019 年共著）等多数。その他、国際相続に関する一般・金融機関職員向けセミナー講師経験多数。

シティユーワ法律事務所

シティユーワ法律事務所は、150 名超の弁護士を擁する日本最大級の法律事務所の一つである。所属弁護士の多様な専門性と豊富な経験を背景に、各種金融取引、M&A、不動産、企業再建・倒産処理、知的財産権、労働法、コンプライアンス、独占禁止法、通商法、訴訟・ADR、国際仲裁、再生可能エネルギー法務、ベンチャー支援法務、経済犯罪など、企業活動に必要な法的サービスを多様な産業のクライアントの皆様に提供している。

また、相続・事業承継の分野においても、処理件数・内容ともに充実した実績を有しており、相続紛争、相続対策、事業承継、エステート・プランニングについては、相続・事業承継分野に豊富な経験を有する「相続・資産承継チーム」が迅速に低コストで対応している。

事務所と緊密なネットワークを構築してアウトバウンド・インバウンド双方向の業務を効率的に行っており、国際相続案件にも対応できる強みがある。

URL：http://www.city-yuwa.com/

BDO 税理士法人（統括代表社員　長峰 伸之）

2002 年 10 月中堅監査法人系の税理士法人として設立。世界的な会計事務所のネットワークファームとして、海外進出、海外投資を含めた国際税務を得意分野とし、内外の法人に対して、記帳等の日常業務支援から法人税の申告、移転価格等国際税務の対応支援、オーナーの事業承継問題に対する支援業務等、企業及び個人の希望に応じた様々な業務支援を One Stop で提供している。

〒 160 - 0023　東京都新宿区西新宿 1 - 24 - 1　エステック情報ビル 10 階
TEL：03 - 3348 - 9170
URL：https://www.bdotax.jp/ja-jp/home

〈執筆者〉
羽根 由理子（はね　よりこ）
BDO 税理士法人社員。
1996 年税理士登録。2002 年 10 月より現職。

国際相続の法務と税務

平成 26 年 12 月 15 日　初版発行		（著者承認検印省略）
令和 2 年 1 月 10 日　第 2 版第 1 刷印刷		
令和 2 年 1 月 15 日　第 2 版第 1 刷発行		

© 著　者　　酒井　ひとみ
　　　　　　BDO 税理士法人

発行所　税 務 研 究 会 出 版 局

週 刊「税務通信」「経営財務」発行所

代表者　山　根　　毅

郵便番号 100-0005

東京都千代田区丸の内 1-8-2　鉄鋼ビルディング

振替 00160-3-76223

電話〔書 籍 編 集〕03(6777)3463
　　〔書 店 専 用〕03(6777)3466
　　〔書 籍 注 文〕03(6777)3450
　　（お客さまサービスセンター）

●　各事業所　電話番号一覧　●

北海道 011(221)8348	関　信 048(647)5544	中　国 082(243)3720
東　北 022(222)3858	中　部 052(261)0381	九　州 092(721)0644
神奈川 045(263)2822	関　西 06(6943)2251	

当社 HP　https://www.zeiken.co.jp

乱丁・落丁の場合は、お取替え致します。　　　　　　　　印刷・製本　㈱光邦

ISBN978-4-7931-2472-3